포스트
제국주의

포스트 제국주의

Post Imperialism

| 김영근, 마크 카프리오, 전성곤 저 |

인터북스

제국주의를 해부하다
세계화의 경로와 탈지정학(脫地政學)적 담론

포스트 제국주의(post-colonialism)는 제2차 세계대전 이후 유럽 열강의 제국들이 붕괴하고, 많은 식민지 지배를 받았던 국가들이 경험한 역사를 해부하는 학문영역(단계)을 뜻한다. 식민지 문학·문화론, 동아시아 지역학, 미디어 문화론 등 다양한 주제로 학제적인 연구가 진행되고 있다. 포스트 제국주의는 식민주의 이후의 모든 담론에 대한 것으로, 정치경제학, 민족주의(사상), 사회학(문화인류학), 인문학 등 다양한 분야에 걸친 이야기들을 포함한다. 이는 식민지배 하에서 형성된 그릇된 사고방식에 대한 타성을 분석하는 작업으로, 해방 이후에도 식민지배의 영향이 지속되는 현상을 연구한다는 관점에서 유용하다.

일본이 패전 후 국제무역 체제로 복귀하는 과정에서 글로벌 '무역' 질서와 미국 중심의 지정학 혹은 지경학적 헤게모니에 맞물려 전개한 외교통상 정책에 있어서도 '식민주의 이후' 현상과 유사한 메커니즘이 작동하기도 한다. 이는 식민지를 겪은 나라의 국민들이 보여주는 심리적 현상이나, 제도나 문화에서 보여주는 특징들과 일맥상통한다는 점에서 본서의 분석대상(제1부)에 포함하고 있다. 미국이 WTO 등 다자간 무역레짐을 통해 제국주의 구상을 실현하는 과정에서 나타나는 다양한 리스크를 관리(매니지먼트)하는 시나리오에 관해서도 독창적이고 창의적인 학지(學知)를 얻을 수 있을 것으로 기대한다. 미국의 탈지정학

담론과 세계화의 길에 맞닥뜨린 일본의 리스캘링(Rescalling) 외교 또한 흥미롭다.

한편, 포스트 제국주의에 관한 문화적 관점에서의 연구(제2부)는 매우 중요하다. 문화 제국주의는 제국의 기억과 욕망이 어떻게 억압·은폐되고 또 재현·재생산되었는지, 포스트제국 시대의 탈식민 주체가 되기 위해 대립하는 존재 혹은 사고방식과 메커니즘을 규명하는 데 중점을 두고 있다. 제3자적 관점에서 국민통합의 범위를 규정하고 식민지에 관한 결정 문제를 '헤게모니의 욕망과 국민주의'에 비추어 문화적 측면에서 재해석하는 카프리오 교수의 지적(고찰)은 유용하다.

나아가 동아시아의 민족주의(사상), 사회학(문화인류학) 관점에서의 포스트 제국주의 논의 또한 중요하다. 이에 제3부에서는 동아시아의 과거와 현재를 성찰하면서 '포스트 제국주의'라는 낯선 용어를 제기하고 소화하는 전성곤 교수의 논의는 주목할 만하다. '가치 제국주의'가 문화권력, 민족, 문화, 국경의 갈등 등에 대해 무엇이 소환되고 내셔널리즘이라는 가치 하에 어떻게 작동하는지 그 부흥 메커니즘을 지정학적으로 규정하고 해부하고 있다.

한편, 포스트 제국주의에 관해 현대적으로 해석하기 위해서는 국제관계의 주된 특징이라 할 수 있는 '글로벌화' 및 '상호의존론'이 심화되고 있다. 오늘날 국제적 상호의존의 진전에 관한 이해를 위해서는 무엇보다도 '세계화', '글로벌화'와 관련한 지역통합 논의에 주목할 필요가 있다.

국제사회는 세계화와 지역주의/지역화(Regionalization)라는 거대한 두 가지 조류가 전개되고 있다. 이러한 변화를 이해하기 위해서는 예를 들어, 아시아·태평양 지역의 중층적 갈등(대립) 및 협력 구도와 리스크 관리 등 구체적인 정책의 선택과 귀결을 예의주시할 필요가 있다.

글로벌화가 표면적으로는 '탈국가, 탈민족'을 내포한다는 의미에서 매력적인 부분이 있기는 있지만, 주목해야 하는 것은 그 내적 특성일 것이다. 왜냐하면 국민국가를 극복하고자 하는 논리는 '글로벌 공동체' 내부의 횡단을 강조하면서도 그 과정에서 헤게모니의 쟁탈이나 '배제 국가'를 재생산하는 상황이 존재하기 때문이다. 국민국가(네이션-스테이트)를 넘으려는 주장이 오히려 국민국가로 세계를 재편하여 가두는 형국을 조장한다는 점이다. 이렇게 본다면, '글로벌리즘'과 '국민국가'는 서로 상호적인 '하나의 쌍방향'으로 작동하고, 이 두 논리가 '헤게모니의 재편과 배제'를 낳는다고 보아야 할 것이다. 다시 말해서 이 둘의 관계가 갈등과 화해(협력) 프로세스 거치며 만들어 내는 '제국적 재편 논리'가 무엇인가를 동시에 보아야 할 것은 아닌가라는 생각인 것이다.

제2차 세계대전 이후 GATT 체제는 1995년 WTO 설립을 통해 엄격한 법제화(legalization)라는 상호의존성이 심화되어 왔다. 이후 지역주의의 확대로 제도화의 진화에 난항을 겪고 있으며, '세계화'를 대표(상징)하는 WTO 중심의 자유주의 질서가 붕괴되는 것은 아닌가라는 염려마저 대두되고 있다. 또한 전후 80년을 맞은 일본 경제는 '전후 패러다임'의 연속과 단절의 두 측면을 동시에 보이고 있다. 전후 일본 경제정책의 핵심이라고 할 수 있는 '지속 가능한 성장' 및 '균형 재분배'를 새로이 강조하며, 새로운 성장동력을 모색하려는 '포스트 아베노믹스'라는 새로운 '경제정책'이자 '패러다임'이 진행 중이다.

제1부에서 김영근 교수는 세계화 및 탈지정학(脫地政學)에 관한 프로세스 및 메커니즘을 분석하고 있다. "지경학적 시각으로 본 글로벌 상호의존 구조의 동태성(제1장)" 및 "아시아·태평양 지역의 중층성과 일본의 구조개혁(제2장)", "'패권안정론'에 의한 미국 통상정책의 변화 분석(제3장)"으로 구성하여 이론 및 사례분석을 통해 포스트 제국주의와 관련해 정치경제학적 분석을 내놓고 있다.

제1장은 국가 정책의 변화는 글로벌화 및 지역주의라는 중층적 경제 구조와는 어떻게 관련되어 있는지, 또한 만약 변화가 있다면 그 메커니즘은 무엇인지를 이론적으로 또한 사례분석을 통해 규명하기 위한 출발점이다. 세계화와 국가의 변용에 관해 정책 및 제도의 선택이라는 관점에서 살펴보고, 나아가 지역주의의 기원과 전개, 특히 지역주의 변용에 관해 브렉시트 vs. EU 사례를 중심으로 분석한다.

결론적으로 포스트 제국주의 방향성을 규정짓는 글로컬라이제이션 시대의 탈지정학 및 지경학은 과연 어떻게 전개될 것인가에 관해 선험적 전망을 제시하고 있다. 특히 글로컬라이제이션 시대의 탈지정학 및 지경학적 관점에서 볼 때, 각국의 정책적 특징은 '제도 표류'로 요약할 수 있다. 물론 기존 정책을 유지하며 새로운 정책을 수립하려는 '제도 중층화' 현상도 두드러지고 있다.

이는 GATT/WTO 체제하에서 각국이 원활한 대응에 실패했기 때문이라고 할 수 있다. 상호의존 현상이 지역적으로 표출되는 '지역화' 혹은 '지역주의' 우선(강화) 현상, 즉 글로벌화 및 배타적인 새로운 지역주의를 초래할 수도 있겠다. 예를 들어, '갇힌 지역주의', 브렉시트, 미국 우선주의, 경제정책의 한계 및 '잃어버린 20년을 넘어 30년'의 지속 등을 들 수 있다.

제2장은 아시아·태평양 지역의 중층적 경제협력 구도 하에서 과연 일본이 선택한 대외 전략은 어떻게 변화해 왔는가에 대한 분석이다. 특히, 전후세대로는 처음으로 총리가 된 아베 신조(安倍晋三) 내각의 출범(2012년 12월)과 더불어, 전전(戰前)세대와는 달리 2000년대에 들어서 정치권의 전면에 본격 등장하고 정책적 선호(preference)를 표출하는 전후세대와 소통(협력)하거나 대립하며, 일본의 경제·통상 정책은 변용하고 있다.

이를 확인하기 위해서는 환태평양경제동반자협정(TPP) 교섭과정 등 사례연구를 중심으로 일본의 국제정치·경제적 협력 프로세스 및 메커니즘 분석을 통해, 일본 정치경제의 연속과 단절의 측면을 고찰할 필요가 있다. 이때 일본 정치·경제의 연속성 측면에서는 전후 성장경제(요인)를 지속하려는 움직임과, 이와 대비되는 성장저해 요인과 단절하려는 움직임 속에서 행정, 금융, 세제, 노동, 경영 시스템 등을 포함한 구조개혁의 추진과정으로 구별된다. 전후 패러다임이 강력하게 잔존하고 있는 현재 일본의 경제적 특징을 개관하며, '전후 레짐(체제) = 포스트 제국주의'로 불리는 '전후의 정치·경제 패러다임'이 어떻게 변화하였으며, 변화의 결과는 무엇인지를 분석하고 있다.

결과적으로 나타난 변화가 아시아·태평양 지역의 중층적 경제협력 구도와는 어떻게 관련되어 있는지, 또한 그 메커니즘은 무엇인지를 이론적으로 규명하고 있다는 점에서 유용하다. 일본이 동아시아 경제협력구조 틀 속에서 구상하는 중층적인 지역협력 구도 하에서의 일본의 정책 방향성은 중요하다고 할 수 있다. 결론적으로 제시하고 있는 "일본의 'TPP 비준' 혹은 'CPTPP(포괄적-점진적 환태평양경제동반자협정) 발효'야말로 정책 변용(단절)으로, '제도 치환(D)'이라는 제도(체제)의 선택"이라는 주장은 설득적이고 흥미롭다.

제3장은 정치경제적 제국주의 논의를 위한 미일통상마찰에 관한 고찰이다. 왜 '80년대 미국의 통상정책은 GATT로부터 괴리한 특정적 상호주의를 취했으며, 90년대 중반에는 WTO의 일반적인 상호주의에 회귀했는가?'라는 기본적인 질문에 대답하려는 것이다. 미국의 통상정책을 설명하는 다양하고 복잡한 가설 중에서 우선 80년대, 90년대를 통해 미국 통상정책의 변화를 설명하는 가장 간소한(parsimonious) 가설로서 패권안정론을 채택해 검증하고 있다. 그리고 패권안정론이 어

느 정도 기본적인 질문에 대답할 수 있는지를 분명히 하고, 패권안정론으로는 설명할 수 없는 대상을 밝혀 새로운 질문(문제의식)을 산출(설정)하는 데 크게 기여할 것으로 기대되는 글이다. 결론적으로 비록 미국의 통상정책 변화를 설명하기에는 한계가 있지만 패권안정론에 근거한 가설은 충분한 설명력은 있다는 점을 피력(논증)하고 있다.

제2부에서 카프리오 교수는 '헤게모니의 욕망과 국민주의'에 주목하여 논고를 전개한다. 카프리오 교수는 제4장에서 "작은 또는 큰 국가 사고방식의 선택에서" 번국가에서 중앙집권 국가체제로 이행하는 과정을 분석대상으로 하여 이와쿠라 사절단의 서구순방은 '일본' 확장에 밑거름을 그리는 데 유효한 정보원이었다는 점을 분석한다. 서구 유럽이나 미국은 당시 자국 영토를 넘어 국가를 확대하려는 징후들을 감지했고, 일본 지도자들의 야망을 실현시키는 데 새로운 국면을 제시해주었다는 점을 검증하고 있다. 이는 『구미회람실기』에서 잘 나타나는데, 이를 보면 '외교 선택지'를 잘 알 수 있다. 뿐만 아니라 러시아의 국가 팽창 논리 그리고 이미 일본 내부에서 경험한 에조와 쿠릴열도의 식민지화가 맞물리고 있었다. 이러한 시대적 경험은 다시 이와쿠라 사절단의 경험은 일본이 국권론을 확장하게 만드는 데 일조했다. 특히 박람회에 대한 기술이나 사절단이 만난 비스마르크의 이론들은 일본 외교의 방향을 결정짓는 중대한 역할을 담당했다. 바로 이러한 논리와 배경이 작동하면서 결국 일본은 작은 나라에서 대일본주의로 전환하는 계기들을 구축해 냈던 것이다. 바로 이 지점을 확인하는 작업은 시대적 맥락을 달리하기는 하지만 일본이 보수정권을 창출하는 논리와 국가 이익을 상정하는 기본적 틀(제도 혹은 체제)로 이어지고 있다는 해석이다.

그리고 제5장 "식민지에 관한 결정: 국민 통합의 범위"에서는 먼저 식민지 개념을 정의하고 유형화하고 있다. 즉 자원개발을 위해 지배한 것은 식민지이지만 해당 지역의 발전에 노력했으면 그것은 식민지로 보아서는 안 된다는 시각으로 논쟁이 일어난 것을 사례로 들어 논의를 시작한다. 이러한 주장은 매우 생경한 것으로, 일본은 조선을 식민지화한 것이 아니라는 논리가 되고 일본인들은 의식에 존재하는 점을 파고들면서 제국의 시대라는 논점으로 다시 역사를 되돌아본다.

카프리오 교수는 이 문제를 문화적 측면에서 고찰한다. 현실주의라는 용어의 출발을 제시하고, 국가의 독립이 우선시되는 논리를 부각시킨다. 그런데 오히려 이 현실주의라는 논리를 강국들의 확장 기반이 되었고, 자국 외부의 경계를 재구성하는 논리로 작동하게 되었다. 일본에서는 야마가타 아리토모였고 결국 제국으로 성장하면서 일본 내부와 식민지 외부를 영토화했다. 이는 결국 서구의 식민정책을 추종하는 논리에서 네이션을 재정립하는 구조를 동반했는데, 이때 나타난 것이 '식민지 조선'의 국민화였다. 바로 제국주의 '통치성' 내용이 무엇인지를 드러내 보여주고자 했다.

제3부에서 전성곤 교수는 '가치 제국주의'의 소환과 부흥이라는 대주제하에 국방과 인식의 지정학이라는 관점에서 문화적 팽창주의를 고찰하고 있다. 먼저 "일본의 제국국방방침과 지정학적 권력-에펙트'(제6장)"에서는 일본이 러일전쟁을 통해 국제사회의 '일원'이 되고, '글로벌 세계'에 참입하는 과정에서 「제국국방방침」이 확정되어 가는 논리에 주목했다. 「제국국방방침」은 야마가타 아리토모(山県有朋)의 주도 속에서 이루어지게 되고, 그것은 일본 내부의 유식자들의 의견들이 모아지는 한편, 서구의 이론인 슈타인의의 논리를 모방하면서 확정해 갔다. 즉 「제국국방방침」 속에 권세영역과 이익강역 이론이 중시되었다. 구체적으로 이론의 변화를 보여주는 것이 '북수(北守), 방세(防勢), 수세(守勢)' 논리에서 '북진, 공세'로 나아가는 공격적 입장으로 전환이

었다. 그 근거로는 러일동맹을 근거로 제국의 힘에 의지(의거)해 세계적 패권 경쟁에 의한 지도 변화를 추종하면서 지정학 재편을 시도한다. 그 인식론적 근거는 '국제정세-위기위식', '가상적국', '평화(동양의 평화)라는 보편논리'를 내세우고 그 틀 속에서 성립시켜 갔다. 동시에 메이지천황을 중심에 둔 친정(親政) 시스템을 특화시켰다.

그 후 「제국국방방침」은 세 번의 개정 과정을 거치게 되는데, 마지막 개정에서 「국방방침」은 대동아공영권 이데올로기와 궤를 함께 했고, 전쟁 수행을 뒷받침했다. 그 논리는, 타국 억지와 지배를 전제로 하는 일본중심주의 논리였다. 마찬가지로 전후 일본은 서구 미국에 의해 '만들어진', 즉, 주어진 '민주주의와 평화'를 기치로 출발하게 된다. 일본은 미일안보조약의 우산 아래에서 「방위계획」을 만들어 간다. 그것은 처음에는 '전수(專守)'로서, 전전의 '국내 방위'논리와 일맥상통하는 '수세방위'였다. 그렇지만, 2010년 이후에 '동적(動的)방위력'으로 전환을 시도했고, 적극적이며 공격적인 논리로 패러다임을 바꾸게 된 것이다. 가상적국으로서는 중국, 북한, 러시아가 상정되어, 이 가상적국을 포위하기 위한 전략을 세우고 있다는 점을 고찰하고 있다.

이러한 인식 틀은 전전과 전후의 시대적 차이에도 불구하고, 동형(同型)적이다. 이는 현재 내걸고 있는 공공외교(퍼블릭 디플로머시)의 일환으로 「자유롭고 열린 인도 태평양」의 '회랑'논리가 그 도달점이며, 그것은 「제국국방방침」 다시쓰기였다. 이는 본서가 해부하고자 하는 포스트 제국주의 단면, 즉 '글로벌화=회랑 제국주의화'의 논리인 것이다. 지정학적 공간관리 정책이며, 「제국국방방침」에 기원을 둔 변주인 것이다. 110여년이 지난 지금 낯선 「제국국방방침」이 현재 익숙한 평화 담론을 동원하여 '제국주의'의 욕망을 실현하고자 하는 권력 효과로 표상(表像) 혹은 출현(형상화)했다는 분석이다. 그리고 '레이와'라는 새로운 천황을 통해 일본 중심주의의 '전통=새로움'을 결합하여, '회랑=권역(圈域)' 재편을 통한 이형(異形)적 일본중심주의가 '보편주의'라는 가면 속에서 빚어내어지고 있었던 것을 밝혀내고 있다.

제7장에서는, 일본 문화국가의 정치성"에서는 전후 일본이 내세운 평화, 독립국가의 논리가 '중간성' 개념을 어떻게 활용하면서 내셔널리즘을 획득하게 되었는지를 규명하고 있다. 우선 전전과 전후의 '잠재적 제국주의'에 관해 정의하고, '문화국가론'의 생성 과정에서 교차적 병존론으로 전환하는 변주 및 레토릭을 날카롭게 재평가하고 있다. 일본의 '전전(戰前)의 아시아론'이나 '국가 정치성'이 전후를 관통하며 전후의 애국심을 재생산하는 과정에서 '중간국가론'이나 '문화 국민국가론'과 어떻게 교차하고 활용되는지를 분석하려는 시도는 매우 독창적이고 유용하다. "문화=의식의 재생산 매개물이라는 논리는 인간 의식을 가치중립의 세계로 들어가게 해 줄 수 있는 통로의 역할"이라는 주장이야 말로 새롭다. 단선적 발전론을 비판적으로 논하고, 중첩적 발전론을 내세우며 새로운 사회의 구현을 위해 과거의 재구성 및 지탱하는 윤리를 동원하는 방법(론)과 기제(사상)을 해석하는 능력은 탁월하다. 결론적으로는 "일본이 동양과 서양의 교차점으로서 기존의 일본을 극복한 위치로 이동한 것이다"라는 주장에 귀 기우릴 가치가 있다. '전후 문화국가'의 탄생과 포스트 제국주의를 엮어서 이해하기 위해서는, 문화국가와 접속되는 1951년을 지나면서 전전의 애국심이 전후의 내셔널리즘으로 변형되고 정당성을 획득하면서 융합적 일본문화로 진화(성장)하는 경위에 관한 전성곤 교수의 주장을 일독할 필요가 있다.

"제8장 '냉전공영권'의 탈종속화와 일본 전후론"에서는 세계적 시각을 기준으로 일본의 전후를 논한 스기모리 고지로의 '탈식민주의'에 주목하며, '냉전공영권'의 탈종속화에 관해 분석하고 있다. 여기서 '탈식민주의'란 하나의 수사학적 의미이며 시대적 지배담론인 피트림 소로킨의 이론을 수용하는 방식에 나타난 '단편화' 혹는 단편적 수용의 문제를 시야에 둔다. 특히 '자본주의'나 '민주주의' 혹은 '공산주의'를 뚫고 나가는 아시아적인 것을 구축하려는 과정에서 나타나는 '일본적 주체론'의 (재)생산에 관해 고찰하고 있다. 비록 스기모리 고지로가 제시한 "소로킨의 해석은 단편주의를 넘지 못한 비(非)탈식민주의"라는 주장이 곧 제국주의 일본에 대해 비판적인 피식민자의 민족주의를 비판하는 탈식민주의 이론"이라는 등식(等式)이라고 단정 짓기는 쉽지 않다. 무엇보다도 일원적이고 단일적 유럽문화를 극복하고 다중적 문화의 공존을 주장을 과연 어떻게 검증하고 있는지에 관해서는 본문을 참조하기 바란다.

궁극적으로 (포스트) '제국주의'를 둘러싼 일본의 논리가 정당화되는 계기를 살펴보는 것만으로도 한국에 주는 시사점은 크다고 하겠다. 비록 결과적으로는 역사교과서 등 교육을 통해 전전 제국주의 기억을 희석시키는 '액상화' 작업이 진행된다고 하더라도 '수정주의적 역사주의'가 그대로 인정(수용)받기는 용이하지 않다. 가령 한일관계를 '협력 공동체'로서 국민국가 넘기의 실현을 만들어내자는 논리는, 매력적인 부분이 있어 의견들을 응집시키기도 한다. 하지만, 한편으로는 자국의 시선(인식)을 주장하는 '내셔널리즘'이나 '국민국가' 논리가 오히려 강화되어 평화공동체를 저해하는 현상을 동반하고 있음을 간과해서는 안 된다. 이러한 이율배반적인 흐름 속에서 현재의 한일관계는, 일본군 '위안부'문제(성노예-시민연대의 가능성)를 둘러싼 갈등이 지속되고 있으며, 강제징용 판결(2018년 10월)을 둘러싼 난제에 부딪친 것도 현실이다.

국가와 민간이라는 제3의 방식으로 해결 방안을 모색하고 '비정치적 연대'의 가능성도 모색하고자 하지만, '보편적 가치로서 평화 찾기'가 오히려 정치성을 띠고 있어, 그 해결은 쉽지 않아 보인다. 이러한 한일 관계의 향방을 논하기에 앞서 일본의 '평화국가와 국제화'라는 슬로건 속에 가려진 '비평화국가와 내셔널리즘'의 특성이 무엇인지를 제대로 들여다보는 것이 중요하다는 점이다. 즉 보편적 가치의 핵심으로 등장하는 '열림, 평화, 협력(개발)'이라는 보편적 가치가 어떤 맥락으로 '닫힘=힘=지배'의 논리로 전향하여 정당화되는지를 함께 고민해봐야 할 것이다. '트랜스 국가주의' 혹은 '포스트 제국주의' 논의가 어떤 방식으로 가능할지 이 책을 통해 가늠해 보는 기회가 되었으면 한다.

본서를 통해 3인의 저자는 글로벌 '평화' 담론과 헤게모니·욕망·가치 질서를 해부하고, (포스트) 제국주의를 학제적으로 논하고자 했다. 이는 전후 일본이 내셔널리즘을 재구성하는데 어떠한 이론이 활용되고, 근세화, 근대화 혹은 현대화, 즉 새로운 시대를 개척하는 논리로서 '과학주의'와 연계(접목)하여, 세계적 공헌을 주장하는 일본의 리스캘링(구조개혁) 과정을 살펴보는 데 유용할 것으로 자신한다. 구체적으로는 미국의 지경학적 헤게모니와 글로벌 질서는 과연 무엇이며, 헤게모니의 욕망과 국가주의는 어떻게 선택 혹은 결정되었는지, 나아가 왜 '가치 제국주의'를 소환하여, 재인식(평가) 과정을 문화사상사(事象史) 관점에서 학제간·융합적 시각을 제공하려는 문제의식에서 출발했다. 학제간 학술교류를 통해 논의결과를 공동저서를 통해 새로운 인문사회과학적 지역연구방법론을 제시하고 '정치경제학', '역사사상학', '사회문화인류학' 연구라는 각기 다른 학술분과의 협업을 통해서 거창한 결론을 도출하려던 목표(의도)가 결실을 맺어 독자 여러분들께 과연 제대로 전달될 수 있을까라는 염려가 앞선다. 나아가 각자의 주제가 어떻게 연계되어 있으며, 나아가 제국주의가 작동하는 메커니즘을 규명하기 위한 융합적이고 학제적인 분석틀을 보다 더 구체화 및 체계화를 갖출 필요가 있다는 한계를 극복하는 것은 다음 과제(공저)로 넘기기로 하겠다.

'포스트 제국주의'에 대한 연구는 다양한 분야에서 활발하게 이루어지고 있으며, 이 분야에서 주목받는 여러 이론가들이 있다. 특히 포스트 제국주의의 이론적 토대 제공에 지대한 영향을 끼친 바 있는 가야트리 스피박(Gayatri Chakravorty Spivak)의 논의를 본서에서는 제대로 다루지 못한 아쉬움이 있는 것도 사실이다. 이에 스피박 교수가 '서발턴' 담론을 통해 유럽의 제국주의적 영토팽창을 넘어 신(新)식민적 관계, 인종차별, 국제적 노동분업 등 다양한 논의로 식민(지) 담론을 확장시키려 했던 논의를 이어받아, 『포스트 서발턴: '제국주의'를 넘어서』(가제) 발간을 기획하고자 한다. 여기에는 국가주의 및 국경학(border studies), '탈(포스트) 식민주의', '오리엔탈리즘' 등 학제적 관점(시각)도 도입할 예정이다.

아무쪼록 포스트 제국주의의 복잡성과 그 영향력을 제대로 이해하는 데 있어서가 본서가 일조하기를 기대해 본다[1]. 나아가 저자들의 지금까지의 여러 노력들(연구업적)이 일본을 넘어 동아시아를 이해하고 '글로벌 평화·안전공동체'를 구현하는 데 밑거름이 되며, 학문적 발전과 사회적 소통의 계기가 되었으면 한다.

2024년 5월
고려대학교 글로벌일본연구원 연구실에서
김영근

---

1) 다만 포스트 제국주의의 복잡성과 그 영향력을 분석하려는 저자들 각자의 생각(견해)들이 비록 다르지만 선입견 없는 시사점을 얻기 위해 가감 없이 원문을 그대로 살렸다.

서문   5

제1부 미국의 지경학적 헤게모니와 글로벌 질서

제1장 글로벌 헤게모니 전쟁과 '무역' 질서의 변용

   Ⅰ. 경제 제국주의를 둘러싼 중층적 얽힘과 지역주의 질서   23
   Ⅱ. 세계화(Globalization)와 국가의 변용: 정책 및 제도의 선택   28
   Ⅲ. 지역주의: 기원과 전개   34
   Ⅳ. 글로컬라이제이션 시대의 탈지정학 및 지경학   42

제2장 아시아·태평양 지역의 중층성과 일본의 구조개혁(rescaling)

   Ⅰ. 서론: 미국의 제국주의 구상과 일본의 외교   45
   Ⅱ. 재설계된 사회 통제성과 패러다임 동학   46
   Ⅲ. 미일 vs. 글로벌 경제 리스크: 협력과 마찰의 메커니즘   56
   Ⅳ. 사례분석: 일본의 TPP 교섭과 제도의 선택   63
   Ⅴ. 리스크 관리 및 제도적 협력   69

제3장 '패권안정론'에 의한 미국 통상정책의 변화 분석

   Ⅰ. 패권안정론과 '상호주의'라는 통치성   73
   Ⅱ. 패권안정론의 검증 - 거시적 시각   74
   Ⅲ. 패권안정론과 한계 - 미시적 간극   87
   Ⅳ. 패권적 지위 변화에 따른 설명의 한계   95
   Ⅴ. 미국의 통상정책 변화와 패권안정론   99

제2부 제국의 욕망과 국민주의

제4장 국가 방식의 선택: 이와쿠라 사절단과 일본 메이지 시대 외교 정책 딜레마

 Ⅰ. 대국과 소국을 넘어 부국강병으로   105

 Ⅱ. 에도 시대적 식민지 확장과 국가 안보   108

 Ⅲ. 이와쿠라 사절단의 국권론 해석과 문명론 113

 Ⅳ. 순방 후 사절단이 일본외교에 미친 영향 124

 Ⅴ. 국가모델의 형성과 외교적 전략   127

 Ⅵ. '대국 일본' 논쟁의 대안   131

 Ⅶ. 대일본주의적 평화국가론   135

제5장 식민지에 관한 결정: 국민통합의 범위

 Ⅰ. 식민지 해석과 영토확장   141

 Ⅱ. 현실주의와 세계적 확장   145

 Ⅲ. 제국의 선언: 외부, 주변 및 내부 확장 150

 Ⅳ. 식민정책의 따라잡기와 네이션 확장 논리 156

 Ⅴ. 일본제국과 조선의 국민화   160

 Ⅵ. 식민지지배와 제국주의 통치성   166

 Ⅶ. 패전과 조용한 군사력 회복   169

제3부 '가치 제국주의'의 소환과 활용

제6장 일본 제국주의의 그림자로서 '회랑(回廊) 민족주의'

Ⅰ. 회랑민족주의의 탄생   175

Ⅱ. 「제국국방방침」의 사상적 배경   180

Ⅲ. 일본적 「제국국방방침」의 형성과 그 이형성(異形性)   182

Ⅳ. '전후 민주주의' 속 방위론과 파워 효과   196

Ⅴ. 지정학적 공간관리로서 회랑주의   203

제7장 일본 문화국가의 정치성

Ⅰ. 전전과 전후의 '잠재적 제국주의'   207

Ⅱ. 문화국가론의 생성에서 교차적 병존론으로   216

Ⅲ. '재등장'하는 동서문화 교차론과 그 변주   232

Ⅳ. 문화국민국가론의 레토릭   248

제8장 '냉전공영권'의 탈종속화와 일본 전후론

Ⅰ. 문화사관의 발명   251

Ⅱ. '전형기=부흥'의 발견과 '근대'의 부흥   254

Ⅲ. '의식형태'로서 체제, 민족, 계급 그리고 인간   258

Ⅳ. 피안으로서 일본: '세계사=일본주의'의 재소환   264

Ⅴ. 선고(選考)된 마르크스주의: unlearning의 실패   276

Ⅵ. 공공문화론: '부흥기'의 부흥   284

Ⅶ. 마르크스주의의 재편과 국민주의   290

참고문헌   294

제1부

미국의 지경학적 헤게모니와
글로벌 질서

제1장
글로벌 헤게모니 전쟁과 '무역' 질서의 변용

I. 경제 제국주의를 둘러싼 중층적 얽힘과 지역주의 질서

1990년대 이후 국제관계의 주된 특징으로 '글로벌화' 및 '상호의존론'이 심화되고 있다. 오늘날 국제적 상호의존의 진전에 관한 이해를 위해서는 무엇보다도 '세계화', '글로벌화'와 관련한 지역통합 논의에 주목할 필요가 있다.

국제사회는 세계화와 지역주의/지역화(Regionalization)라는 거대한 두 가지 조류가 전개되고 있다. 세계화를 주도해 온 '구주지역(유럽, 미국)' 과 지역주의를 중심으로 한 경제협력 모델을 제시하고 있는 '아시아지역(일본, 중국)'으로 구별된다.

글로벌화가 진화하는 과정에서 코로나 감염병 재해를 경험하며, 지역주의가 중층적으로 얽혀있는 경제협력의 구도 하에서 과연 한 국가의 정책 및 제도의 선택이 어떠한지 분석하는 것은 중요하다. 예를 들어, 미국과 일본의 주도하에 진행되어 왔던 '환태평양경제동반자협정(TPP: Trans-Pacific Partnership)' 교섭은 진통을 겪으며 그 진로 역시 영국의 브렉시트 및 미국의 신고립주의(보호무역주의)적 움직임과 연동(가속화)되어 실제로 신(新)지역주의 시대에 접어들었다는 평가도 자주 접하고 있다.

무엇보다도 글로벌시대 세계무역구조(지경학)는 상정외의 형태로 변화하고 있다. 여기서 지경학(地經學: Geoeconomics)이란 지정학 개념을 원용한 것으로, 지리적인 환경이 한 나라(국가) 경제에 미치는 정치·군사·사회·문화적인 영향을 거시적인 관점에서 연구하는 것이다. 단순히 경제학의 범주를 벗어나 정치학, 지리학, 지질학, 군사학, 문화학, 역사학, 문명사상학, 종교학, 철학, 재난학, 평화학, 화해학 등 융복합적이고 중층적 구조에서 경제마찰과 협력의 메커니즘까지도 내포한다. 이러한 국제환경의 변화는 자칫하면 새로운 경제전쟁으로 치닫게 될 수 있다는 점에서, 다음 관련 키워드를 중심으로 세계화 및 지역주의에 관한 이론과 사례를 살펴볼 필요가 있다.

글로벌화(세계화), 지역주의, 경제 환경, 구미 vs. 아시아(일본), 지역경제, 경제시스템, 구조개혁, 글로컬라이제이션(글로컬화), 탈(脫)지정학, 유럽 경제, 세계무역기구(WTO: World Trade Organization), 미국경제, EU, 경제통합, 경제공동체, 외교통상정책, 대립과 협력의 메커니즘, 아시아지역, 경제발전, 지역협력, 일본 경제, 중국 경제, 북한 경제, 통상마찰, 경제협력, 새로운 글로벌 이슈, 재난안전공동체, 국제개발협력, ODA, 아시아·태평양지역. 중층적 제도, 경제적 리스크 관리, 'TPP 발효', '잃어버린 일본경제 20년', 글로벌 경제불황, '소(小)다자주의', 미일마찰, 미일경협(경제협력) 등이다.

무엇보다도 최근 해외 주요 지역 혹은 국가의 글로벌라이제이션 및 지역주의 이슈를 다각적 분석하기 위해서는 경제의 글로벌라이제이션과 국가의 변용이 어떻게 연관되어 있는지 이론적으로 검토해 볼 필요가 있다.

경계가 허물어지거나 경계를 벗어난다는 뜻을 가진 탈경계(脫經界)의 개념을 정치학이나 경제학, 지역학에 투영해 보면, 여기서 살펴보고자 하는 글로벌 상호의존 구조의 동태성이 더더욱 명확하게 이해될 수 있다. 다양한 지역주의가 과연 어떻게 제도화되고 혹은 무산(실패)되는지 그 프로세스 및 메커니즘을 규명하는 선행연구는 적지 않다. 다만 지역통합 과정에서의 '자유주의의 디보더링(de-bordering)'개념에도 주목한 연구에도 관심을 기우릴 필요가 있다. 궁극적으로 지역주의를 넘는 글로벌(세계화) 정치 플랫폼을 제시하고 그 가능성과 불가역성을 논하는 것은 중요한 과제이나 여기서는 단서(힌트)를 제시하는 데 의의를 두고자 한다.

제2차 세계대전 이후 GATT 체제는 1995년 WTO(https://www.wto.org/) 설립을 통해 엄격한 법제화(legalization)라는 상호의존을 심화해왔다. 이후 지역주의의 확대로 제도화의 진화에 난항을 겪고 있는 WTO 중심의 자유주의 질서가 붕괴되는 것은 아닌가라는 염려마저 대두되고 있다. 향후 세계경제(무역)질서의 운영원리로서 '지속가능성(Sustainability, 持續可能性)'과 '투명성(Transparency)'과 '책임성(Accountability)' 등이 강화되기 위해서는 '국제레짐' 혹은 '글로벌 거버넌스[2])'가 중요하다. 왜냐하면, 어느 국가든 글로벌시대, 트랜스내셔널 상호작용이 심화되고 있는 가운데 과연 어떠한 제도의 선택이 경제성 및 지속가능성, 리스크 관리 등의 관점에서 효율적인지 고민하기 때문이다.

코헤인(Koehane)과 마틴(Martin)에 의하면, 제도는 정보를 제공하고

---

2) 일반적으로 '글로벌 거버넌스론'이란 세계중앙정부 등의 '조직'의 모색보다는 '제도(룰의 체계)'에 주안을 둔다. 구체적으로는 지구상의 국가와 비정부조직들이 세계정부 없이 지구상의 문제들을 해결해 나아가기 위해서(Governance without Government) 어떠한 글로벌한 질서를 형성해야 할 것인가에 관한 논의를 말한다.

거래비용을 줄이며, 신뢰를 증진시키고 조정의 접점을 제공하여 전반적으로 상호성(reciprocity)의 작용을 촉진한다. 주지하다시피 미국과 일본 주도하에 교섭을 진행해온 TPP의 진로 역시 영국의 브렉시트 및 미국의 신고립주의(보호무역주의)적 움직임이 가속화됨으로써, 새로운(新) 지역주의 시대에 접어들었다고 해도 과언이 아니다. 신(新)지역주의 시대에 접어들 가능성도 배제하기 어렵게 되었다. 자칫하면 글로벌 경제전쟁으로 치닫게 될 수 있다는 점이다. 다만 글로벌 경제는 지금까지 국제적 제도(GATT, WTO 등)의 혜택을 경험한 대부분의 국가들이 다자주의 이익구조에서 벗어나 비상호적(non-reciprocity) 행위를 선호하기에는 적지 않은 비용을 감수해야 한다. 말하자면, 글로벌 시대의 각국의 정책선택에 있어서, 국제제도 혹은 레짐이 규정하는 원리, 원칙, 룰, 분쟁해결 절차 등이 구속하는 지속적이고 안정적인 기대를 형성하는 틀이 제공하는 국가 간의 긍정적인 상호작용을 우선시할 가능성이 높다는 점이다.

글로벌화의 진전과 더불어 중층적 경제협력 구도 하에서 과연 한 국가의 정책은 어떻게 변화해 왔는가에 대한 사례분석도 필요하다. 이는 각국이 '지속가능한 성장' 및 '균형 재분배' 등의 목표를 달성하기 위해 글로벌화라는 국제제도를 국내적으로 수용하는 프로세스와 맞물려 있다. 국내적 선호(preference) 및 국제적 리스크 요인에 대응하는 경제·통상 정책의 변용이 예고되고 있다. 실제 환태평양경제동반자협정(TPP) 교섭과정에서의 미국과 일본의 정책선택이나 브렉시트 등이 나타난 메커니즘에는 글로벌화 및 지역주의가 자리 잡고 있다.

우리는 세계화(Globalization) 및 지역주의(Regionalization)가 동시에 진행되는 글로벌 환경변화 속에 '영국의 브렉시트'와 '미국 우선주의' 등이 교차하는 시대에 살고 있다. 고립주의와 보호무역주의로 대표되는 트럼프의 '반(反)세계화' 전략은 '글로벌 공동체' 구축에 역행하는 '내셔널리즘(자국 우선주의)' 및 '파퓰리즘(인기영합주의)에 기반을 둔 정치적 플랫폼(인프라)의 왜곡 현상 중의 하나이다. 물론 이러한 변화의 배경으로는 '국제무역레짐'이 안고 있는 리스크 요인, 즉 '불안정성'과 '초불확실성'이 작용한 결과라 할 수 있다.

국가 정책의 변화는 글로벌화 및 지역주의라는 중층적 경제구조와는 어떻게 관련되어 있는지, 또한 만약 변화가 있다면 그 메커니즘은 무엇인지를 이론적으로 또한 사례분석을 통해 규명하기 위한 논문의 구성은 다음과 같다. 제II절은 세계화(Globalization)와 국가의 변용에 관해 정책 및 제도의 선택이라는 관점에서 고찰한다. 제III절에서는 지역주의의 기원과 전개, 특히 지역주의 변용에 관해 브렉시트 vs. EU 사례를 중심으로 분석한다. 제IV. 결론에서는 글로컬라이제이션 시대의 탈지정학 및 지경학은 과현 어떻게 전개될 것인가에 관해 선험적 전망을 제시한다.

미리 결론을 요약하자면, 글로컬라이제이션 시대의 탈지정학 및 지경학적 관점에서 볼 때, 각국은 '제도 표류(A)'라는 정책의 선택이 우선되고 있다. 물론 기존 정책을 유지하며 새로운 정책을 수립하는 '제도 중층화(C)' 현상도 두드러지고 있다. 이는 GATT/WTO 체제하에서 각국이 원활한 대응에 실패(A)했기 때문이라고 할 수 있다. 상호의존 현상이 지역적으로 표출되는 '지역화' 혹은 '지역주의' 우선(강화) 현상, 즉 글로벌화와 배타적인 지역주의를 초래할 수 있다. 예를 들어, '갇힌 지역주의', 브렉시트, 미국우선주의, 경제정책의 한계 및 '잃어버린 20년'의 지속 등을 들 수 있다.

II. 세계화(Globalization)와 국가의 변용: 정책 및 제도의 선택

1. 국가의 정책 및 제도(체제) 선택 모델

각 국가가 세계화라는 국제레짐 혹은 거버넌스 변화에 대응하여 선택한 제도(체제)는 과연 어떠한 경로의존성을 나타내는지에 관해서는 다양한 유형이 예상된다. 세계화/다자간 제도의 개혁(변화)에 대한 저항의 강약 및 '지역주의 정책의 활용'이라는 두 가지 요소를 조합한 4가지 제도변화 분석틀([표 1] 참조)을 바탕으로 고찰해 보자. 여기서 저항이 강할 경우, 자국 중심의 일방주의를 선호하며, 이에 반해 약할 경우 다자주의를 지지한다.

[표 1] 세계화(Globalization)와 국가의 변용: 정책 및 제도(체제)의 선택

		세계화/다자간 제도의 개혁(변화)에 대한 저항	
		강(일방주의)	약(다자주의)
지역 주의 정책 활용	강	A 제도 표류(drift) 환경변화에 대한 미대응으로 기존(旣定) 정책의 비효율적 대응 ☞ 체제(레짐) 및 거버넌스 미흡 예: 갇힌 지역주의, 브렉시트, 미국우선주의, 아시아의 금융위기(1997년): AMF(아시아통화기금) 구상, 국가주도의 경제정책의 한계, 일본: '잃어버린 20년'의 지속	B 제도 전용(conversion) 기존 정책의 전략적 재정의 혹은 전용 예: 열린 지역주의, 유치산업에 관한 정부 역할의 재편 → 정부 주도에서 벗어나 비정부행위자 주도의 산업경쟁력 확보 전략, 지역주의 재평가 및 보완대체 방안 강구
	약	C 제도 중층화(layering) 기존 정책을 유지하며 새로운 정책의 수립 예: 다각적 지역주의 정책 전개, 해외 원전 사업의 수주, 전후 미국 주도의 자유무역체제 구축, TPP 타결, RCEP 교섭	D 제도의 진화(legalization) 　제도 치환(displacement) 세계화(Globalization)의 국내적 수용 ☞ 새로운 국제제도의 도입 - 체제 전환이 용이한 국내정치 과정을 활용하여 새로운 체제 도입 및 대응 원활 예: 전후 국제무역제도의 선택(GATT → WTO → MultiFTA), 글로컬화 시대의 지방 창생 정책 등

출처: 필자 작성, 김영근(2017) 재인용(일부 수정).

A. 제도 표류(drift): 환경변화에 대한 미대응으로 기존(既定) 정책의 비효율적 즉 체제(레짐) 및 거버넌스가 미흡한 대응 과정에서 발생하는 유형이다. 지역화 혹은 지역주의 즉 글로벌화 추진과정에서 국내적으로 수용하지 못하거나 정책적 대응이 미흡한 경우, A '제도표류(drift)'로 이어져 경제위기, 금융위기가 발생할 수 있다.

B. 제도 전용(conversion): 기존 정책의 전략적 재정의 혹은 전용 정책은 정부 주도에서 벗어나 비정부행위자 주도의 산업경쟁력 확보 전략, 지역주의 재평가 및 보완대체 방안을 다자주의 이념에 부합하는 형태로 추진하는 경우이다. 예를 들어, 유치산업에 관해 글로벌 시대에 부합하는 정부역할의 재편 등을 들 수 있다.

C. 제도 중층화(layering): 기존 정책을 유지하며 새로운 정책을 수립하는 유형(전략)이다. 예를 들어, 다각적 지역주의 정책 전개, 해외 원전 사업의 수주, 전후 미국 주도의 자유무역체제 구축, TPP 타결, RCEP 교섭 등을 들 수 있다.

D. 제도 치환(displacement)/제도의 진화(legalization): 세계화(Globalization)의 국내적 수용 과정이 전개되거나 국제제도 자체의 진화(엄격화)가 이뤄지는 경우이다. 체제 전환이 용이한 국내정치 과정을 활용하여 새로운 체제를 도입하거나 대응(제도의 수용)이 원활하게 진행되는 영역이라 할 수 있다. 예를 들어, 전후 새로운 국제(무역)제도가 도입된 사례로 GATT → WTO → MultiFTA로 전환되거나 글로컬라이제이션 시대의 지방창생 정책 등을 들 수 있다. 특히, 법제도화의 진전이라는 관점에서 논할 때 GATT의 한계점을 극복하고 발족한 WTO는 중요한 사례이다[3].

---

3) 예를 들어 법제도화에 관한 대표적인 논의로서 *International Organization*, 54(3), 2000. (Reprinted as Judith Goldstein, Miles Kahler, Robert O. Keohane, and Ann-

아보트(Kenneth W. Abbott) 등에 따르면, 법제도화는 '의무성', '명확성', '권한의 이양'이라는 세 가지 요소로 정의된다[4]. 이를 WTO에 적용할 경우 예를 들어, UR협정의 사법부 역할, 즉 국가간 경제분쟁이나 마찰을 조정(판결권 행사)하는 '규범(분쟁처리절차에 관한 양해)의 강화'된 것과 관련되어 있다.

2. 세계화의 기원과 변용

1960년대 이후 블록주의의 개념이 확산되고, 탈(脫)냉전 시대에 들어서 '세계화(Globalization)'라는 단어가 널리 쓰였는데, 이 '세계화' 혹은 '글로벌화'는 이른바 '국경없는 세계(Borderless)'를 떠올리지만 정의하기 어려운 개념이다. 물론 어디까지나 국경의 존재를 전제로 하는 국제화 개념과는 달리 탈(脫)지정학적 국가(영역)간 관계의 증대를 의미하는 세계화 개념을 분류하는 주장도 있다(中西 2002, 303-304).

세계화는 세계시스템이나 비교문명론의 연구와 관련되어 대두된 용어로, "1980년대 후반부터 1990년대에 걸쳐 급속하게 진행된 '금융'을

Marie Slaughter, eds., *Legalization and World Politics*, Cambridge, MA: MIT Press, 2001)가 있다. 특히 미국의 영향력이 미치는 경로(process)에 관해 양자간 관계뿐만이 아니라 국제 제도로서의 GATT/WTO와의 관계까지 분석할 필요가 있다. 예를 들어 UR 추진 및 협상 과정에서 미국의 의도(통상정책)와 GATT/WTO를 고찰하면 국제 레짐의 국가에 대한 영향이 보일 것이다. 분석 대상이 미국이 아닌 일본이지만, 통상정책에 있어서의 WTO 법제도화의 중요성을 강조한 분석으로서는 Keisuke Iida, *Legalization and Japan: The Politics of WTO Dispute Settlement*(Cameron, 2006); Amy E. Searight, "MITI and Multilateralism: The Evolution of Japan's Trade Policy in the GATT Regime," *Ph.D. Dissertations, Stanford University*(1999) 등을 들 수 있다.

4) Kenneth W. Abbott, Robert O. Keohane, Andrew Moravcsik, Ann-Marie Slaugeter, Duncan Snidal, "The Concept of Legalization," *International Organization*, 54(3), 2000.

중심으로 한 급속한 세계경제의 일체화 경향(단일시장으로 통합)을 가리키는 것, 즉 근대 세계시스템의 경제적인 확대 프로세스를 통해 지구상의 원격지들이 점점 밀접하게 결합되는(상호작용해 가는) 움직임이라고 할 수 있다5)."

세계화란 "국경을 초월하여 상품(물건), 화폐(금융), 사람(인적자원), 정보가 전 세계를 대상으로 교류하며 세계 전체가 하나의 시스템이 되어 가는 현상 및 과정이라고 할 수 있다." 세계 어디선가 발생한 일이 다른 장소나 행위자(actor)에게 커다란 영향을 미치기도 하고 자신의 행동이나 자기 영역에서 발생한 일이 다른 영역이나 행위자들에게 커다란 영향을 미치는 것을 의미한다. 또한 국가뿐만 아니라 NGO, 기업 등 '국가 이외의 행위 주체(非國家主體)'가 폭넓게 활약하며, 경제뿐만 아니라 인권문제나 인도(人道)주의적 차원에서의 진보적(liberal) 규범이 전 세계에 스며드는 것을 나타내기도 한다. 또한 영역별(공간)·시간적 제약이 축소됨에 따라 인간의 활동이 확대되는 것도 부수적으로 전개되고 있다. 글로벌화를 촉진하는 요인으로 과학기술의 발달과 정보 전달의 시간단축이 공헌한 것도 부정하기 어렵다(村井淳, 2005:89).

이러한 세계화를 글로벌 시대의 지역경제에서 발생하는 상호의존과 비교한다면 '상호의존'은 세계화의 핵심요소라고 해도 좋을 것이다. 원래 상호의존은 국가 간 문제로서 주로 무역 및 투자 등 경제적 관계에서 나타난다. 무역 등 경제 관계가 밀접해지면 양국 모두 큰 이익을 얻게 되지만, 한 정부의 기본 정책목표(성장, 고용, 물가안정 등)는 다른 국가 정책에 커다란 영향을 끼치게 된다. 이와 맞물려 국내 정치과정을

---

5) 다나카 아키히코田中明彦, 나카니시 히로시中西寬 편저, 김영근 외 옮김(2009) 『콤팩트 국제관계학(新国際政治経済の基礎知識)』전략과 문화, <1.세계화(globalization)>

통해서 분쟁과 대립이 발생하기 때문에 이를 조정하는 국제 제도가 필요하다. 이러한 기본 구도는 세계화가 진행된 현재도 마찬가지이며, 오히려 더 가속화되고 있는 듯하다. 2008년 가을 리먼 쇼크 이후 전 세계적 규모의 경제불황을 보면 미국에서 발생한 위기가 금융, 무역을 통하여 세계 전체에 커다란 영향을 끼쳤으며, 이를 조정하기 위해 G20 정상회의(summit) 등 새로운 제도들이 창설되었다. 상호의존론을 바탕으로 창설한 이러한 기구는 '국제레짐(International Regime)' 혹은 '글로벌 거버넌스(Global Governance)'로 불린다.

"현재의 글로벌리제이션의 가장 큰 특징은 국경(국가)을 넘은 생산거점의 재편성 등 지구상의 원격지 사이를 빠른 속도로 이동하는 재화, 사람, 정보의 '양'이 비약적으로 증대되었다는 점이다. 두 번째 특징은 글로벌한 행위자(NGO 혹은 NPO 등)의 증가 및 '다양화'이다. 세 번째 특징으로는 새로운 '글로벌 거버넌스'의 탄생과 연동되었다는 점이다[6]." 예를 들어, 1997년 '아시아 금융위기'나 2007년 '서브프라임 금융위기'는 국제금융제도 및 국제(금융)경제의 구조를 재검토하는 움직임으로 이어졌다.

세계화(Globalization)의 흐름 속에 나타나는 대표적인 현상으로는 '경제통합(economic integration)'과 '경제마찰(economic friction)'을 들 수 있다. 우선, '경제통합'이란 일반적으로 "지리적으로 인접한 두 나라 혹은 그 이상의 국가가 동맹을 결성하여 동맹국 상호 간에는 무역의 자유화를 꾀하고, 비동맹국에 대하여는 무역상의 차별 조치를 취하는 지역적 경제 협력 조직[7]"을 뜻한다. 넓은 의미에서, '지리적으로 인접

---

6) 다나카 아키히코田中明彦, 나카니시 히로시中西寬 편저, 김영근 외 옮김 (2009)『콤팩트 국제관계학(新国際政治経済の基礎知識)』전략과 문화, <2.글로벌 거버넌스>
7) 손병해(2002)『경제 통합의 이해』법문사, p.15

한 국가들 사이의 경제가 하나로 가능하게 되는 경우8)' 및 '국가 내에서 지역간 경제통합'이라는 좁은 의미를 포함한다. 한편, '경제마찰'이란 "어떤 특정국이 어떤 이유로 경제에 대하여 영향을 주는 조치를 취했거나 또는 취하려고 했을 때, 그 조치에 의해 불이익을 받거나 받을 우려가 있는 상대국과의 사이에서 야기되는 분쟁이나 갈등9)"을 의미한다.

'역내의 무역자유화'가 촉진이 주된 목적이었던 경제통합은 주로 특정 지역이나 특정 국가간에 국한하여 나타나는 현상이었으며, 더욱이 그것은 각국 고유의 배타적 국경을 고수한다는 전제하에서 전개되었던 현상이다10). 그러나 국제적 상호의존 관계의 심화는 결과적으로, 새로운 국제규범의 대응과정에서 경제마찰을 동반한 탈(脫)지정학 시대로 변화하고 있으며, 글로컬라이제이젼 현상 등이 전개되고 있다11).

국제무역의 의존 관계가 심화되기 시작한 것은 제2차세계대전 이후 GATT 체제하에서 다자주의 원칙과 무차별주의 등에 입각하여 8차에 걸친 다자간 무역자유화(무역장벽의 제거) 협상을 전개하는 과정과 연동되어 있다. 더욱이 1960년대 이후부터는 다국적 기업에 의한 생산 및 시장의 국제적 결합이 꾀해지면서부터 경제의 국제화가 가속화되어 왔다. 특히 1990년대 들어서는 인터넷과 같은 정보통신(IT) 분야의 기술혁신이 일어나면서 국제간 거래는 시간과 공간의 장벽을 넘어 범지구적(글로벌) 규모로 확대되었다. 그리하여 1995년 법제도화의 진전을

---

8) 정홍열(2009)『경제통합론』도서출판 해냄, p.11
9) 특히 무역관계에서 발생한 이러한 분쟁을 '무역마찰'이라 한다. 권기성(1989) 『경제마찰: 그 이론과 전략』동양문고, p.69
10) 손병해(2002)『경제 통합의 이해』법문사, p.70
11) 글로컬라이제이션은 세계화(世界化)를 의미하는 글로벌라이제이션(globalization)과 지방화(地方化)를 의미하는 로컬라이제이션(Localization)의 합성어로서, 소니의 창업자 모리타 아키오가 만들어 낸 신조어이다.

통한 WTO의 설립을 계기로 국제간 상호의존 관계를 설명하기 위해 국제화(internationalization)의 개념이 아니라 세계화(globalization)의 개념으로 전환되기에 이르렀다.

경제분야에서 세계화의 가장 중요한 목적인 '무역자유화'를 추진할 수 있는 수단 중의 하나는 현재 세계 164개 국가들[12]이 참여하는 세계무역기구(WTO)를 통한 다자간 무역자유화의 가속화이다. 한편, 세계화의 흐름 속에서 상정외의 리스크(위기)가 발생한 경우의 대응 정책에도 주목할 필요가 있다. 예를 들어, 1997년에 촉발된 아시아 금융(통화)위기를 경험한 아시아 국가들은 '다자간 지역협력' 혹은 '자유무역협정'에 대한 선호가 높아졌다. 물론 브렉시트 등 세계화에 역행하는 현상(제III절 참조)도 대두되고 있다.

III. 지역주의: 기원과 전개

1. 지역주의 vs. 포스트 지역주의

'지역주의(地域主義)'란 지역 특수성을 바탕으로 하여 지역의 자주성을 유지하면서 그 연대 및 협력을 촉진하려는 입장이다[13]. 경제통상적 의미로는 세계적 차원의 다자무역 대신에 지역에 국한되는 자유무역을 추구하는 것으로, '무역자유화'를 추진할 수 있는 다른 하나는 서로 이해가 맞는 둘 이상의 국가들이 모여 무역자유화를 추진하는 '지역경

---

12) 2021년 12월 1일 현재, WTO 홈페이지(https://www.wto.org/)를 참조할 것(검색일: 2021.12.1.)

13) 지역주의가 다자주의의 대립 개념이며, 세계화에 반(反)한다는 견해도 있지만, EU도 지역주의로 시작해 점차 회원국의 증가와 규범의 진화를 바탕으로 무역자유화 및 세계화에 일조하고 있다는 점도 간과해서는 안된다.

제통합(RTA: Regional Economic Integration)'이다.

예를 들어, 유럽의 경제통합, 북미의 경제통합 노력 등이 대표적인 지역주의 형태이다. 이러한 '지역주의'의 움직임을 이해하기 위해서는 '세계화'와 대별되는 지역주의를 이해하기 위해서는 경제공동체 혹은 자유무역협정(FTA)에 관한 동향을 살펴 볼 필요가 있다. '지역주의'가 탄생한 배경으로는 GATT 및 WTO라는 국제무역 체제하에서의 무역교섭이 난항을 겪고 있다는 점이 크게 작용한 것으로 지적된다. 예를 들어, GATT 교섭이 정체되는 가운데, 미국-캐나다 자유무역협정(FTAA)이 1989년에 발효되었으며, 이후 멕시코가 동참하면서 1992년에 비로소 북미자유무역협정(NAFTA)이 타결되어 1994년 정식 발효되었다[14].

지난 1990년대 이후 크게 확산되기 시작한 지역경제통합은 2018년 1월 현재 총 450건에 달하고 있다. 최근에는 이와 같은 지역경제통합이 환태평양경제동반자협정(TPP)이나 역내포괄적경제동반자협정(RCEP)과 같이 규모가 크게 확대되는 경향을 보이고 있다. 1995년에 설립된 WTO를 중심으로 한 다자간 무역자유화 협상이 큰 진전을 보이지 못하고 있는 상황에서 당분간 지역경제통합(RTA) 혹은 자유무역협정(FTA) 움직임은 강화될 것으로 예상된다.

특히 세계경제의 저성장 기조가 이어지고 있는 상황에서, 각국들은 경제 부진의 돌파구 마련을 위해서도 지역주의에도 더욱 관심을 쏟을 것이라는 점이 배경(원인)이라 할 수 있다.

첫째, 경제공동체는 1995년 세계무역기구(WTO)의 출범과 국제 금융시장의 통합 등 세계화 현상이 급증하는 동시에 지역주의 또한 급속

---

14) 북미자유무역협정(NAFTA)의 탄생은 EU 통합의 진전이나 아시아 경제의 약진에 대한 위기감이 그 배경이다.

도로 전개되기 시작했다. 지역적 경제공동체의 대표적 사례로는 1921
년 벨기에와 룩셈부르크의 경제동맹을 시작으로 1993년 마스트리히트
조약에 따라 출범한 유럽연합(UN)과 1994년 미국, 캐나다, 멕시코 등
북미 3개국이 자유무역지대를 창설하기 위해 추진된 북미자유무역협
정(NAFTA)[15] 등이 있다.

　아시아 지역의 대표적인 경제공동체로는 1961년 동남아시아 지역의
경제적 · 사회적 기반 확립을 목적으로 출범된 동남아시아국가연합
(ASEAN)과 1989년 창설된 '아시아 · 태평양경제협력체(APEC)' 등이
다. 주지하다시피 아시아 지역은 다른 지역에 비해 지역주의가 활발하
지 않지만, ASEAN이 중국, 일본과 같은 동북아시아 지역간의 FTA를
체결하는 등 아시아 내에서의 발전된 지역 경제공동체 형성에 관한
논의 또한 활발하게 전개되고 있다.

　둘째, 자유무역협정(FTA)에 관해서 살펴보자[16]. 우선 'FTA'란 양국
간 혹은 지역적으로 관세 등의 보호조치를 서로 철폐하거나 통상 촉진
에 도움이 되는 다양한 규칙을 제정하거나 하는 것으로 자유로운 상거
래를 보장하기 위해 맺는 협정이다. 많은 국가들이 세계자유무역을
적극적으로 지지하면서도 자국의 이익과 이해 증진을 위하여 경제공동
체의 진화된 형태 혹은 전문성과 구속성이 높아지고 있는 '지역적 자유
무역협정(FTA)'에도 적극적인 참여를 해오고 있는 것이다.

---

15) 미국, 캐나다, 멕시코 3국이 1992년 8월에 합의한 협정으로 1994년 1월에 발효된
　　NAFTA(북미자유무역협정)는 일반적 FTA와 마찬가지로 무역자유화를 원칙으
　　로 하며, 나아가 투자규범 및 지적재산권 등 보다 폭넓은 자유무역의 범위를
　　목표로 하고 있는 것이 특징이다.
16) 지역간의 자유무역협정이라는 것에 의거하여 지역무역협정(RTA: Regional Trade
　　Agreement)이라고도 불린다.

자유무역협정(FTA)이란 "국가간의 경제통합 과정에서 가장 기본적인 단계이며 체결국간의 관세철폐를 기본 원칙으로 하고 있고 교역장벽을 없앰으로써 상품과 서비스의 자유로운 이동을 보장하는 협정"을 의미한다. 주요 특징으로서는 보통 협정 후 발효를 합으로써 모든 품목에 대해 관세를 없애는 것이 기본 원칙이지만 협정국가간의 협상을 통해서 일부 품목에 대하여 예외를 인정 할 수 있다. 그리고 협정국가간에는 자유로는 무역이 이루어지지만 비(非)협정국가들과는 각국간의 독자적인 관세와 무역정책을 사용한다.

대표적인 자유무역협정으로서는 1960년에 창설된 유럽자유무역연합(EFTA), 1992년 싱가포르 말레이시아 인도네시아 필리핀 브루나이 태국 등 아세안 6국이 창설한 아시아자유무역지대(AFTA), 1994년 북미지역의 미국 캐나다 멕시코 3국이 창설한 북미자유무역협정(NAFTA)를 들 수 있다. 이 밖에도 EU, 남미남부공동시장(MERCOSUR), TPP 등을 들 수 있다.

[표 2] 다자간 자유무역협정(Mega FTA) 추진 현황

구분	경제규모(GDP)	인구	참여국가
환태평양경제동반자협정 (TPP)	27조 7,000억	8억명	미국, 일본, 캐나다, 호주, 칠레 등 12개국
역내포괄적경제동반자협정 (RCEP)	21조 6,000억	34억명	중국, 한국, 일본, 아세안(ASEAN) 등 16개국
아시아·태평양자유무역지대 (FTAAP)	42조 5,200억	28억명	미국, 중국, 한국, 일본, 러시아 등 21개국
범대서양무역투자동반자협정 (TTIP)	35조 9,100억	8억명	미국, 유럽연합(EU) 등 29개국
한·중·일자유무역협정	16조 4,100억	15억명	중국, 한국, 일본 3개국
아세안경제공동체(AEC)	2조 4,000억	6억명	아세안(ASEAN) 10개국

출처: 세계은행(World Bank), 국제통화기금(IMF), 김영근(2017) 재인용.

[그림 1] 세계의 경제블럭

출처: 중앙일보, 2016년 7월 2일자 재인용

　FTA(자유무역협정: Free Trade Agreement)은 그 명칭과는 달리 보호적인 무역 정책으로 국제무역제도와 상충되는 것으로 오인하는 경우가 적지않다. 실제로는 자유무역을 추진하는 WTO는 자유무역협정이 지속적으로 확대되면 전 세계의 무역 장벽이 제거될 것이라는 이유로 인해 자유무역협정을 예외적으로 인정하고 있다. 부연하자면, FTA는 자유무역이라는 측면에서는 WTO와 정합성을 띠고 있지만, 지역 내외의 차별성을 두고 있다는 점에서 '무차별 원칙' 혹은 최혜국대우(MFN: Most Favored Nation) 에는 어긋나기 때문에 WTO 체제가 실제로 정착하는 데 있어서 저해요인으로 작용한 것으로 보인다.

　FTA의 체결에 의해 경제적으로는 '무역창출효과(Trade Creation Effect)' 및 '무역전환효과(Trade Diversion Effect)'이라는 두 가지가 발생한다. "무역창출 효과란 FTA에 따른 자유화에 의해 특정상품의 생산이 자국에서 FTA 지역 내의 보다 효율적인 생산자로 옮아가거나, 격화된 경쟁을 통해 생산효율이 전반적으로 상향됨으로써 무역이 새롭게 창출되는 효과이다. 이 효과에 의해 국민소득도 향상된다.

[표 3] 제2차 세계대전 종전 후 경제 · 안보 블록화(지역주의) 및 글로벌화

	글로벌 환경	경제·안보 블록화(지역주의)	국가별
1944년	브레튼우즈협정 체결		
1945년	전후복구 및 국제무역체제로의 복귀		
1946년	국제무역기구(ITO) 설립 논의		
1947년	GATT(관세 및 무역에 관한 일반협정) 창립		
1951년	유럽석탄철강공동체(ECSC) 창설		
1957년	유럽경제공동체(EEC) 창설		
1961년	경제개발협력기구(OECD) 창설		일본 : OECD 가입
1965년			한일국교정상화*
1967년	케네디라운드 (~1972년)	EEC → 유럽공동체(EC)로 확대 -ASEAN 설립	자본자유화
1971년	브레튼우즈체제 붕괴/닉슨쇼크(8월)		
1973년	제1차석유위기/제2차(1979년)		
1985년	플라자합의		엔고 압력
1986년	GATT 우루과이라운드		농산물 개방 vs.국내보호산업
1989년	탈냉전의 시대	APEC 창설	
1992년		-유럽연합(EU) 출범 -북미자유무역협정(NAFTA) 체결	'일본 잃어버린 경제 10년'의 서막
1995년	WTO(세계무역기구) 출범 > 지역경제협정(제24조) 조항		
1997년	아시아의 금융위기		AMF 구상
2002년	태평양3국(뉴질랜드-싱가포르-칠레)경제협력체제: TPP 개시		
2007년	서브프라임 금융위기		'일본 잃어버린 20년'의 인식
2008년	글로벌 금융위기 ← 리먼쇼크/미국-호주-페루 TPP 참가선언		
2012년	역내포괄적경제동반자협정(RCEP) 협상 개시(12월)		- 아베노믹스
2015년	환태평양경제동반자협정(TPP) 설립: 타결(2015.10.5)		각국의 비준 지연
2016년	글로벌 보호무역주의	- 아시아인트라투자은행(AIIB)설립 - 영국, EU 탈퇴 국민투표 통과	지방개혁 · 부흥 · 창생(創生)
2017년	소(小)다자무역주의	미국 TPP 탈퇴 선언	자국우선주의
2018년	2018년 3월 CPTPP 11 발효 ← 미국 패러다임의 역습: '정책전환'과 새로운 레짐 구상		

*1965년 6월 22일 한일 기본조약 및 부속 협정 서명, 12월 한일기본조약 및 협정 발효
출처: 필자작성, 김영근(2017) 재인용(수정 · 보완)

한편, 무역전환 효과는 FTA에 의한 자유화에 의해서 FTA 지역 외로 부터의 수입이 FTA 지역 내에 있는 효율성이 낮은 생산자로부터의 수입으로 전환되는 효과이다. 이 전환 효과에 의해 자국의 산업이 경쟁 으로부터 보호되거나 FTA 지역 내에 새로운 수출시장이 확보되기도 한다. 보호주의자와 중상주의자가 FTA를 지지하는 것은 이러한 이익 때문이다. FTA가 위에서 언급한 효과들을 충분히 얻을 수 있는가는 선험적으로 판단하기는 어렵고 FTA의 내용과 운용 방법에 따라 결정 될 것이다."[17] 또한 경제통합을 통해 '규모의 경제' 효과를 누릴 수 있다.

2. 지역주의 변용: 브렉시트 vs. EU 사례

최근 영국의 브렉시트(유럽연합탈퇴: Brexit) 및 미국의 신고립주의 (보호무역주의)로 인해 과연 '자유무역주의 세계경제 시스템'의 진로가 주목받고 있다. '브렉시트(Brexit)'는 '영국(Britain)'과 '탈퇴(Exit)'의 합 성어로 영국의 유럽연합(EU) 탈퇴를 뜻한다. 유럽이 전후 지속해온 '한층 더 긴밀한 통합(ever closer union)' 원칙의 구속력에서 벗어나려 는 시도이다. 영국은 2016년 6월 23일 유럽연합 탈퇴 여부를 결정하기 위해 실시한 국민투표 결과, 탈퇴를 가결했다. 이는 국제무역체제의 한 축이라 할 수 있는 EU 레짐의 정체성에 대한 회의론의 대두라 할 수 있다. 영국이 1973년 EU의 전신인 유럽경제공동체(EEC)에 가입한

---

17) 다나카 아키히코田中明彦, 나카니시 히로시中西寬 편저, 김영근 외 옮김 (2009)『콤팩트 국제관계학(新国際政治経済の基礎知識)』전략과 문화, <26. 자 유무역협정(FTA)>

지 43년 만에 유럽공동체에서 이탈할 것을 결정한 것으로, 2008년 금융 위기 이후 가속화된 EU, 즉 세계화(테러위험 및 이민자 문제 등) 혹은 WTO 등 국제제도에 대한 부정적 이미지가 반영된 결과이다.

따라서 글로벌 경제는 트럼프의 '미국 우선주의 정책(American First)'을 기조로 한 '자국중심의 무역통상정책'과 아울러 '브렉시트 리스크' 관리가 중요한 과도기적 시대에 접어들었다. 세계 5위의 경제대국인 영국의 '브렉시트'라는 선택(3년 이내 결정)이 유럽과 세계경제에 미칠 영향력은 매우 크다는 점이다. 영국이 개별 국가로서는 누리기 어려운 유럽통합(EU) 혹은 EU가 전 세계 50여 개국과 맺고 있는 자유무역협정(FTA)의 혜택, 즉 경제적·지정학적 편익을 고려한다면, 브렉시트가 현실화되기는 쉽지 않을 것으로 보인다. 가장 진화한 EU의 '한층 더 긴밀한 통합(ever closer union)' 원칙 및 '최혜국대우'라는 자유무역의 수혜를 영국이 포기하고 유럽 분열의 선봉장이 될 것인지가 관건이라 할 수 있다.

그렇다면 향후 EU의 진로는 어떻게 될 것인가? 영국이 유럽연합(EU) 탈퇴를 최종 결정하는 과정에서 유럽의 동아시아 정책은 '실리우선'으로 접근하게 될 것이다. "자연재해 대비, 기술표준, 사이버안보, 기후변화 대처 등 실용주의 정책들은 오히려 집중도가 높아질 것이며 이에 대한 협력 요구는 더욱 강해질 것이다[18]."

---

18) 도종윤(2017), "2017년, EU의 정치적 과제와 전망" 제주평화연구원, JPI PeaceNet 홈페이지

IV. 글로컬라이제이션 시대의 탈지정학 및 지경학

우리는 세계화(Globalization) 및 지역주의(Regionalization)가 동시에 진행되는 글로벌 환경변화 속에 '영국의 브렉시트'와 '미국 우선주의' 등이 교차하는 시대에 살고 있다. 고립주의와 보호무역주의로 대표되는 트럼프의 '반(反)세계화' 전략은 '글로벌 공동체' 구축에 역행하는 '내셔널리즘(자국 우선주의)' 및 '파퓰리즘(인기영합주의)에 기반을 둔 정치적 플랫폼(인프라)의 왜곡 현상 중의 하나이다. 물론 이러한 변화의 배경으로는 '국제무역레짐'이 안고 있는 리스크 요인, 즉 '불안정성'과 '초불확실성'이 작용한 결과라 할 수 있다.

본 논문의 결론은 글로컬라이제이션 시대의 탈지정학 및 지경학적 관점에서 볼 때, 각국은 '제도 표류(A)'라는 정책의 선택이 우선되고 있다. 물론 기존 정책을 유지하며 새로운 정책을 수립하는 '제도 중층화(C)' 현상도 두드러지고 있다. 그렇다면 세계무역구조가 변화하고 있는 가운데 글로벌화 vs. 지역주의에 관한 각국의 경제정책 및 거버넌스의 변용 및 제도(체제) 선택에 관한 분석 결과를 본 논문의 분석틀([표 1] 참조)을 바탕으로 요약하면 다음과 같다.

첫째, 제도 표류(A)는 기존 정책이 비효율적인 경우, 즉 체제(레짐) 및 거버넌스가 미흡한 대응 과정에서 가장 우선적으로 선택(실시)되고 있다. 글로벌 표준(스탠더드)을 국내적으로 제대로 수용하지 못할 경우 '경제적 리스크'로 작동하기도 한다. 이는 결과적으로 '제도 치환'(D)이 어려우며 효율적인 거버넌스의 제시가 제대로 이루어지지 못하는 경우 (A)이다. GATT/WTO 체제하에서 각국이 원활한 대응에 실패(A)했기 때문이라고 할 수 있다. 상호의존 현상이 지역적으로 표출되는 '지역화' 혹은 '지역주의' 우선(강화) 현상, 즉 글로벌화와 배타적인(갇힌) 지역주의를 초래할 수 있다(이요한 2003). 예를 들어, '갇힌 지역주의', 브렉시트, 미국우선주의, 경제정책의 한계 및 '잃어버린 20년'의 지속 등을 들 수 있다.

둘째, 최근 각국은 기존의 정책을 유지하며 새로운 정책을 수립하는 '제도 중층화(C)' 즉 멀티트랙 전략의 선택이 두드러지고 있다. "WTO의 정체는 곧 '제도 표류(A)'형에서 탈피하고자 결국 각 국가들의 선호 및 이익을 반영한 자유무역협정(FTA)에 큰 관심을 표명하며 제도를 복수(중층적) 선택(C)으로 이어졌으며, 일본 역시 '잃어버린 20년'을 보내는 과정에서 다시 '제도 치환(D)[19]' 혹은 '제도 중층화(C)'를 우선하는 정책수용의 단절이 우위를 차지하고 있다." 예를 들어, 다각적 지역주의 정책 전개, 전후 미국 주도의 자유무역체제 구축, TPP 타결, RCEP 교섭 등을 들 수 있다. 주지하다시피 1995년 세계무역기구(WTO)가 설립된 지 20년이 훌쩍 지났음에도 불구하고 한 번의 다자간무역협상(일명 라운드)도 성공시키지 못했다. WTO의 정체 속에서 양자간 무역교섭(FTA)이나 CPTPP 발효, EU(European Union), 아시아인프라투자은행(AIIB), 인도-태평양경제프레임워크(IPEF) 등 여러 '소(小)다자주의(mini-multilateralism)'가 전개되고 있다. 포괄적·점진적 환태평양경제동반자협정(包括的·漸進的環太平洋經濟同伴者協定: Comprehensive and Progressive Agreement for Trans-Pacific Partnership, CPTPP)은 아시아·태평양 11개국이 2018년 3월 칠레에서 결성한 다자간 무역협상으로, 세계 GDP의 약 30%, 무역총액의 약 40%를 차지하는 인구 6억명 규모의 '메가(Mega)

---

19) 일본 정부가 TPP 교섭 참가에 관심을 표명하고 적극적으로 참여한 배경(이유)은 향후 FTAAP(환태평양자유무역지구)의 구축이라는 목표와 맞물려 있다. APEC 정상회담, 2011 자료, 최관·서승원 편(2012) p. 139에서 재인용. 김영근(2017) 참조할 것.

경제권'이다. 기존 TPP에서 2017년 1월 미국이 탈퇴한 뒤 일본을 중심으로 호주, 캐나다, 브루나이, 칠레, 뉴질랜드, 싱가포르, 페루, 베트남, 말레이시아, 멕시코 등 남은 회원국이 CPTPP를 설립했다. 유럽연합(EU)을 탈퇴한 영국이 브렉시트(Brexit)의 부정적 영향력을 감안하여 2023년 3월 30일에 CPTPP에 가입했다. 이로써, 본래 궁극적으로 제도적 진화를 꿈꾸어 왔던 '아시아태평양 자유무역지대(FTAAP: Free Trade Area of the Asia-Pacific)'로의 '제도 치환(D)'의 계기를 마련하게 된 것으로 평가할 수 있다.

이러한 글로벌 무역 환경(레짐)이기에 더더욱 양자간 경제협력과 대립관계에 관심이 증대되고 있다. 특히 2국간 경제협력(經協)의 대표적 사례라 할 수 있는 미국은 물론 주된 대상국인 일본(미일경제관계)에 주목할 필요가 있다.

주지하다시피 최근 세계경제의 지도(地經學)가 변하고 있는 상황에서 세계경제의 변화 추세에 한 국가의 대응방안 중 하나로 WTO 전략과 함께 보다 개방화된 지역협력체제(FTA) 구축에 관한 논의 및 실천(FTA 통상교섭-타결-비준-발효)이 활발해지고 있다. 특히 동북아시아 지역은 FTA의 공백지대로 불릴 정도로 지역경제협력에 관한 논의는 정체되어 왔다. 그러나 최근에는 지역주의 일환이라 할 수 있는 FTA 교섭이 하나의 큰 흐름으로 바뀌고 있다. TPP 교섭 참가 및 CPTPP 발효 과정에서 보여준 지역주의가 글로벌화를 보완재 혹은 대체재로 작용할 가능성은 매우 높다고 하겠다. 각국이 WTO 등 국제무역체제의 활용방안을 제시하고 나아가 지역주의(혹은 보호무역주의) 추진 과정에서 여러 걸림돌을 제거해 나가려는 노력이 유기적으로 진행된다면 향후 가장 효율적인 글로컬라이제이션이 심화될 것으로 평가된다.

제2장
아시아 · 태평양 지역의 중층성과
일본의 구조개혁(rescaling)*

I. 서론: 미국의 제국주의 구상과 일본의 외교

1995년 법제화(legalization)의 진전으로 평가되는 WTO(World Trade Organization: 세계무역기구)가 설립된 지 30년 가까이 되고 있다. 제2차 세계대전 이후 GATT 체제를 승계하며 발전시킨 글로벌 무역 체제를 진두지휘해 오며 상호의존의 심화에 기여해 온 것은 엄연한 사실이다. 다만 자국우선적 지역주의의 확대로 제도화의 진전에 이렇다 할 모델(사례)을 제시하지 못하고 있는 WTO 중심의 자유주의 질서가 붕괴될 것이라는 염려마저 대두되고 있다.

또한 전후 70년을 맞은 일본 경제는 '전후 패러다임'의 연속과 단절이라는 두 측면을 동시에 보이고 있다. 일본은 전후 경제정책의 핵심이라고 할 수 있는 '지속 가능한 성장' 및 '균형 재분배'를 거듭 강조하며,

---

* 이 글은 다음 논문을 대폭 수정 보완한 것이다. 김영근(2017) "아시아·태평양지역의 중층적 경제협력 구도와 일본의 경제적 리스크 관리"『한일경상논집』제74권, 한일경상학회, pp.55-81

신성장동력의 모색을 위한 새로운 '경제정책'이자 '패러다임', 즉 '아베노믹스'가 전개된 바 있다. 2020년 제2의 3.11 코로나팬데믹(세계적 대유행) 재해의 영향으로 스가 내각으로 전환되고 나서 '스가노믹스', '기시다노믹스' 혹은 '포스트 아베노믹스'가 진행 중이다.

II. 재설계된 사회 통제성과 패러다임 동학

일본이 전후레짐(체제)에서 벗어나 포스트 아베노믹스를 구상하며 내놓은 설계도를 살펴보고, 그 패러다임(Rescaling the Social Policies Governance)의 동학을 규명하려는 일본의 리스캘링(rescaling) 연구가 중요한 과제로 떠오르고 있다. 이는 일본이 구조개혁을 거듭 천명해오는 과정에서 '이노베이션'과 '리이노베이션(Re-generation: 재생/복구/부흥)', 4차산업혁명과 관련한 '소사이어티5.0' 등 다양한 정책을 실시하고 있다.

미국이 빠진 환태평양경제동반자협정(TPP)을 일본이 주도적으로 CPTPP(포괄적-점진적 환태평양경제동반자협정)로 발전시키며 국제정치경제학(IPE)적 구조 변용에 대응하고 자국의 리제너레이션을 위한 외교를 추진하고 있다. 탈(脫)국가주의 기반의 일본의 구조개혁과 동아시아 전략이라 평가할 수 있으나, 예기치 않은 코로나 공존시대의 리스캘링(rescaling) 과정에서 어떠한 교훈을 얻을 수 있는가는 유용한 관심거리이다. 물론 동아시아 경제협력 구조와 일본의 제도 선택이 곧 모범답안이 아니며 '실패학'의 교훈이 더욱 절실한 '미래학'의 해결책이 될 수 있다는 점도 감안하여 논의를 전개하고자 한다.

아시아 · 태평양 지역의 중층적 경제협력 구도 하에서 과연 일본이 위에서 지적한 재난을 포함하는 융복합적 경제적 리스크를 관리하며 선택한 대외전략은 어떻게 변화해 왔는지 살펴보는 것은 현재의 일본을 이해하는 데 있어서 중요하다.

이 글의 목적은 한일간 협력과 화해를 위한 새로운 아젠다를 모색하고 리스크(위기)를 관리하는 방법론을 제시하는 데 있다. 예를 들어, 기존의 '정치 · 경제학'에서 벗어나 '융합인문학' 시각을 도입한 일본의 재난 · 안전 문화에 착목하고 동아시아 '재난 · 안전공동문화체'의 구축도 하나의 방안이 될 수 있다. 한 · 일간에 국가 수준은 물론 개인적 차원의 다양한 '분쟁'이나 '대립', '마찰'이 전개되어 왔다는 점에 주목하고 화해 및 위기관리 방안을 제시하고 있다.

이를 위해 일본의 재해부흥학을 개관하고, 국제협력의 방안을 모색하는 데 있다. 특히 재해가 늘 안고 있는 글로벌 위험사회 하에서 트랜스내셔널, 트랜스 · 로컬 행위 및 사회문화적 · 정치경제적 변용과 그 과정을 연계 분석하고자 한다. 아울러 '트랜스 · 내셔널리즘'이나 '트랜스 · 로컬라이제이션'과 관련한 '현장력(현장을 중시하는 프로세스에서 생기는 힘)'에 대해서 고찰하는 것이다. 결과적으로 글로벌 시대의 재해 거버넌스를 둘러싼 협력과 대립 메커니즘을 규명함으로써 향후 복구과정에서 해결해야 할 과제를 제시하고 이론화를 시도한다.

이를 통해 일본의 대재해(1.17 한신아와지대지진 및 3.11 동일본대지진) 이후 현장에서 진행된 사회적 변동이나 리스크 대응 및 복구 노력 등 재후(災後, post-Disaster)의 교훈을 트랜스내셔널 대응과 지역부흥에 다시 투영하고자 한다. 즉 현장과 정부, 그리고 국가 간 상호작용에 주목한다. 글로벌 위험사회에서의 '복합연쇄 위기(리스크)'와 관련하여 산적한 과제 해결을 위한 이론적 검증과 대재해로부터의 부흥에 대한 새로운 접근방식의 제시가 요구되고 있다.

특히, 2006년 전후세대로는 처음으로 총리가 된 아베 신조(安倍晋三) 제2차 내각(2012년 12월-2020년 7월)의 출범과 더불어, 전전(戰前)세대 와는 달리 2000년대에 들어서 정치권의 전면에 본격 등장하고 정책적 선호(preference)를 표출하는 전후세대와 소통(협력)하거나 대립(마찰) 하며, 일본의 경제·통상 정책은 변용하고 있다. 이를 확인하기 위해서 는 환태평양경제동반자협정(Trans-Pacific Partnership: TPP) 교섭 과정 등 사례연구를 중심으로 일본의 국제정치·경제적 협력 프로세스 및 메커니즘 분석을 통해, 일본 정치경제의 연속과 단절의 측면을 고찰할 필요가 있다.

이때 일본 정치·경제의 연속성 측면에서는 전후 성장경제(요인)를 지속하려는 움직임과,[1] 이와 대비되는 성장저해 요인과 단절하려는 움직임 속에서 행정, 금융, 세제, 노동, 경영 시스템 등을 포함한 구조개 혁의 추진과정으로 구별된다. 전후 패러다임이 강력하게 잔존하고 있 는 현재 일본의 경제적 특징을 개관하며, '전후레짐'(체제, regime)으로 불리는 '전후의 정치·경제 패러다임'이 어떻게 변화하였으며, 변화의 결과는 무엇인지를 분석하고자 한다. 본 논문의 목적(유용성)은 이러한 변화 및 결과가 아시아·태평양 지역의 중층적 경제협력 구도와는 어 떻게 관련되어 있는지, 또한 그 메커니즘은 무엇인지를 이론적으로 규명하는 데 있다.

전후 세계적인 무역 관련 국제기구로는 1947년 제네바에서 23개국이 관세철폐와 무역증대를 위하여 조인한 '관세 및 무역에 관한 일반협

---

1) 예를 들어, 최근 일본의 국가채무가 거의 한계상황에 달한 가운데 과연 일본 재정은 지속 가능한(sustainable) 것인지, 만약 불가능할 경우 어떻게 극복(단절) 할 것인지에 관해 분석할 필요가 있다. 일본 재정의 지속 가능성에 대한 검증 방법론이나 사례연구에 관해서는 김규판 외(2013), pp. 48-55를 참조할 것.

정'(General Agreement on Tariffs and Trade: GATT)을 들 수 있다. 1995년 세계무역기구(WTO)로 대체되기 전까지 128개국이 가입하였으며, 일본은 1955년에 정회원국이 된 이후 GATT 중심의 통상정책을 전개해왔다. WTO가 설립된 이후에도 주지하다시피 일본은 1990년대 후반까지 지역주의적 무역질서보다는 국제무역체제(WTO) 중심의 다자주의적 통상(무역)정책을 중시하는 스탠스를 유지하고 있었다.

2000년에 들어서 '잃어버린 10년'의 굴레에서 벗어나려는 구조개혁의 프로세스에서 지역주의에도 관심을 표명하는 '투트랙' 혹은 '멀티트랙' 정책으로 전환되었다. 그 배경으로는 1995년 WTO가 설립된 지 20년이 훌쩍 지났음에도 불구하고 한 번의 다자간무역협상(일명 라운드)도 성공시키지 못했다는 WTO의 정체를 들 수 있다. 이러한 글로벌 경제환경의 변화 속에서 양자 간 무역교섭(Free Trade Agreement: FTA, 자유무역협정)이나 TPP 혹은 EU(European Union) 등 여러 '소(小)다자주의'(mini-multilateralism)가 전개되고 있다.

이러한 글로벌 무역 환경(레짐)이기에 더더욱 양자 간 경제협력과 대립관계에 관심이 증대되고 있다. 특히, 2국간 경제협력(經協)의 대표적 사례라 할 수 있는 미국은 물론 주된 대상국인 일본(미일 경제관계)에 주목할 필요가 있다. 미일 간 경제관계가 가장 대립(마찰)적으로 전개되었던 1980년대 중반과 WTO 설립을 전후로 한 1990년대, '잃어버린 일본 경제 20년'의 터널에 진입한 2000년대 초반, 이후 2007년 서브프라임 금융위기 및 2008년 리먼쇼크에 이은 글로벌 경제불황이 낳은 현재까지의 상황을 유형화하고 분석함으로써, 미일 경제협력의 현황을 점해보자.

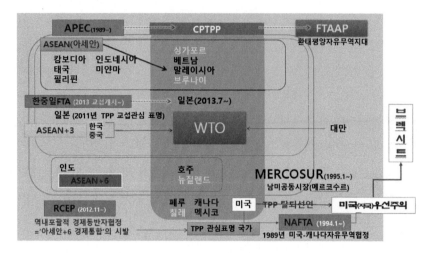

[그림 2] 아시아·태평양 지역의 경제협력 구도

출처: 필자 작성, 김영근(2012: 130).

아시아·태평양 지역의 경제협력 구도는 어떠하며(현상이해), 또한 어떻게 변화했는지(프로세스 및 메커니즘)에 관해서, 기존 연구에서는 이하의 4가지 관점에서 주장되어 왔다. ① 국제시스템론(패권안정론, 제도를 중시하는 시점에서는, WTO/TPP 등 국제제도가 가지는 규범의 영향력의 변화에 주목하는 국제제도론), ② 이익집단, 일본 국회, 일본 정부를 둘러싼 국내 정치과정을 중시하고 있는 제2이미지론(국내 정치 결정론), ③ 역(逆) 제2이미지론(국제 시스템 요인이 국내 정치에 미친 영향), ④ 국가 간 상호작용론(예를 들어, 미일 간의 통상마찰 혹은 경제 협력 등)이라는 네 개의 분석틀을 바탕으로 설명하고 있다. 본 논문의 분석시각이자 결론은 '역(逆) 제2이미지론'에 근거한 것이다([그림 3] 참조).

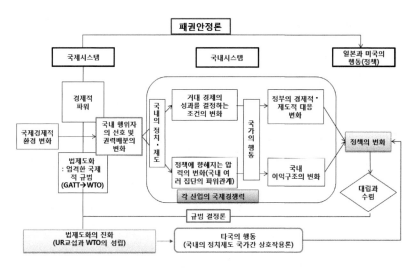

[그림 3] 본 논문의 분석 시각: '역(逆) 제2이미지론'

출처: 필자 작성, 김영근(2007) 박사학위 논문의 분석틀을 수정·보완.

　본 글에서는 선행연구의 분석시각이 융복합적으로 상호작용하고 있다고 전제하고, 특히 일본의 외교통상정책에 있어서 다자간 제도를 둘러싼 전략구상 및 정책결정의 주요 행위자에 주목하여 국내 정책조정이 어떻게 이루어진 것인지 그 프로세스 및 변화 메커니즘을 규명하고자 한다.

　아시아·태평양 지역의 제도화 과정을 이해하기 위한 분석틀로 국제적 상호의존을 유용하게 설명하는 호혜적 <상호주의> 모델을 바탕으로, 국가 간 외교통상 정책의 대립과 협력 구조를 이해하고자 한다. 각 유형별로 미국(혹은 국제제도)과 관련한 한 국가의 통상정책이 어떻게 귀결되는지, 즉 미일 간 정책대립과 협력이라는 정책(제도) 선택이 어떠한 경로를 취하는지 살펴보고자 한다. 여기서는 미일 간 외교통상 정책을 전개하는 데 있어서 중요한 <상호주의> 모델과 밀접하게 관련된 '다자주의'(multilateralism)적 분석틀을 바탕으로 하고자 한다.

국제적 정책조율 및 국가 간 관계를 설명하는 이론 중의 하나인 '다자주의'는 아시아태평양 지역의 중층적 경제협력 구도를 이해하는 데 있어서도 중요하다. '다자주의'는 "특정한 이슈(문제)에 대해 상호협의 또는 공동행동을 취하도록 권유하거나 규율하는 공식(명시적) 또는 비공식(암묵)적인 원리, 원칙 등의 약속과 협정(분쟁해결절차를 포함)의 총체"를 의미한다. 아울러 다자적 활동을 증진시키기 위하여 고안된 '이데올로기'로서,[2] 일반화된 행위원칙(generalized principles of conduct)에 따라 셋 이상의 국가들이 그 관계를 조정해 나가는 제도적인 형태를 말한다.[3]

지역 내 국가들의 제도 선택에 있어서 '가외성(加外性, Redundancy)의 원칙' 혹은 백업시스템이 작동하는 아시아·태평양 지역의 중층적 제도 혹은 경제협력 관계야말로 다주주의 방식에 근거한다.[4] 다만 단순히 다수의 국가들 간 협력이 아니라 "국가 간의 관계를 조정해 나가는 방식의 하나이며, 3개국 이상의 국가들이 모인 집단에서 그 국가들의 행동이나 '일반화된 행위원칙'을 상호 조정·조화시키는 것[5]"이라는 의미이다.

무엇보다도 실체(내용)적인 측면에서 본다면, 다자주의는 "정치체제나 이념, 국가적 이해관계가 상이한 3개국 또는 그 이상의 다양한 국가

---

2) James A. Caporaso(1993), p. 55.

3) John G. Ruggie(1993), pp. 6-11.

4) '란다우'(Landau)는 "가외성이 조직운영에 있어서 신뢰성과 안정성을 높여주는 순기능(順機能)에 주목하고, 이 때문에 오히려 '가외성'을 필요로 한다고 주장한다." Martin Landau(1969), pp. 346-358.

5) John G. Ruggie(1993), p. 571; John G. Ruggie(1996), p. 568.

들이 참여하여 서로간의 국가정책을 상호 조정하고 어떠한 원칙과 규범의 형성을 바탕으로 제도적 국제질서를 추구하려는 일련의 과정까지도 포함한다.

코헤인과 마틴(Martin)에 의하면, "'다자주의'를 기반으로 하는 제도는 정보를 제공하고 거래비용을 줄이며, 신뢰를 증진시키고 조정의 접점을 제공하여 전반적으로 상호성(reciprocity)의 작용을 촉진한다." 이 때 '글로벌주의', '소다자주의', '지역주의'로 나뉘는 <다층적 거버넌스의 수준별 유형>에 관해서도 유의할 필요가 있다.

주지하다시피 미국과 일본 주도 하에 타결(합의)된 TPP의 진로 역시 영국의 브렉시트 및 미국의 신고립주의(보호무역주의)적 움직임이 가속화 될 경우, 신(新)지역주의 시대에 접어들 가능성도 배제하기 어렵게 되었다. 자칫하면 글로벌 경제전쟁으로 치닫게 될 수 있다는 점이다.

다만 글로벌 경제는 지금까지 국제적 제도(GATT, WTO 등)의 혜택을 경험한 대부분의 국가들이 다자주의 이익구조에서 벗어나 비상호적(non-reciprocity) 행위를 선호하기에는 적지 않은 비용을 감수해야 한다. 말하자면, 각국들은 글로벌 시대의 정책선택에 있어서 국제제도 혹은 레짐(원리, 원칙, 룰, 분쟁해결 절차 등)의 효용 및 구속력을 중요한 기준으로 삼는다. 이러한 다자주의적 틀 속에서 지속적이고 안정적인 기대를 공유하는 국가 간의 긍정적인 상호작용이야말로 중층적인 협력관계를 강화시킬 가능성이 높다는 점이다.

2. 제도변화의 유형과 거버넌스의 변화

외교통상 및 경제협력에 관한 일본 거버넌스의 변용과 지속을 고찰하기 위해서는, '다자주의' 논의에 더하여 전후 일본이 처한 국내외

환경적 '취약성'(vulnerability)과 '민감성'(sensitivity)이라는 관점의 도입이 유용하다. '제도(전후레짐)에 대한 '취약성'의 정도'와 '정책수용의 지향'(단절과 연속성)이라는 두 가지 요소를 조합한 4가지 제도변화 분석틀([표 4] 참조)을 바탕으로 고찰해 보자.

여기서 '취약성'이란 이전 체제와 단절(혹은 제한)했을 때 입는 손해(damage)를 의미하는데, 어떤 주체의 취약성이란 "해당 주체가 외생적 변화에 의해 받는 즉, '민감성에 기초한 영향이나 비용'을 기존의 정책이나 제도적 틀(체제)의 전제(前提)를 바꾸는 행동을 취함으로써 비교적 단기에 또는 저비용으로 경감하거나 해결할 수 있는 정도를 포함한다.6)" 만일 전후의 재해 부흥과정에서 일본(해당 주체)이 경제협력 거버넌스 혹은 경제정책의 변화 등의 다양한 행동을 취하더라도 그 영향을 벗어날 수 없다면 그 주체는 그 변화에 대해 취약하다. 만일 기존 체제에서 벗어나 제도 치환(D)이 가능하다면 그 주체는 취약성이 낮다(혹은 '비취약'하다)고 할 수 있다.7) 일본의 거버넌스 변화 및 제도(체제)의 선택에 관해서는 [표 4]를 바탕으로 분석하고자 한다.

---

6) 야마모토 저/김영근 옮김(2014), p. 22, pp. 121-123; 『21세기 정치학대사전』<취약성(vulnerability, 脆弱性)>. 한편, 어떤 행위자의 '민감성'(sensitivity, 敏感性)이란 "해당 주체(행위가)가 외부(외생)적 변화, 즉 상정외의 사건이나 다른 주체의 행동에 의해 기존의 정책이나 제도의 틀 자체를 바꿀 수 없는 단기간 내에 받게 되는 영향이나 자극의 정도"를 의미한다.

7) "주체의 취약성·비취약성은 해당 주체의 '구조적 파워(파워 능력이나 파워 자원의 유무)'에 의해 결정된다. 왜냐하면 파워 능력이나 파워 자원을 풍부하게 가지고 있는 주체는 다양한 상황에서 보다 많은 선택 폭을 가지고 있으며, 기존의 정책이나 제도적 틀 등을 재평가할 수 있기 때문이다." 『21세기 정치학대사전』<취약성(vulnerability, 脆弱性)>.

[표 4] 제도변화의 유형과 거버넌스의 변화

		제도 자체의 개혁(변화)에 대한 저항	
		강	약
정책에서의 현상 유지 지향	강 (연속)	A 제도 표류(drift)	B 제도 전용(conversion)
	약 (단절)	C 제도 중층화(layering)	D 제도 치환(displacement)

출처: 기타야마(2011) 도표(p. 54)를 수정·보완한 마쓰오카 슌지(2011), p. 54의 〈제도변화 유형도〉를 재인용, 수정·보완.

주지하다시피, 제2차 세계대전 이후 GATT 체제는 상호의존이 심화된 과정과 맞물려 1995년 WTO 설립으로 이어졌다. 이를 통해 진화하고 엄격해진 '법제화'(legalization)의 성과가 있었음에도 불구하고, 제도 자체의 취약성 때문에 지역주의가 확대되었다. 결과적으로 새로운 라운드의 성공을 거쳐 (법)제도화를 더욱더 진화(진전)하게 하려는 목표는 용이하지 않았다. 설립 후 20여 년이 지난 지금까지 난항을 겪고 있는 WTO 중심의 자유주의 질서가 붕괴되는 것은 아닌가라는 염려마저 대두되고 있다.

이때 '제도의 표류(A)' 혹은 '제도의 치환(D)'이라는 정책적 대립이 발생할 수 있다. 실제로 전후 70년을 맞은 일본 경제는 '전후 패러다임'의 연속(A)과 단절(D 혹은 B)의 두 측면을 동시에 보이고 있다. 전후 일본 경제정책의 핵심이라고 할 수 있는 '지속 가능한 성장' 및 '균형 재분배'를 새로이 강조하며, 새로운 성장동력을 모색하려는 '아베노믹스'라는 '새로운 경제정책(D)' 혹은 '패러다임의 재편(B)'이 진행 중이다. 특히, '제도의 중층화(B)'는 '가외성(Redundancy)'과 밀접하게 연계된다. 즉, 국내 정치적 신뢰성을 확보하기 위해 중첩적 또는 이중적으로 제도를 선택하여 운용하는 행위를 말한다. 주로 다자주의 원칙에 따라

설립된 국제제도 혹은 '대(大)지역제도'에 복수로 가입(가맹)하는 목적과 부합된다.[8]

Ⅲ. 미일 vs. 글로벌 경제 리스크: 협력과 마찰의 메커니즘

미일간 협력과 마찰의 메커니즘을 이해하기 위해서는, 일본이 글로벌 혹은 미국과의 '경제 리스크(연속과 변화)'를 어떻게 관리(조정)했는지를 점검할 필요가 있다. 특히, "어떠한 경제정책 즉, 경제제도 및 산업구조의 조정을 통하여 지속적인 경제발전(성장)을 이룩하였나?", "일본이 '잃어버린 일본 경제'라는 리스크(마찰 요인)에 대응한 프로세스는 어떠했으며, 미국과 어떤 정책을 실현했는가"를 분석하는 것이 주요 목적이다.

1. 일본의 전후부흥과 구조개혁(변용)

전후 선진국의 통상정책의 주된 목표는 무역자유화였으며, 이를 뒷받침하기 위한 국제기구로는 '브레튼우즈 협정', '세계은행', '국제통화기금'(IMF), GATT(관세 및 무역에 관한 일반협정) 등을 들 수 있다. 1944년 설립된 IMF를 중심으로 한 제2차 세계대전 후의 국제통화체제(=IMF 체제)는 활동개시 이후, 1971년 8월 15일 소위 <닉슨쇼크>까지 금본위제도 하에서 '금태환'(1온스=35달러, 공정가격) 기조였다.

반면 무역분야는 GATT 체제로 세계경제와 일본의 무역성장은 맞물

---

8) 행정학에서는 '가외성, 합리성 그리고 중복의 문제' 분석을 통해 신뢰성을 확보하기 위해 중첩적 또는 이중적으로 일을 하거나 조직을 만드는 것이 중요하다는 논의가 존재한다. Martin Landau(1969), pp. 346-358.

려 전개되었다. 이러한 국제적 경제환경의 변화 속에서 일본의 1950년대는 '개혁과 부흥의 시기'로, 전후(1945) 10여 년 간에 걸쳐 경제적 기반이 마련되었다. 일본은 1955년부터 1970년까지 15년간 연평균 경제성장률 9.6%에 이르렀으며, 1960년대에 '고도경제성장의 시기'로 진입하였다. 1970년대는 '석유위기 및 경제구조 전환'의 시기로, 이어 1980년대에 들어서 1985년 일본의 대외순자산이 미국을 능가하며 '경제대국화의 시기'에 이르기까지 전후체제가 연속성을 띠었다고 평가할 수 있다.

냉전의 종식(1985-1991) 과정에서 일본 경제는 전후체제에서 벗어나 생활중시, 환경보전형, 안정성장지향을 경제 목표로 삼았고, 주된 성장요인은 수출주도형에서 내수주도형으로 전환하였다. 주력산업은 중형장대산업에서 경박단소형(전자·기계 등) 고부가가치 산업으로 바뀌었고, 노동력 부족, 고령화 사회, 다양화, 다원화, 정권교체시대, 작은 정부, 지방분산 등의 특징이 두드러지게 되었다. 국가 목표는 구미지향 및 추월에서 기술혁신을 통한 개방된 과학기술국가의 구축에 주안을 두고 있다([표 5] 참조)

[표 5] 일본의 전후 경제부흥 vs. 탈냉전 후 경제적 리스크 관리

	전후(냉전시대) 일본 경제	냉전 후 일본 경제	글로벌시대의 일본 경제
경제 목표	생산중시, 양적 확대형, 고도성장지향	생활중시, 환경보전형, 질적우선형, 안정성장지향	지속가능성장지향, 리질리언스
성장 요인	수출주도형	내수주도형	지역사회소비형
세계의 정치·경제 체제	냉전, 미소지배, 자본주의 대 사회주의	탈냉전, 미·일·유럽 3국경제권(+중국), 자본주의 대 자본주의	소다자주의 및 메가FTA, 트랜스 자본주의
국제 공헌	소극적, 세계 GDP의 10% 이하	적극적, 세계 GDP의 15%	적극적, 세계 GDP의 10% 전후
정치·정부의 성격	자민당 단독집권시대, 큰 정부, 중앙집권	정권교체 시대, 작은 정부, 지방분산	자민당2.0시대, 지방의 몰락, 글로벌 시빌리언 파워 중시
국가 목표	구미 지향 및 추월	개방된 과학기술국가의 구축: 기술혁신	글로벌 과학기술의 선도 및 협력기반 구축
가치관	동질화	다양화, 다원화	융합화
생산 기술의 성격	에너지 혁신·집적형, 에너지·자원다소비형	정보혁신·분산형, 에너지 및 자원절약형	지식융합형·인공지능(AI)
주력 산업	중형장대산업	고부가가치 산업: 경박단소형(전자·기계 등)	제4차산업 및 제6차산업
조세 및 금융 제도	직접세 중시, 규제금리, 간접금융(은행대출)	간접세 중시, 자유금리, 직접금융(채권발행)	글로벌 금융제도의 수용
노동력, 연령 구성	노동력 풍부, 청장년 사회	노동력 부족, 고령화 사회	초고령화 사회: 인구절벽

출처: 필자 작성, 김연석·정용승(2002), p. 18의 〈표 1-5〉 수정·보완.

다만 국제무역이 재화의 생산 공급과 소비의 증대를 통하여 참여국의 사회후생 복리를 향상시키려는 목적이라면, 각국은 이와 부합된 혹은 대립된 형태의 산업·통상 정책을 실시하였다. 예를 들어, 미국은 일본의 주요 수출제품인 자동차, 철강, 전자제품 등에 대하여 '수입제한조치'(세이프가드)를 취하면서 자국산업의 보호 및 육성을 도모하고자 하였다. 일본 자체만으로는 전후의 경제성장이라는 목표가 지속되는 프로세스로 이해할 수 있으나, 무역상대국인 미국의 대일 수정요구(단

절)로 대비된다.

그러나 일본식 경영과 경영체제에 관한 여러 리스크 요인들이 두드러진 결과로 초래된 1990년대 '거품경제 붕괴'는 곧 '잃어버린 10년'(lost decade)의 시대로 지속된다. 일본은 구조개혁과 글로벌 경쟁력을 회복하려는 노력을 통해, '부활의 10년'으로 방향 전환(전후체제로의 지속성)하려는 다양한 '경제적 리스크'를 관리하려고 노력하였다. 여기서 주목해야 할 것은 1980년대까지 일본 경제가 성공한 배경, 1990년대에 성공이 실패로 전화해 가는 과정, 이후 2000년대 중반 일본 경제가 10여 년의 장기불황을 벗어나는 과정, 2011년 3.11 동일본대지진을 계기로 다시금 20여 년의 장기불황('잃어버린 20년')에 빠지는 과정으로 분류하여 살펴볼 필요가 있다. 특히, 시기별로 일본의 경제적 리스크 요인에 관해서는 다양하다([표 6] 참조).

[표 6] 일본 경제가 직면하고 있는 대내외 리스크

	국내적 리스크 요인	국제적 리스크 요인
전후레짐: 경제부흥	· 전후(戰後)개혁과 경제부흥의 제약: 전후 인플레이션 · 전후 특수(국제적 군수산업)의 소멸 · 경제 '비군사화' 및 '민주화': 재벌해체 · 농지개혁 · 노동개혁	· GATT(관세 및 무역에 관한 일반협정) 체제의 취약성 · 지역주의(보호무역 블럭화)
재간(災間) 레짐: 경제대국	· 일본의 고도경제성장 · 일본형 고용 및 기업경영의 개혁 · 기술혁신, 산업구조의 변화 · 행재정개혁(재정적자, 우정민영화 등)의 추진 · 사회보장(연금, 의료 등)의 개혁 · 경기침체('잃어버린 20년')로부터의 탈피: 실업 문제의 해결, 불량채권의 처리	· 석유가격 상승의 영향 · 미국 쌍둥이 적자와 세계경제 · 중국의 경제성장과 글로벌 차이나 리스크 · 세계적인 빈곤 추방(박멸) · WTO의 정체: 도하개발라운드(DDA) 및 그린라운드 · 중국의 국제무역제도 수용 및 인민화 정책 대응 · 일본형 '메가 FTA'의 추진
재후(災後) 레짐: 포스트3.11	· 인구감소, 초고령사회에 관한 대응 · 지속가능성장지향, 리질리언스 · 아베노믹스 경기(景氣)의 향방	· 글로벌 금융위기 및 글로벌 경제전쟁 · 지구온난화 대응 · CPTPP 비준-발효 및 국제제도의 수용 · 동아시아경제공동체의 형성

출처: 필자 작성, 고미네(2010), p. 18의 [표]를 일부 인용하여 대폭 수정 · 보완.

일본적 기업 시스템의 특성에 관해 한정하자면 환율, 재정, 금리, 투자, 디플레이션, 생산성 등 거시경제의 관점이 중요하다. 또한 일본이 경제성장하는 과정에서 산업정책 및 기업의 역할에 주목하자면, '발전 지향적 국가', '계획된 합리성', '관료에 의한 경제운영'을 당연시함으로 써 발생하는 상충되는 결과가 나타나기도 한다. 수출입 관련 직접규제 등 보호무역주의적 산업정책은 결과적으로 일본 경제에 리스크(폐해)를 초래한 바 있다.9)

2. 일본경제 잃어버린 20년과 아베노믹스

'미일무역(통상) 마찰', '잃어버린 10년', '잃어버린 20년' 등 경제적 리스크(위기)가 닥쳤을 경우, 일본이 과연 당시 국내적으로 안고 있던 여러 시스템의 문제점을 지적하고 극복(관리)하려고 어떠한 노력을 경 주했는가를 검토하는 것은 매우 중요하다. 예를 들어, AMF(아시아통화 기금)와 같은 새로운 국제금융체제를 구축하려는 일본의 정치과정도 주목할 만하다.

일본 아베 신조(安倍晋三) 수상이 2012년 12월 취임 이후 추진해 온 '아베노믹스'는 '집중적 양적 완화' 및 '재정지출 확대 전략', '구조개혁 을 통한 신성장동력(新成長動力)의 확보'로 요약될 수 있다. 특히, '아베 노믹스'의 배경에는 '잃어버린 일본 경제 20년' 시기와 맞물려 있다. 말하자면 전후체제의 '연속성'을 위해 경제적 리스크를 관리(단절)하려 는 노력이다.

---

9) 미와 료이치(三輪) 교수는 철강산업에 있어 불황카르텔보다는 공개판매제를 통한 가격조정 정책이 보다 효과적이라고 주장하고, 철강산업의 설비투자 조정과 석유정제업의 생산조정 사례에서 산업정책의 효과에 관한 의문을 제기한다.

아베노믹스가 추진(확보)하는 '신성장동력' 자체는 그야말로 하나의 산업개혁, 나아가 구조개혁 부분에 중점을 두고 있다. 일본은 이른바 국제 정치와 국내 정치의 상호작용에 주안을 둔 '연계정치'(Linkage Politics)를 기조로 하여 구조개혁을 시도하고 있으며, 국제제도의 효율성을 그 설득재료로 활용하고 있는 것으로 해석된다. 특히, 이와 관련하여 "국제제도(WTO 체제)의 규범이나 패권, 법제도화(legalization) 정도 등 '탈(脫)지정학' 혹은 '탈(脫)지경학'적 요소가 양자 간 정치과정에 비해 우위를 점하고 있다"는 '정치효용론'에 주안을 두고 있다. 그 배경에는 다자간 자유무역협정(Mega FTA)이 가져다주는 경제적 효용 및 정치적 네트워크의 기대치가 작용하고 있다는 점이다([표 7] 참조)[10]. 바꾸어 말하면, 다자간 협력으로 '죄수의 딜레마'를 해결하려는 시도로 해석된다.

한편으로는 국가 주도의 구조개혁에서 벗어나 국제적 환경변화에 따른 중소기업 등 국내의 비정부행위자가 정책에 영향을 미칠 수 있는 여지가 확대되고 있으며, 국제제도를 선호하고 지지하는 메커니즘이 반영되는 구조이다. 즉 '역(逆)이미지'의 프로세스에 주목할 필요가 있다.

---

10) 일본 정부가 제시하는 TPP가 일본에 미치는 경제효과에 관한 분석에 의하면, TPP 협상 참여가 이루어질 경우(100% 자유화 전제), 그것이 수출증가 및 일본 국내 투자 증가와 고용확보 등으로 연결되어 향후 10년간 일본의 실질 국내총생산(GDP)이 2조 4,000억 엔에서 3조 2,000억 엔(0.48%에서 0.54% 전후)으로 증가할 것으로 전망하고 있다. 내각부경제사회총합연구소(内閣府経済社会総合研究所), 경제산업성, 농림수산성(農林水産省)이 각각 독자적인 입장에서 시뮬레이션 분석을 행한 자료를 바탕으로 내각관방이 정리한 내용(내각관방 <2011.10.18.>)을 참조. 최관·서승원 편(2012), p.132에서 재인용.

[표 7] 다자간 자유무역협정(Mega FTA) 추진 현황

구분	경제규모 (GDP)	인구	참여 국가
환태평양경제동반자협정 미국의 탈퇴 후 CPTPP 설립	27조 7,000억	8억 명	미국, 일본, 캐나다, 호주, 칠레 등 12개국
역내포괄적경제동반자협정 (RCEP)	21조 6,000억	34억 명	중국, 한국, 일본, 아세안(ASEAN) 등 16개국
아시아·태평양자유무역지대 (FTAAP)	42조 5,200억	28억 명	미국, 중국, 한국, 일본, 러시아 등 21개국
범대서양무역투자동반자협정 (TTIP)	35조 9,100억	8억 명	미국, 유럽연합(EU) 등 29개국
한·중·일자유무역협정(FTA)	16조 4,100억	15억 명	중국, 한국, 일본 3개국
아세안경제공동체(AEC)	2조 4,000억	6억 명	아세안(ASEAN) 10개국

출처: 세계은행(World Bank), 국제통화기금(IMF).[11]

특히, '역(逆)이미지'가 주목받는 배경으로는 일본 '아베노믹스'가 시행된 지 4년이 지났지만 정책 실효성에 대한 논란은 끊이지 않고 있다는 점이다. 아베노믹스의 경제성장 전략은 일본의 산업개혁, 나아가 구조개혁에 중점을 두고 있으나 적지 않은 '경제적 리스크(저해요인)'를 안고 있는 국내 정치과정과 밀접하다. "주지하다시피 3·11 동일본대지진(2011년) 이후 경제부흥(內政)에 힘을 쏟아야 할 일본 자민당의 정치적 리더십은 지금까지 대외통상 과정에서 걸림돌이 되어 왔던 농업보호, 규제완화, 외국인 투자 촉진, 노동력 이동 증대, 유연한 이민 규제, 인적 교류 등 다양한 리스크 요인들을 극복해야 할 과제를 안고 있다 (김영근, 2013)." CPTPP 교섭(비준) 혹은 한중일 FTA 추진, 한일 FTA 교섭 재개, 미일 FTA, 일중 FTA, EU일 FTA 등 국제정치경제(外政) 프로

---

11) 삼정KPMG경제연구원(2016), p. 57 <표>에서 재인용.

세스에서 지금까지 국가 주도에서 벗어나 비정부행위자까지 포함한 국내적 선호가 반영되고 있다. 이는 농업 분야 등 전통적인 국내 산업보호 문제를 안고 있는 일본이 CPTPP에 관한 정책 스탠스를 국내적으로 타협(수용)시키는 과정에서 다자주의의 효용에 관해 국민 스스로 인정하고 선택하는 프로세스가 작동하고 있기 때문인 것으로 해석된다.

IV. 사례분석: 일본의 TPP 교섭과 제도의 선택

1. 일본의 구조개혁과 미일 통상 교섭

전후 미일 통상 마찰의 프로세스에서 항상 관건이 되어 왔으며 일본이 안고 있었던 구조개혁 문제는 일본의 '경제적 리스크 관리'의 문제와 '전후 패러다임'의 연속과 단절이라는 일본 경제의 변용 및 아시아·태평양 지역의 중층적인 구도 하의 제도의 선택을 이해하는 데 있어서도 중요한 이슈 혹은 아젠다라고 할 수 있다. 아베노믹스의 구조개혁을 보다 잘 이해하기 위해서 미일 통상교섭 과정에서의 일본의 구조개혁 논의를 살펴볼 필요가 있다. 일본 구조개혁의 기원과 전개에 관한 사례분석을 통해 정책의 변용과 지속에 관해 살펴보자([표 8] 참조).

특히, 일본(아베 정권)이 '신성장 전략'으로 삼겠다는 세 번째 화살(=구조개혁)의 배경을 살펴보면, 과연 일본이 어떠한 요소를 신성장동력의 기점으로 삼고 있는지, 혹은 3.11 동일본대지진 이후의 일본이 처한 경기회복·재생, 지방창생, 농산물보호 철폐 등 경제적 리스크 관리(요인)와 밀접하게 관련되어 있다. 아베노믹스의 주된 수단인 TPP 논의는 일본의 잃어버린 20년의 지속 혹은 30년의 터널 진입이라는 상황으로 빠지지 않기 위한 탈출구로 간주된다.

일본은 엔화의 약세 또는 '시장 금융 완화 정책'을 통한 경기부양(회복) 정책만으로는 성과를 담보하기 어렵다는 점으 고려해, TPP, 한중일 FTA, RCEP 등 국제무역제도의 선택에 관해서도 전략적인 정책도 아울러 전개한 바 있다.

미국의 정권교체, EU의 브렉시트 등 보호무역주의적 글로벌 경제의 움직임이 대두되고 있는 가운데, 정책조율을 통한 미일협조 정책은 관건이다. 또한 트럼프 정권 출범 이후 미국의 TPP 폐기라는 대응 과정에서 미국을 제외하고 TPP가 발효될 경우 '소(小)다자주의(TPP) 체제'의 리스크(한계)를 우려하는 목소리도 제기되고 있었다.

일본 경제가 풀어야 할 경기회복의 선순환 구조, 투자심리 회복, 소비심리의 회복, 새로운 일자리 창출 등 리스크 요인들이 어떻게 관리될 것인가를 예견하지는 쉽지 않다. 다만 TPP 반대파의 주장(리스크)을 극복하는 데 있어서 미국 혹은 국제제도 요인으로 해결해야 한다는 점에는 이견이 없다. 여기서 "'아베노믹스'의 가장 중요한 목표라 할 수 있는 일본의 구조개혁이 자발적 위기관리가 아니라 미국 요구에 대응하는 수동적 개혁에 그칠 경우, 일본의 성장을 가져올 것인지는 미지수이다 (김영근, 2016)." 무엇보다도 일본의 수출입 무역상대국의 위상이 높은 미국의 역할 및 아시아·태평양 지역의 경제협력의 제반 상황을 고려해 볼 때, 일본으로서는 미국 주도의 TPP 교섭 및 국제무역제도의 효용성을 포기할만한 대안의 선택지 찾기는 쉽지 않았다고 할 수 있다.

[표 8] 일본의 구조개혁과 미일 통상 교섭

	SII미일구조협의 (1989-1991년)	미일 포괄경제협의 (1993-1996년)	아베노믹스의 구조개혁 (2012년 12월-)	TPP 교섭
일본의 시스템	버블경제 체제	잃어버린 10년 체제	재후(災後)부흥 체제	-
글로벌 환경 변화	- GATT 체제	- WTO 설립(1995.1) ·WTO 교섭의 정체	- 세계금융위기 이후 경기침체 ·WTO의 침체와 FTA의 확산	- 보호무역주의적 글로벌 경제의 부활 (미국의 정권교체, EU의 브렉시트)
일본의 대미 정책	일본의 대미협조	국제제도 우선정책	미국의 대일협조	미국의 대일협조: 정책조율과 확산
일본의 경제 구조	- 경제대국 - '버블 경제'	- 거품 경제의 붕괴 - '잃어버린 10년'	- '잃어버린 20년'의 연속 vs. 탈피 (산업공동화의 가속화)	-
일본 경제 정책의 변화	- 전략적 무역정책	- 디플레이션 가시화	- 아베노믹스와 구조개혁 - TPP 교섭참가·협상개시 (2013.7) - 디플레이션 탈출과 중장기적 경제재정 운영	- TPP 협상 타결 (2015.10) - TPP 비준지지 (2016.11)
미일 마찰의 형태 및 분야	- GATT 체제 하의 미일 2국간 교섭: 정부조달 부문 등에서의 유통 장벽, 계열 문제	- WTO 체제 하의 국제(다국간) 제도(DSU) 활용: 후지·코닥 필름 분쟁	- 소(小)다자주의(TPP) 체제 하의 미일교섭: 농산물	- 소(小)다자주의 (TPP) 체제의 한계: 미국 이외의 TPP 발효 움직임과 미국의 대응
일본의 구조 개혁	- 대장성 주도의 국가자원 배분 → 정부 주도의 산업정책 변화	- 일본의 유통구조 (리베이트 등)→ 하시모토내각: 금융개혁, 행정개혁, 재정개혁 → 대장성 해체(2001년)	- 신성장전략 - 일본 기업의 규제완화: 경영환경 개선	- 농산물보호 철폐 - 지방창생

출처: 필자 작성, 김영근(2015) 재인용하여 수정·보완.

일본 경제의 침체 상황에서 벗어나기 위한 출구 전략의 하나로 아베 정권이 전략적으로 추진하고 있는 정책 중의 하나가 '엔저에 따른 수출의 확대 전략'으로, 이는 곧 '다자주의의 효용'과 관련된다. 각국의 TPP 비준과정을 앞둔 현재, 미국 대통령당선자의 보호무역주의에 기반한 선거공약대로라면 조속한 TPP 발효는 어려울 것으로 예상된다.

만약 TPP 교섭참가국 총 GDP의 80%를 차지하는 미국과 일본에서 비준에 실패할 경우, 중국이 적극적으로 구상하고 있는 '역내포괄적경제동반자협정'(RCEP) 교섭 등에 주도권을 넘겨주는 시나리오도 가능하다. 이 때 일본과 미국이 예상 밖의 타격을 우려하여 '제도 표류(A)'라는 극단적인 선택은 쉽지 않은 상황이다. 결국은 TPP를 반대하는 공약과는 달리 오바마 정부의 통상정책을 유지하여 보완하는 형태로 미일 간 경제협력이 진행될 것으로 기대된다.

일본 민주당이 적극적으로 추진해 왔던 TPP에 관해서, 결과적으로는 아베 자민당으로의 정권교체 이후에 불분명한 통상정책 스탠스에서 탈피하여 지속적인 통상기조를 유지하여 TPP 교섭이 개시된 바 있다. 이러한 상황에서, 일본으로서는 미국과 협조하여 WTO 등 국제무역체제의 활용방안을 제시하고 나아가 지역주의(혹은 보호무역주의) 추진과정에서 여러 걸림돌을 제거해 나가려는 노력이 우선될 것으로 전망된다.

2. 미국의 TPP 정책과 일본의 제도선택: 상호주의를 중심으로

아시아·태평양 지역의 중층적인 경제구조 하에서 과연 일본의 선택을 어떻게 이해할 것인가. 미일 무역마찰의 경로를 살펴보고, 특히 일본의 TPP 교섭 참가에 있어서 전후 미국 통상정책의 기저로 작동해 온 상호주의를 중심으로 일본의 정책적 대응이 어떻게 유지(연속성)되고 단절되어 왔는지 고찰해보자([표 9] 참조).

1995년 WTO 설립 이후, 일본은 '잃어버린 10년'의 시작으로 국내적으로 안고 있었던 경제적 리스크 요인들을 구조개혁(단절)을 통해 극복

하려는 정책전환이 두드러진 시기이다. 특히, 고이즈미 구조개혁(2001-2006
년) 및 민주당 정권의 개혁(2009-2012년), 아베노믹스 구조개혁(2012년
12월-현재)으로 구별된다. '일본경제 잃어버린 20년' 프로세스는 일본
정부 · 관료의 위기관리 능력 미숙과 불안한 정치구조로 인해 초래된
결과라 할 수 있다.

이와는 반대로 1990년대 중반 이후 미국 경제가 회복됨에 따라서,
WTO 레짐에 부응하는 '호혜적 상호주의'로 대일정책의 기조가 전환되
었다. 당시 일본의 '장기경제불황'이라는 환경을 감안한 미국의 대일전
략은 '유연한 상호주의'였다. 하지만 2007년 서브프라임 금융위기 및
2008년 리먼쇼크를 경험한 미국은 정책전환을 시도하였으며, 이후 일
본의 강력한 경제구조 개혁에 관한 노력이 부족(부재)하다는 점을 지적
하고 미일 간 경제회의를 통해서 개선하려 하고 있다. 이러한 일련의
미일 간의 경제협력은 TPP 협상을 통해 전개되었다.

[표 9] TPP(환태평양경제동반자협정) 협상의 미일 간 쟁점 부문

쟁점 부문	찬성		반대	비고
자동차 및 부품관세 철폐	일본	미국	미국 기업이 소송을 남발할 우려	정책 대립
쌀 및 소맥 관세 철폐	미국, 호주, 뉴질랜드, 캐나다	일본	값싼 외국 농산물로부터 자국시장 보호	정책 대립
자국 기업의 글로벌 경쟁환경 개선	미국, 일본	베트남	미국 주도(중심)의 글로벌 통상규범에 반발(대립): 국영기업 우대조치	정책 협조

↓

일본의 TPP 참여 배경--) 미일 사전협의 과정: 대립(마찰)과 협력의 메커니즘
--) 일본의 통상외교의 변화 및 제도선택: CPTPP 출범 배경

① 자국 산업 및 기업의 글로벌 경쟁력 및 환경 개선
② 한 · 중 견제 / 미국 중심의 글로벌 통상규범에 편승
③ 미국의 셰일가스 수출 승인을 획득
- TPP 교섭과정을 활용한 농업보호 정책(리스크)의 관리

출처: 필자 작성.

일본은 3.11 동일본대지진(2011) 이후 재해복구 및 부흥 전략을 우선하여 TPP 교섭참가에 신중한 정책 스탠스를 표명한 바 있다. 이는 국내 피해 상황의 심각성을 고려한 결정이었으나, 역으로 국내적 리스크를 관리하고 경제회생의 돌파구를 마련하려는 계기로 TPP 교섭을 개시(2013년 7월)했다. 당시 TPP 협상에서 미일 간 쟁점 부문을 관리하기 위해서는 양국의 상호주의적 정책 스탠스가 관건이었다. 예를 들어, 일본의 농산물 자유화 문제 및 개방수준 등에 관해 미국이 어떻게 국내적 설득과정을 거쳐 조율할 것인가는 통상(무역)교섭의 주된 관심사항이다. 일본이 선호하는 아베노믹스의 정책 중 하나인 '엔저' 및 '자동차 및 부품관세 철폐' 정책에 대해서 '쌀 및 소맥의 관세철폐' 정책을 지지(찬성)하는 미국이 맞서는 형국이다. 이는 곧 미일 양국의 '정치와 정책 영역'이 균형점(trade-off)을 이끌어내는 과정이라 할 수 있다. 특히, 미국은 일본이 경기회복의 대책으로 요구해 온 엔저를 용인하는 대신 일본의 '구조개혁'을 요구해 왔다. 그러나 정책선택의 결과가 미국은 물론 글로벌 경제의 선호와 일치하지 않을 경우, 정책의 연속성을 보장해 줄 가능성은 매우 낮다는 점이다.

주지하다시피 현재 아시아·태평양 지역은 새로운 전환의 국면에서 협력과 경쟁의 새로운 시대를 맞이하고 있다. 따라서 미국과 일본의 TPP 발효 구상이 지역의 정치·경제적 우위를 확고히 하려는 움직임으로 평가되거나, 아시아·태평양 지역에 있어서 리더십을 확보하려는 의지로 상대국들에게 해석되는 경우를 지양해야 할 것이다.

V. 리스크 관리 및 제도적 협력

본 논문에서는 아시아·태평양 지역의 중층적 경제협력의 프로세스 및 메커니즘을 분석하였다. 일본이 동아시아 경제협력구조 틀 속에서 구상하는 중층적인 지역협력 구도 하에서 일본의 정책 방향성은 중요하다고 할 수 있다. 본 논문의 결론은 '일본의 TPP 비준'이야말로 정책 변용(단절)으로, '제도 치환(D)'이라는 제도(체제)의 선택이다. 그렇다면 일본의 외교통상 정책이 주는 구체적인 교훈 및 시사점은 무엇인가. 전후 일본의 경제정책 및 거버넌스의 변용 및 제도(체제) 선택에 관한 분석 결과를 본 논문의 분석틀을 바탕으로 요약하면 다음과 같다([표 10] 참조).

첫째, 아시아·태평양 지역에서 일본의 거버넌스는 1947년 GATT 설립과 WTO 성립을 계기로 정책 변용(단절)에 성공함으로써 '제도 치환(D)'이라는 선택으로 요약된다. 특히, WTO 성립과 수용의 배경으로는 일본이 새로이 도입한 체제에 원활한 대응 실패(A)가 작용했다고 할 수 있다.

[표 10] 일본 거버넌스의 변화와 아시아·태평양 지역, 그리고 제도(체제)의 선택

		제도 자체의 개혁(변화)에 대한 저항	
		강	약
정책에서의 현상 유지 지향	강 (연속)	A 제도 표류(drift) 환경변화에 대한 미대응으로 기존 (旣定) 정책의 비효율적 대응 ☞ 체제변화 및 거버넌스 미흡 예: 경제정책의 한계와 '잃어버린 20년'의 지속	B 제도 전용(conversion) 기존 정책의 전략적 재정의 혹은 전용 예: 유치산업에 관한 정부역할의 재편 → 비정부행위자 주도의 산업경쟁력 확보 전략, 원자력 이용의 재논의 및 보완대체 방안 강구, 아베노믹스의 재정완화 정책
	약 (단절)	C 제도 중층화(layering) 기존 정책을 유지하며 새로운 정책의 수립 예: 다각적 지역주의 정책 전개, 해외 원전사업의 수주, 전후 미국 주도의 자유무역체제 구축, TPP 타결, RCEP 교섭	D 제도 치환(displacement) 새로운 제도의 도입 체제전환이 용이하여 새로운 체제 도입 및 대응 원활 예: 전후 일본의 국제무역제도의 선택 (GATT → WTO → MultiFTA), 글로컬화 시대의 지방창생 정책, 브렉시트 등

출처: 필자 작성, [표 2]의 재사용.

또한 2000년대에 들어서 WTO 체제 하의 일본이 구조개혁을 추진하는 배경에는 '제도 표류(A)'가 작동한 결과이다. "1995년 WTO 성립 이후 일본의 통상정책이 과거 미국 통상법 301조를 바탕으로 한 양국 간 교섭에 응하는 수동적인 대응에서 벗어나, 능동적이고 적극적으로 WTO 체제를 이용하려는 방향으로 정책 전환이 이루어졌다(김영근, 2007)." 그러나 WTO의 정체는 곧 '제도 표류(A)'형에서 탈피하고자 결국 각 국가들의 선호 및 이익을 반영한 자유무역협정(FTA)에 큰 관심을 표명하며 제도를 복수(중층적) 선택(C)으로 이어졌으며, 일본 역시 '잃어버린 20년'을 보내는 과정에서 다시 '제도 치환(D)[12]' 혹은 '제도 중층화(C)'를 우선하는 정책수용의 단절이 우위를 차지하고 있다.

법제도화의 진전 혹은 정도가 낮은 GATT 체제 하의 1980년대에는 미일 마찰이 격렬한 상황으로, 미국의 대일 요구사항이 곧 일본이 개선해 나가야 할 '경제적 리스크'로 작동하기도 한다. 결과적으로는 '제도 치환'(D)이 어려웠으며 효율적인 거버넌스의 제시가 제대로 이루어지지 못하는 경우(A)이다. 또한 일본은 1990년대 초반 버블경제가 붕괴되어 '잃어버린 10년'이라는 리스크와 맞물려 경제회생(부활·재생) 정책이 효율적으로 시행되지 못했다는 점도 동시에 작용하였다. 반면에 WTO 설립 직후 혹은 새로운 국제제도의 도입이나 비준(발효)이 기대되는 시기에는 '취약성의 정도'가 중요한 요인으로 작동한다. 이는 체제 내 변화에 따른 일본의 제도적 협력 거버넌스 및 경제정책 추진(변용)

---

12) 일본 정부가 TPP 교섭 참가에 관심을 표명하는 배경(이유)은 향후 FTAAP(환태평양자유무역지구)의 구축이라는 목표와 맞물려 있다. APEC 정상회담, 2011 자료, 최관·서승원 편(2012) p.139에서 재인용.

에 있어서 가장 중요한 상관변수라 할 수 있다. 예를 들어, 1990년대 '잃어버린 10년' 시기에 비해 아베노믹스에 의한경제회복(성장)과 맞물려, 취약성이 낮은 일본으로서는 새로운 정책(제도)의 제시(displacement), 즉 '제도 치환(D)'이 용이한 환경이었다.

둘째, 일본은 '잃어버린 20년'을 극복하려는 경제정책에 있어서, 버블경제의 환경이 초래한 파행적 구조 및 리스크 요인들이 구조개혁 및 다양한 정책실시에도 불구하고 지속적으로 영향을 미치는 '정책(환경)의 연속성'이 저해요인으로 작용하였다. 게다가 경제적 리스크 요인을 극복하려는 '단절'이라는 정책이 존재했다하더라도 실행 메커니즘이 효율적이지 못할 경우, 정책 수용이 지속(A)될 가능성이 낮다는 점이다. 또한 일본은 정책추진의 메커니즘의 부재 혹은 비효율적인 작동으로 인해 기존 정책을 전략적으로 새롭게 정의하고 혹은 변화 (conversion)시키려는 '제도 전용(B)'의 정책을 실행하는 데 실패한 것으로 분석된다. 혹은 일본이 TPP 교섭에 참가하여 '제도 중층화(C)' 정책을 효율적인 수단으로 추진하였으나, 그 실행이 용이하지 않은 국제환경적 요인이 작동하고 있다. 국제제도의 명칭을 변경하여 발효된 CPTPP가 효율적으로 작동하지 못할 경우, 결과적으로는 새로운 '제도 치환(D)'으로 정책의 전환(귀결)이 예상된다.

만약 미국의 외교·통상 정책의 기조가 정권교체 후 보호무역주의로 변화할 경우, 이러한 움직임과 맞물린 미일 경협은 가장 격렬했던 1980년대 중반과 유사한 마찰 프로세스를 경험할 가능성이 매우 높다. '트럼프 리스크 시대'에 신형 '슈퍼 301조'의 부활이 우려되는 대목이다.

하지만 전후 선진국 중심으로 글로벌 통상규범을 확립하려는 미국의 패권주의적 의도(의지)가 급격하게 수그러들 가능성은 매우 낮다. 한편으로는 "미일 무역마찰의 경로에서 제시하는 교훈을 살펴보자면, 일본의 TPP 교섭 참가에 있어서 보여 준 호혜적 상호주의에 기초한 협조적 국제무역 질서가 유지되고 선호(국내 수용)될 여지도 크다. 바꾸어 말하면, 전후 미국 통상정책의 기저로 작동해 온 상호주의를 중심으로 일본의 정책적 대응이 유지(연속성)되고 단절되어 왔던 WTO 설립 이전과는 달리, 역으로 미국의 대일경제협력에 관한 정책적 대응이 관건이 되고 있다(김영근, 2016)."

셋째, 현재의 일본의 경제정책을 한마디로 요약하면, 국제제도 및 다자주의에 대한 '취약성'이 크지 않고, '정책수용의 지향'에 관해서는 단절이 우선되는 상황이다. 즉, 경제적 리스크를 관리하려는 체제를 선호하여, 새로운 제도의 도입이라는 유형 D(제도 치환)의 수요(요구)가 강하게 나타날 가능성은 매우 높다. 예를 들어, 전후 '제도 전용(B)', '제도 중층화(C)' 정책을 통해 일본 정부(옛 통상산업성/현재 경제산업성이 주도)가 '경사생산 방식' 등 적극적이고 효율적인 산업정책을 추진으로 정책실행을 통해 경제대국의 발판을 마련하게 된 과정은 주목할 만하다.

다만 '1980년 중반 이후 일본과 미국과의 외교통상 마찰 사례에서 살펴보았듯이, 양국 간의 이해관계가 앞으로도 재충돌(대립)할 수 있는 상황 하에서 제도 표류(A)'형 정책기조로 리스크를 관리하기는 어려운 국제적 요인 또한 작동하고 있는 형국이다. 향후 일본과 미국 쌍방의 이익을 위해서는 '제도 치환(D)' 기조 하에 중장기적인 전략을 바탕으로 추진할 과제를 고려하면서 경제협력의 저해요인을 제거해 나가야 할 것이다. 물론 '제도 중층화(C)' 전략도 아시아 · 태평양 지역의 협력 거버넌스를 주도할 가능성도 높다는 점에도 유의할 필요가 있다.

제3장
'패권안정론'에 의한 미국 통상정책의 변화 분석

I. 패권안정론과 '상호주의'라는 통치성

본 논문의 목적은 왜 '80년대 미국의 통상정책은 GATT로부터 괴리한 특정적 상호주의를 취했으며, 90년대 중반에는 WTO의 일반적인 상호주의에 회귀했는가?'라는 기본적인 질문에 대답하려는 것이다. 본 논문은 미국의 통상정책을 설명하는 다양하고 복잡한 가설 중에서 우선 80년대, 90년대를 통해 미국 통상정책의 변화를 설명하는 가장 간소한(parsimonious) 가설로서 패권안정론을 채택해 검증하고자 한다. 그리고 패권안정론이 어느 정도 기본적인 질문에 대답할 수 있는지를 분명히 하고, 패권안정론으로는 설명할 수 없는 대상을 밝혀 새로운 질문으로서 설정하는 것이다.[1] 즉 본 논문의 논증 방식은 일반적인

*본 논문은 필자의 박사학위 논문(『미국의 통상정책에 있어서의 301조와 GATT/WTO: 대립과 수렴의 프로세스』동경대학교, 2007년)의 "제3장: 패권안정론의 검증"을 수정, 가필한 것임.
1) 새로운 질문으로 설정하고, 나아가 이에 대한 설명 가설을 책정해 나가는 방식을

가설을 채택하고 이로는 설명할 수 없는 대상을 새로운 질문으로 삼는 '사전적(lexicographic)'인 방식을 취했다. 이 점에서 패권안정론은 검증을 위한 가설뿐만이 아니고 가설을 만들기 위한 가설이기도 하다.

II. 패권안정론의 검증 – 거시적 시각

미국의 통상정책을 규명하기 위해서는 미국의 정치적·경제적인 힘의 변화와 세계 정치 경제 질서의 구조 변화를 관련시켜 고찰해 나가는 것이 중요하다. 그렇지만 선행 연구에서는 패권적인 지위 변화가 구체적으로 어떻게 국제 제도(예를 들면 GATT/WTO)에 대해, 또 국가의 행동에 대해 영향을 미치는가에 관한 분석은 그다지 이루어지지 않았다. 그래서 본 논문에서는 패권적인 지위 변화라는 관점으로부터 미국이 GATT 성립기, 1980년대, 그리고 WTO 설립 이후의 각 단계에서 무역마찰 상대국과의 격렬한 대항·조정 과정 속에서 어디까지 현실의 통상정책을 변화시켰는지를 분석한다.

우선 미국의 패권적인 지위 변화를 측정하기 위해 간단한 거시 지표 (미국의 상대적인 경제 규모, 거시적 경쟁력)를 이용하고, 이것이 미국의 통상정책의 변화 즉 301조의 발동 빈도, GATT/WTO의 제소 빈도와 어떻게 관련되어 있는지를 분석한다.

1. 미국의 패권 정도를 분석하기 위한 조작화

패권안정론은 킨들버거(Charles P. Kindleberger)[2], 모델스키(George

취해 최종적으로 기본적인 질문에 전체적인 대답을 하는 것은 본 논문의 범위 밖이다.

Modelski)3), 길핀(Robert Gilpin)4)으로 대표되는데 국제적인 힘의 분배에 의한 국제 정치 경제의 안정, 국가의 행동을 설명하는 방법을 제시하고 있다. 다른 나라를 압도하는 힘을 가진 국가가 존재할 때, 국제 정치 경제는 처음으로 안정된다고 주장한다.5)

'패권안정론'은 패권국이 쇠퇴하면 패권국 스스로가 보호주의화하거나 다른 나라의 보호주의를 규제할 수 없게 되어 자유무역 시스템 자체가 쇠퇴한다고 주장한다.6) 예를 들면 크래즈너(Stephen Krasner)는 국제 시스템에 패권국이 존재하면 자유무역이 촉진되고, 패권국이 약

---

2) 킨들버거는 개방적이며 자유주의적인 세계경제가 유지되기 위해서는 하나의 패권적 혹은 지배적 국가가 존재해야 하며, 세계경제를 안정시키기 위해서는 하나의 안정자(stabilizer)가 필요하다고 주장한다. C. 킨들버거『大不況下の世界 1929 - 1939』(대불황 속의 세계 1929-1939) 石崎昭彦(이시자키 데루히코)・木村 一郎(기무라 이치로) 역, 東京大学出版会(도쿄대학출판회), 1982년 (Charles P. Kindleberger, *The World in Depression 1929-1939*, Berkeley: University. of California Press, 1973.), p.278.

3) George Modelski, "Long Cycle of Global Politics and the Nation-State," *Comparative Studies in Society and History*, 20, 1978, pp.214-235.; George Modelski, *Long Cycles in World Politics*, Seattle: University of Washington Press, 1987. 모델스키는 과거의 역사를 통해 시대마다 패권을 장악한 나라는 그 시대의 가장 개방적인 국가였다고 지적하고 있다. 조지 모델스키 저 (浦野起夫(우라노 다쓰오)・信夫隆司(시노부 다카시) 역)『世界システムの動態』(세계시스템의 동태), 晃洋書房(고요쇼보), 1991년.

4) Robert Gilpin, *War and Change in World Politics*, Cambridge: Cambridge U. P., 1981. 길핀은 패권국이 개방적인 무역 시스템과 통화제도 같은 집합재를 공여한다고 본다. R. 길핀『世界システムの政治経済学』(세계시스템의 정치경제학), 東洋経済新報社(동양경제신보사), 1990년, pp.75-76.

5) 패권안정론 자체가 현실 세계에서 타당한지 70년대에 접어들어 미국은 정말로 쇠퇴했는지에 관한 논의는 *Australian Journal of International Affairs*, 45(1), 1991.

6) 山本吉宣(야마모토 요시노부)「国際経済における対立と協調—理論と政治過程」(국제경제에서의 대립과 협조-이론과 정치과정), 日本国際政治学会(일본국제정치학회) 편『国際政治』(국제정치), 제106호, 1994년 5월, p.15.

체화되면 경제 개방성이 축소되는 경향을 규명하고 있다.[7] 크래즈너에 따르면 대표적인 패권국인 미국의 수출이 상대적으로 감소하여 GDP가 감소하는 경우, 국가간의 협력은 약해지며 각국은 보호주의적인 대외 정책을 취하게 된다.

이 이론에 따르면 미국의 통상정책에 있어서의 상호주의의 변화를 1970년대 미국 경제의 스태그플레이션, 1980년대 초반 및 중반의 달러화 강세, 산업 공동화 현상, 무역의존도 증가, 만성적인 무역적자 등 미국의 경제 상황 변화로 설명할 수 있다.

패권안정론적인 시점에서 미국의 통상정책의 변화를 분석하고 있는 학자(연구들)는 많다. 예를 들면 사토(佐藤)(1985)는 '1960년대 후반 이후 국제 경제에 있어서의 미국의 상대적 지위가 낮아지고 국내산업의 국제경쟁력도 저하되었다. 따라서 미국의 정책이 장기적인 전망에서 국제 경제 질서를 유지한다는 입장에서 점차 단기적으로 좁은 국내 경제 이익을 추구하는 방향으로 어쩔 수 없이 변경되었고, 결과적으로 국제 경제 시스템은 이전과 비교하면 난잡(messier)하고 더욱 취약해졌다.'[8] 즉 미국은 이미 단독으로 자유무역 체제를 유지해 나갈 경제적 여유를 잃게 되었다.[9]

같은 맥락에서 고지마(小島)(1981)는 미국의 일탈 요인은 막대한 무

---

7) Stephen Krasner D., "American Policy and Global Economic Stability," in William P. Avery and David P. Rapkin, eds., *America in a Changing World Political Economy*, New York: Longman, 1982.; 河野勝(고노 마사루) · 竹中治堅(다케나카 하루카타) 편, 2003년, p.30부터 재인용. Stephen D. Krasner., "State Power and the Structure of International Trade," *World Politics*, 28(3), 1976, pp.317-347.

8) 佐藤英夫(사토 히데오)「日米経済摩擦と政策決定」(미일 경제마찰과 정책결정), 『国際法外交雑誌』(국제법 외교 잡지), 제84권 제2호, 1985년 6월.

9) Stephen D. Krasner, *op, cit*, p.30.

역적자이며 미국은 그 (주로 대일무역 적자) 원인을 일본 시장의 폐쇄성에서 찾고, 이것이 미국 기업의 경쟁 조건을 현저히 불리하게 만들고 있기 때문에 시정하라고 주장한다.[10] 고지마(小島)는 1980년대에 들어서 막대한 무역적자를 배경으로서 나타난 미국의 무역정책은 '공정무역'에 근거하고 있다고 분석하며 "팩스 아메리카나(Pax Americana)의 대외 정책의 기본 원리는 개방·공정무역(open and fair trade)이다. 미국의 대외 경쟁력이 강할 때에는 오픈 트레이드를 요청하며 일본을 오픈시켜 미국의 경쟁력을 다시 강화하려고 한다. 또 미국의 대외 경쟁력이 약해지면 미국은 페어 트레이드론을 내세워 일본이나 한국의 경쟁력을 저하시키려고 한다"고 비판하고 있다.

이상에서 제기한 패권안정론에 근거한 가설은 다음과 같다.

미국의 경쟁력이 강하고 경제적인 패권을 장악하고 있었을 때에는 미국은 GATT/WTO의 룰에 따르지만, 미국의 경쟁력이 저하되어 상대적인 경제력이 떨어지면 301조를 택한다. 이를 반대로 말하면 미국의 경쟁력이 증대되고 상대적인 경제력이 부활하면 301조에서 GATT/WTO로 회귀한다.

그럼 패권안정론에 근거한 미국의 통상정책의 변화를 분석할 때, 패권의 쇠퇴와 회복은 무엇을 가리키는 것인가. 패권의 요소로서 주로 군사력, 경제력, 정치력을 들 수 있다. 다음 절에서는 미국의 패권적인 지위 변화를 측정하기 위해 2개의 지표로 분석한다. 하나는 간단한 거시 지표(미국의 상대적인 경제 규모, 거시적인 경쟁력)이며, 다른 하

---

10) 小島清(고지마 기요시)「現代資本主義と新国際経済秩序」(현대자본주의와 신국제경제질서)『日本国際経済学会』(일본국제경제학회), 日本国際経済学会(일본국제정치학회) 편, 1981년.

나는 군사력, 경제력을 포함한 미국의 국력이다.

2. 미국의 패권적인 지위 변화 : 거시적 지표

우선 미국의 패권적인 지위 변화를 미국의 거시적 숫자, 예를 들면 GNP, 무역수지, 거시 경쟁력 등의 요소에 근거해 분석해 보자.

먼저 미국의 무역수지[그림 4]를 보면 60년대부터 70년대 초반까지는 양호했는데, 70년대 중반에 악화되기 시작했다. 이후 80년대 초까지 악화가 지속되었고, 80년대 중반부터는 급속히 악화되었다.

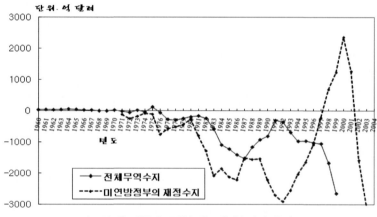

[그림 4] 미국의 무역수지·재정수지의 추이

출처: 2004년도 미국 대통령 예산교서, 미국 재무성, U.S. The Budget for Fiscal Year 2004[11] U.S. Bureau of the Census, U.S. Bureau of Economic Analysis, Survey of Current Business, 1995-2005 http://www.bea.doc.gov/로부터 필자 작성.

이를 놓고 볼 때 80년대 중반에 특정적 상호주의가 대두된 배경이

---

11) http://www.gpoaccess.gov/usbudget/fy04/browse.html U.S. Government Printing Office, *Budget of the United States Government: Browse Fiscal Year 2004*

있었다고 생각된다. 다만, 무역수지는 80년대 후반부터 90년대 초반에 개선된다. 그러나 90년대 중반부터 다시 악화되어 90년대 말에는 한층 급속히 악화되었다. 무역수지에서 보면 90년대는 미국의 지위가 크게 저하됐다고 할 수 있다.

그러나 클린턴 정권 발족(1993년 1월) 이후 안정된 경제 성장률이 유지되어 실업률은 지속적으로 낮은 수준을 유지했다.[12] 1990년대 세계의 경제 성장률[표 11]을 비교해 봐도 1992년 이후 미국의 경제 성장률은 개선되었다. 경제력은 1950 - 60년대의 피크였던 시기와 비교하면 분명 작아졌다고는 해도 90년대에 들어서면 세계경제에서 차지하는 지위는 큰 폭으로 회복됐다.[13]

또한 90년대 후반 미국 경제의 큰 변화의 하나는 경상수지 적자와 함께 '쌍둥이 적자'의 하나였던 재정 적자가 없어져, 재정 수지가 흑자를 이룬 점이다. 단 앞에서 언급했듯이 미국 전체의 무역수지는 90년대 초에는 개선되었지만 90년대 후반에는 적자가 증가했다. 또 재정 흑자도 2000년도에서 2001년도에 걸쳐 반으로 줄었으며 2002년도 이후는 다시 적자를 기록했다. 부시 정권이 제출한 예산 교서에 의하면 2003년도는 3000억 달러를 넘어 절대액으로는 사상 최대의 적자를 예상하고 있다.[14]

---

12) 자세한 것은 山崎好裕(야마자키 요시히로)「クリントンノミクスの成果と課題」(클린턴 노믹스의 성과와 과제)『外交時報』(외교시보), No.1335, 外交時報(외교시보), 1997년 2월호 및 平井規之(히라이 이노유키) 감역『94年米国経済白書』(94년 미국경제백서), エコノミスト(이코노미스트) (증간호) , 毎日新聞社(마이니치신문사), 1994년.

13) R. Hackmann, U.S. Trade, Foreign Direct Investments, and Global Competitiveness, International Business Press, 1997.; 浅羽良昌(아사바 요시마사)「アメリカーパックス・アメリカーナの宿命」(팍스 아메리카나의 숙명) 浅羽良昌(아사바 요시마사)・瀧沢秀樹(다키자와 히데키) 편저『世界経済の興亡200年』(세계경제의 흥망 200년), 東洋経済新報社(동양경제신보사), 1999년, p.147.

본 논문의 분석 시기인 90년대에 이처럼 미국의 경제가 어느 정도 개선된 것은 사실이다. 그러나 80년대 전반과 다른 것은 세계경제에서 미국의 지위의 상대적인 저하가 계속되고 있는 점이다. 세계의 총생산에서 차지하는 미국의 비중은 1985년의 32.2%에서 1995년 28.8%, 2001년 26.6%로 하락했다.[15] 하지만 이는 세계 전체에서의 미국의 비중이며 주요국 안에서의 비중을 생각하면 [표 11]에서도 분명히 알 수 있듯이 1992년경부터 미국의 상대적인 지위는 향상되었다.

[표 11] 1990년대 세계의 경제성장률

	90년	91년	92년	93년	94년	95년	96년	97년	98년
미국	1.3	-1	2.9	2.3	3.5	2	2.8	3.8	2.6
EU	3	1.6	1	-0.5	2.8	2.5	1.7	2.5	2.8
일본	5.1	4	1.1	0.1	0.5	0.9	3.5	1.1	2.1
아시아	5.9	6.9	8.8	8.7	9.1	8.6	8.2	7.6	7.4
세계	2.6	1.5	2.4	2.4	3.7	3.5	4.1	4.2	4.3

출처: 1990 - 95년은 1997년의 대통령 경제보고, 1996 - 98년은 1997년 10월의 IMF 전망

다음으로 군사력, 경제력을 포함한 미국의 패권적인 지위(국력)의 변화를 살펴보자.

COW(Correlates of War Project) 데이터 세트의 National Capability Data(1816-2001년)를 이용하여 미국의 패권적인 지위(국력 : Capability 스코어)를 살펴보자. 이는 전세계에서 차지하는 미국 국력의 비율을 가리키며 데이터의 구성 요인(Capability components)은 다음과 같다. ① 군인의

---

14) http://www.gpoaccess.gov/usbudget/fy04/sheets/hist01z1.xls (2003년도 이후의 수치는 예상액)

15) IMF, World Economic Outlook, 각 년호. http://www.imf.org/external/pubs/ft/weo/2004/02/

수(Military personnel), ② 군사비용(Military expenditures), ③ 에너지 생산량 (Energy production), ④ 철강 생산량(Iron/Steel production), ⑤ 도시 인구 (Nominal urban population), ⑥ 총인구(Nominal total population), ⑦ 무역량이다.

전세계에서 미국의 국력을 나타낸 것이 [그림 5] 및 [그림 6]이다. [그림 5]는 1945년부터 2001년까지이며, [그림 6]은 그 가운데 1974년부터 2001년까지를 1년 단위로 표시한 것이다. [그림 5]를 보면 미국의 국력은 제2차 세계대전 직후에 피크를 나타내고 있으며(세계 전체의 약 40%), 이후 약간의 변동은 있지만 줄곧 하향곡선이다. 1970년대 중반에는 15% 정도가 되었으며 이후에는 제자리걸음이다(단 90년대에는 약간 상승했다). [그림 6]을 보면 1974년부터 크게 저하되었지만, 82년경부터 상승 국면에 접어들었으며(이는 레이건 정권의 군사 증강에 의한 것일까), 94년경에 정점에 달한 후 저하되었다(이는 냉전이 종식되어 미국이 군사비를 감축했기 때문일 것이다). 1998년부터 미국은 군사비를 늘리는데 이를 반영해서인지 미국의 상대적인 지위는 다시 높아진다. 그렇지만 미국의 국력은 앞에서 언급한 것처럼 1950 - 60년대의 피크와 비교하면 90년대에 들어서면 세계 시스템에서 차지하는 지위는 분명히 낮아지고 있다.

강국 시스템에서 차지하는 미국의 국력 변화를 나타냈던 것이 [그림 7] 및 [그림 8]이다. [그림 7]은 1945년부터 2000년까지를 나타내며, [그림 8]은 1974년부터 1년 단위로 미국의 상대적인 지위 변화를 나타내고 있다. 全세계에서의 미국의 국력 변화와 마찬가지로 제2차 세계대전 직후의 피크로부터 점차 상대적인 국력은 저하되었지만, 1990년 냉전 종식으로 하락이 멈추고 오히려 증대로 변하고 있다. 도표 4b는 1974년 이후 냉전 종식까지 미국의 강국 시스템에 있어서의 상대적인 지위는 변화하고 있지 않다. 그러나 냉전 후에는 상대적 힘은 증대하여 1993년경 피크에 달했다.

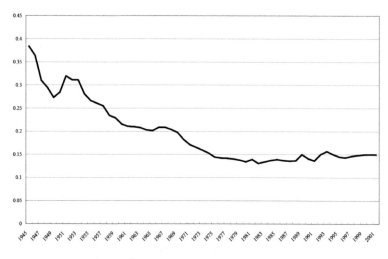

[그림 5] 전세계에서 차지하는 미국의 국력

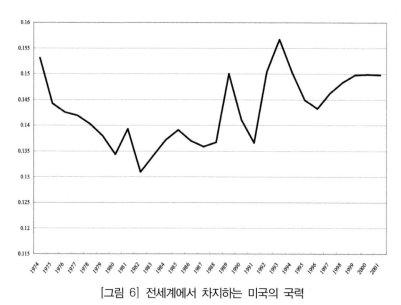

[그림 6] 전세계에서 차지하는 미국의 국력

출처: D. Scott, Bennett, and Allan Stam, EUGene: A Conceptual Manual, International Interactions, 26, 2000, pp.179-204. (Website: http://eugenesoftware.org)

[그림 7] 강국 시스템에서 차지하는 미국의 국력

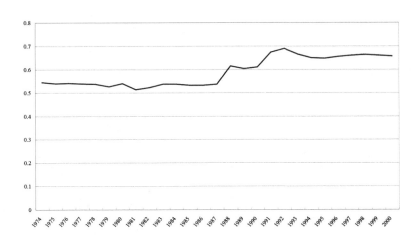

[그림 8] 강국 시스템에서 차지하는 미국의 국력

3. 거시적 지표로부터 패권안정론의 평가

미국 통상정책의 GATT/WTO와의 대립과 수렴을 구체적으로 보여주는 무역 분쟁에 관한 301조 이용 건수의 추이를 우선 살펴보자. WTO 설립 이전에는 20년간 95건(연평균 4.75건)의 USTR 조사 개시(USTR Section 301 investigations)가 있었는데, 1995년부터 2005년까지의 10년 동안은 27건(연평균 2.70건)으로 연평균으로 WTO 설립 전보다 높다 ([표 12]를 참조).[16]

구체적인 301조 발동 건수는 1975-79년 21건(72.2%), 1980-84년 21건 (66.7%)이었는데, 1975-79년의 301조 제소 21건 중 대통령의 최종적인 제재 조치 명령이 취해진 것은 1건에 불과했다. 그렇지만 GATT와 대립하는 특정적 상호주의가 미국의 통상정책이 된 것은 앞에서 언급한 1985년 9월의 레이건 대통령의 신 통상정책부터이다. 특히 정부의 적극적인 301조 이용, 즉 USTR의 자발적 조사/발동(셀프 이니세이션)에 의한 301조의 조사 개시는 80년대 중반 이후이다(85년 이전에는 0건, 85년 4건, 86년 5건, 87년 1건).

---

16) WTO 협정은 협정의 대상 분야에서 WTO의 정식적인 분쟁해결절차에 따르지 않고 301조에 근거한 일방적인 대항 조치 발동을 금지하고 있다. 통상법 301조와 GATT 제23조와의 관계는 松下滿雄(마쓰시타 미쓰오)「米国通商法301条とガット」(미국 통상법 301조와 GATT)『ジュリスト』(쥬리스트) 1987년 7월호, pp. 42-46 및 通商摩擦問題研究会(통상마찰문제 연구소) 편『米国の88年包括通商・競争力法―その内容と日本企業への影響』(미국의 88년포괄・통상경쟁력법)ジェトロ (JETRO), 1989년, pp. 5-15를 참조할 것. WTO 성립이후의 301조와 WTO와의 법률적 정합성에 관해서는 다음 논문을 참조. 岩沢雄司(이와사와 유지)「WTOにおける紛争処理」(WTO에서의 분쟁해결)『ジュリスト』(쥬리스트) 제1071호, 1995년 7월.

[표 12] 미국의 GATT/WTO 제소 건수와 301조 발동 건수의 추이

	통상법3 01조	301조 제소 후 GATT/WTO 제소 건수	미국 행정부의 301조 셀프 이니셰이션	GATT/WTO에 대한 제소 전체 건수(미)
1950년대*	—	—	0	56(13)
1960년대	—	—	0	21(4)
1970-1974년	—	—	0	13(8)
1975-1979년	21	5	0	18(7)
1980-1984년	21	7	0	56(14)
1985-1989년	31	12	4(85년) 5(86년) 1(87년)	72(25)
1990-1994년	22	0	0	20(7)
GATT체제하의 합계	95	24		256(78)
1995-2005년**	27	21		305(76)
합계	122	45		561(154)

* 1948-49년의 건수를 포함한다.
** 1995년 1월 1일 설립부터 2005년 1월 1일까지의 제소 건수를 나타낸다. (이 시기 81건을 제소당했다)
출처: 津久井茂充(쓰쿠이 시게미쓰)「WTO設立後4年半に見る紛争解決の状況」
  (WTO 설립 후 4년 반에 보이는 분쟁해결 상황)『貿易と関税』(무역과 관세), 1999년, 10월호
  및 GATT/WTO(http:www.wto.org/), USTR(http://www.ustr.gov/html/act301.htm)의 자료에 근거해
  필자 작성.

1975년부터 1994년까지 미 통상법 301조 등에 근거한 무역마찰 중 301조 조사 실시 이후 GATT의 분쟁해결절차를 이용한 것은 25.2%에 지나지 않고, 사실상 GATT의 범위 밖에서 협상이 이루어졌다.17) 하지만 WTO 설립 후(1995년부터 2002년까지)에는 301조 제소 후 77.7%가 WTO의 분쟁해결절차를 이용하도록 정책이 전환되었다.

---

17) GATT 제도 이용에 관한 빈도 및 미 통상법 301조 사용에 관해서는 다음을 참조. Thomas O. Bayard and Kimberly Ann Elliot, Reciprocity and Retaliation in U.S. Trade Policy, Institute of International Economics, 1994.

1970년대의 두드러진 특징은 미국의 상대적인 경제력이 크게 저하된 점이다. 그리고 그로 인해 미국은 1974년 보복 조항을 포함한 301조가 담긴 '1974년 통상법'을 제정했다. 그렇지만 301조가 빈번하게 사용되고 미국의 통상정책이 GATT와 대립된 현상이 일어나는 것은 80년대 중반 이후이다. 1980년대에는 미국의 경제적 쇠퇴에 대한 위기감(무역수지의 급격한 악화―[그림 4]를 참조)을 배경으로 외국의 시장개방에 초점을 맞춘 301조가 강력하게 이용되었다.

왜 70년대까지 미국은 GATT(의 상호주의)를 따랐는지 이해하기 위해서는 주로 1930년대 세계 대공황의 교훈, 즉 근시안적인 국내 압력으로 무역정책을 결정해서는 안 된다는 교훈이 자주 지적되고 있다. 즉 미국은 패권 국가로서 지위가 약해진 70년대에 바로 GATT와 정합적이지 않은 통상정책으로 전환하지 않았다. 이 점에서 '패권안정론'에 근거한 설명에는 한계가 있다고 할 수 있다. 물론 미국 산업전체의 경쟁력이 떨어짐에 따라 70년대(그리고 그 이전)에 보호주의가 대두되었고 1974년에 301조가 만들어졌다.

이미 언급했듯이 미국의 GATT/WTO의 제소 건수 및 301조의 발동 건수의 변화를 보면 미국은 80년대와는 대조적으로 WTO가 설립된 1995년 이후, 301조(특정적 상호주의)에 호소하는 일이 줄어들고 WTO의 룰과 분쟁처리시스템을 이용하게 되었다. 그러면 이와 관련해서 1995년 이후 미국의 지위 변화를 살펴보자.

'패권안정론'에 근거해 미국의 WTO로의 수렴을 설명한다면 90년대 전반 미국은 상대적 경제력(주요국간의)을 회복하여 301조에 호소할 필요가 이미 없어졌을 것이며, 따라서 GATT/WTO의 자유무역 체제를 통해 수출 시장을 확대하려는 정책 전환은 WTO 성립 이전에 벌써 행해졌을 것이다.

이와 같은 거시적 지표 분석을 정리하면 다음과 같다. 패권안정론에 따르면 70년대 미국이 상대적으로 지위가 낮았던 점을 고려하면 80년대부터의 301조 대두를 설명하지 못하고, 시간의 차가 발생한다. 다만 무역수지(나 경쟁력)는 80년대 급속히 악화되었고 301조의 등장 원인이 되었다는 가설을 얻을 수 있다. 어쨌든 단순히 상대적인 지위에만 주목하는 패권안정론에는 한계가 있다. WTO 설립 이후의 수렴(WTO 제도의 이용)에 대해서는 90년대 초의 패권적인 지위 회복(다만 이에 관해서는 지표에 따라 다른 해석이 가능하다)에도 불구하고 WTO 제도로의 수렴이 이루어지지 않았다. 단지, 무역수지는 90년대에 들어서도 오히려 악화되고 있어 이를 통해 90년대 전반에 미국이 GATT의 일반적인 상호주의로 돌아가지 않은 것을 설명할 수 있다. 하지만 90년대 중반에도 무역수지는 악화되었고 90년대 중반에 GATT/WTO의 상호주의로 회귀한 것은 설명할 수 없다.

이상은 통해 패권안정론(특히 상대적인 지위 변화에 근거한)으로는 미국의 통상정책의 변화(의 타이밍)를 완전하게 설명하기 어렵다는 것을 알 수 있다.

III. 패권안정론과 한계 – 미시적 간극

1. 경쟁력, 경제이익의 정도를 분석하기 위한 조작화

패권안정론은 거시적으로 보면 미국 전체에서의 세계와 주요국 시스템의 지위, 혹은 미국 전체의 무역수지 등에 주목하여 이들 변화와 통상정책의 변화와의 관계에 주목하는 것이다. 이러한 패권안정론을 보다 미시적으로 보면 미국의 경제력이 강할 때에는 경쟁력이 강한 산업이 많고, 상대적인 경제력이 낮을 때에는 국제적 경쟁력이 약하고 보호주의를 취하는 산업이 많다는 사실을 내포하고 있다. 예를 들어 에이한(Raymond J. Ahearn)은 80년대 초기의 미국의 이익집단을 통상 정책과 관련해 다음과 같이 분류하고 있다. 우선 자유무역 이익집단에 는 수출 지향적인 기업(예컨대 항공기 업체, 농업), 수입업자, 유통업자, 소비자 집단, 첨단산업 부문 등이 포함된다.[18] 한편 보호무역 정책을 추진하도록 행정부에 압력을 가하는 보호무역 이익집단 안에는 수입에 취약한 산업 및 노동조합이 포함된다. 예를 들면 섬유·철강·가전제품 ·신발·자동차 산업 등이다.[19]

일반적으로는 다음과 같이 말할 수 있다.

미국의 산업 경쟁력이 강한 산업(기업)의 분포가 우세하면 미국은 GATT/WTO를 채택하지만, 미국의 산업 경쟁력이 강한 산업(기업)의 분포가 열세하면 301조를 취한다. 반대로 미국의 각 산업의 경쟁력이 회복되면 301조에서 GATT/WTO로 회귀한다.

2. 1980년대 분야별 경쟁력

60년대 말까지 섬유·철강·자동차[20] 등의 노동집약적인 산업은 경

---

18) Raymond J. Ahearn, "Political Determinants of U.S. Trade Policy," *Orbis*, 26(2), Foreign Policy Research Institute, Pennsylvania University, Summer 1982, p.427.

19) Ahearn, *loc, cit.*

20) 미국 자동차 산업은 미국의회 기술 평가국 (U.S. Congressional Office of Technology Assessment: OTA), 미 상무성, 브루킹 연구소 (Brookings Institution) 등에 의해 중간 기술산업으로 분류된다. U.S. Department of Commerce, *Emerging Technologies: A Survey of Technical and Economic Opportunities*, U.S. Department of Commerce, 1990, p.9.; Ellis S. Krauss and Simon Reich, "Ideology, Interests, and the American Executive: Toward a Theory of Foreign Competition and Manufacturing Trade Policy,"

쟁력을 잃고 수입품에 밀렸다. 80년대에 들어서 미국의 경쟁력 저하는 이들 산업뿐만이 아니라 그때까지 강한 경쟁력을 가지고 있다고 여겨진 첨단기술 부문에까지 확산되었다.[21] 이는 제조업 품목별 무역수지를 보면 분명하다[표 13].[22]

[표 13] 미국의 품목별 무역수지, 1970-1988년

(단위 : 10억 달러)

연도	무역수지[1]	농산품·원료[2]				제품[3]						
		전품목	농산물	광물성연료	기타연료	전품목	화학제품	원료별제품	기계	운송기기전품목	운송기기자동차	기타제품
1970	2.6	-1.0	1.5	-1.5	-1.0	3.6	2.4	-3.4	6.1	0.6	-1.5	-2.1
1971	-2.1	-2.2	1.9	-2.2	-1.9	0.0	2.2	-5.1	5.6	-0.0	-2.6	-2.6
1972	-6.5	-2.6	2.9	-3.2	-2.2	-4.0	2.1	-6.5	5.4	-1.3	-3.1	-3.7
1973	1.3	1.0	9.2	-6.5	-1.7	0.3	3.3	-6.1	7.2	-0.4	-3.2	-3.7
1974	-2.4	-11.7	11.6	-22.0	-1.3	9.4	4.8	-6.6	12.1	2.1	-2.4	-3.0
1975	10.7	-10.5	12.4	-22.0	-0.9	21.3	5.0	-3.8	16.8	5.5	0.1	-2.2
1976	-6.0	-20.0	11.8	-29.8	-2.1	14.1	5.2	-6.4	16.1	3.6	-2.2	-4.4

International Organization, 46(4), 1992, p.868.

21) 工藤章(구도 아키라) 편『20世紀資本主義II―覇権の変容と福祉国家』(20세기 자본주의II―패권 변용과 복지국가) 東京大学出版会(도쿄대학출판회), 1995년, p.67. 工藤(구도)의 분류에 따르면 1) 고위산업 : 항공기, 사무기기·컴퓨터, 일렉트로닉스, 약품, 과학 장치, 전기 기계 2) 중위산업 : 과학, 자동차, 기타 제조업, 석유 정제, 비 전기기계, 고무·플라스틱 3) 저위산업 : 비철금속, 토석, 조선, 철강, 금속제품, 목재, 식품, 섬유·의복, 제지·인쇄

22) Congress of the United States, Office of Technology Assessment, "Paying The Bill: Manufacturing and America's Trade Deficit," OTA-ITE-390, Washington D.C.: U.S. Government Publications Office, 1988.; 마이켈 보로스, 존 자이스먼「産業競争力と米国の国家安全保障」(산업 경쟁력과 미국의 국가 안전보장)『レヴァイアサン』(레바이아산) 제11호, 1992년(가을호), p.87. Micael L. Dertouzos, Richard K. Lester and Robert M. Solow, Made in America: Regaining the Productive Edge, The MIT Press, 1989. 표1 품목별 무역수지

연도	무역 수지[1]	농산품 · 원료[2]				제품[3]						
		전품목	농산물	광물성 연료	기타 연료	전품목	화학 제품	원료별 제품	기계	운송 기기 전품목	운송 기기 자동차	기타 제품
1977	-26.8	-33.2	10.1	-40.4	-3.0	6.4	5.8	-10.5	14.9	0.7	-4.0	-4.4
1978	-28.7	-26.1	14.4	-38.2	-2.3	-2.6	6.2	-14.8	12.6	-0.9	-7.4	-5.6
1979	-23.1	-36.3	17.9	-54.4	0.2	13.2	9.8	-13.8	16.7	0.1	-7.0	0.4
1980	-19.4	-48.4	23.8	-74.9	2.7	29.0	12.1	-10.0	23.9	0.2	-9.5	2.8
1981	-27.4	-45.2	26.3	-71.1	-0.4	17.9	11.7	-16.7	24.7	1.4	-10.0	-3.3
1982	-32.7	-31.7	21.2	-52.7	-0.2	-1.0	10.4	-16.4	19.9	-6.0	-15.4	-8.8
1983	-57.0	-30.3	19.6	-48.5	-1.4	-26.7	9.0	-20.0	7.3	-10.9	-20.6	-12.1
1984	-108.4	-35.6	18.0	-51.7	-2.0	-72.8	8.6	-31.0	-8.1	-21.1	-27.9	-21.3
1985	-132.3	-36.8	9.2	-43.9	-2.1	-95.5	7.2	-32.4	-15.8	-27.2	-36.4	-27.3
1986	-149.2	-26.3	4.8	-29.2	-1.8	-123.0	7.8	-34.8	-27.2	-39.1	-48.0	-29.6
1987	-161.1	-29.0	7.9	-36.5	-0.5	-132.1	10.2	-36.2	-29.8	-39.4	-50.0	-36.8
1988	-133.6	-13.8	15.8	-32.9	3.3	-119.7	12.4	-38.8	-28.8	-33.1	-46.2	-31.4

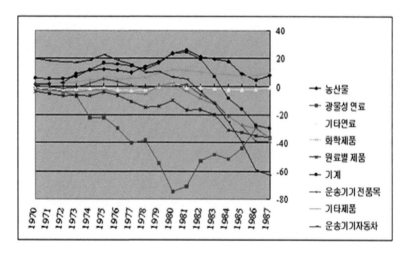

[그림 9]

주: 1) 군사 원조를 제외한 미국 상품의 수출. 수출은 f.a.s. 기준, 수입은 관세 평가 기준 또는 f.a.s. 기준. 2) SITC 0-4 품목. 광물성 연료는 윤활유를 포함한다. 3) SITC 5-9 품목.

출처: U.S. Department of Commerce, Business Statistics 1986, 1987, pp.79-83. 1986-88년은 Survey of Current Business, June 1988, S-17; April 1989, S-17. 石崎昭彦(이시자키 데 루히코)『日米経済の逆転』(미일경제의 역전), 東京大学出版会(도쿄대학출판회), 1990년, pp.178-179부터 재인용.

품목별 무역수지를 보면 80년대에도 미국이 비교 우위에 있는 것은 농산물, 화학제품, 항공기이다. 소재 등의 원료별 제품, 자동차, 기타 소비재는 70년대에 이미 비교 열위가 진행되었고 80년대에는 여기에 자본재인 기계류까지가 비교 열위로 하락해 제품 무역은 큰 폭의 적자를 기록했다[표 13]. 제품 무역은 70년대에는 흑자를 유지했지만, 80년대에는 적자로 돌아섰고 적자액은 1986-88년에 1000억 달러를 넘어섰다. 80년대 미국의 무역적자 증가는 제품 무역이 대규모 적자를 기록했기 때문이다.

하이테크 제품 무역에서는 1981-87년 수출은 소폭 증가에 그치고 수입이 현저하게 증가했기 때문에, 이 분야에서 270억 달러였던 무역 흑자는 감소하여 거의 없어졌다. 이를 주요 품목별로 나타낸 것이 [표 14]다. 미국은 산업용·민생용 전자기기를 중심으로 한 하이테크 제품 즉, 통신 기기·전자 부품(라디오, TV, VTR, 팩스, 반도체 칩 등을 포함한다), 정밀·과학 기기와 엔진·터빈 무역에서도 흑자가 감소하거나 적자가 증가해 산업에서 우위를 상실하거나 우위를 유지하기가 힘들어졌다. 미국의 제조업은 기술 혁신이 뒤쳐져서 국제경쟁력을 상실하고 완패에 가까운 상태에 빠졌다.[23]

---

23) 미국이 우위에 있는 항공기 무역의 흑자는 1981-87년에 130억 달러에서 150억 달러로 증가했다. 유도 미사일·우주선, 무기 등의 국방 관련 기기의 무역에서는 약 10억 달러의 소폭 흑자를 유지했다. 무기 화학품과 플라스틱·수지 무역의 흑자는 감소하지 않았다. 石崎昭彦(이시자키 데루히코)『日米経済の逆転』(미일 경제의 역전), 東京大学出版会(도쿄대학출판회), 1990년, p.181.

[표 14] 미국 하이테크 제품의 품목별 무역수지: 1981-1987년

(단위 : 10억 달러)

	연도	하이테크제품합계	유도미사일·우주선	통신기기·전자부품	항공기·부품	사무용전산기·회계기	무기·부속품	약품·의약품	공업용무기화학품	정밀과학기기	엔진·터빈·부품	플라스틱·수지
수출	1981	60.4	0.6	11.4	16.9	9.8	0.7	2.2	3.1	7.1	3.8	4.8
	1983	60.2	1.0	12.4	14.6	11.7	0.9	2.6	3.1	6.9	3.0	4.0
	1985	68.4	0.8	17.8	21.0	19.6	0.7	3.3	3.6	8.7	3.0	5.7
	1987	84.1	0.8	17.8	21.0	19.6	0.7	3.3	3.6	8.7	3.0	5.7
수입	1981	33.8	0	15.1	3.7	3.0	0.2	1.1	2.5	5.7	1.9	0.7
	1983	41.4	0.0	19.6	2.7	6.4	0.1	1.3	2.6	6.1	1.5	1.0
	1985	64.8	0.1	30.2	4.7	10.9	0.3	1.9	3.2	8.9	3.0	1.6
	1987	83.5	0.0	36.3	5.8	17.9	0.4	2.9	3.0	11.5	3.7	1.9
수지	1981	26.6	0.6	-3.7	13.2	6.8	0.5	1.2	0.7	1.3	1.9	4.2
	1983	18.8	1.0	-7.2	12.0	5.4	0.8	1.2	0.4	0.8	1.5	3.0
	1985	3.6	0.7	-16.7	12.8	4.5	0.5	0.8	0.1	-1.8	0.1	2.8
	1987	0.6	0.8	-18.6	15.1	1.7	0.3	0.4	0.7	-2.9	-0.7	3.8

출처: U.S. Dept. of Commerce, United States Trade Performance in 1987, 1988, p.110. 石崎昭彦 (이시자키 데루히코)『日米経済の逆転』(미일경제의 역전), 東京大学出版会(도쿄대학출판회), pp.182-183부터 재인용.

3. 1990년대 각 산업의 국제경쟁력 변화와 이익집단의 선호

이미 거시적 지표 분석에서 제시했듯이 클린턴 정권 출범 이후 안정적인 경제 성장률이 유지되고 실업률은 순조롭게 하락하였다.[24] 하지만 90년대에 들어서도 산업경쟁력은 (현저하게) 개선되지 않았다. 미국의 수출 수입의 비교우위 구조의 변화를 보기 위해 약간 관점을 바꾸어서 수출경쟁력 계수[=(수출-수입)/(수출+수입)]를 통해 살펴보겠다. 미국의 상품별 수출 경쟁력 추이를 나타낸 것이 [표 15]이다.

---

24) 자세한 내용은 山崎好裕(야마자키 요시히로) (1997), 앞의 논문 및 平井規之(히라이 이노유키) 감역『94年米国経済白書』(94년 미국경제백서) (1994), 앞의 책.

[표 15] 경쟁력 추이/미국의 상품별 수출경쟁력 추이

	1960	1965	1970	1975	1980	1985	1990	1995	SITC code 70-80	SITC code 85-95
항공기	0,92	0,77	0,81	0,85	0,70	0,60	0,65	0,60	734	792
디지털 중앙연산 처리장치							0,42	0,45		7523
오피스용 기기	0,52	0,55	0,51	0,43	0,54	-0,66	-0,51	-0,61	714	751
의약품	0,72	0,63	0,66	0,57	0,43	0,34	0,24	0,08	541	541
광학·의료용·정밀기기, 사진용 재료, 시계	0,26	0,33	0,28	0,31	0,05	0,33	0,32	0,24	86	87
금속가공기계	0,82	0,68	0,41	0,43	-0,11	-0,37	-0,16	-0,13	715	73
통신기기	0,37	0,05	-0,25	-0,13	-0,25	-0,61	-0,39	-0,27	724	76
가정용 전기기기			-0,09	0,09	-0,07	-0,61	-0,32	-0,30	725	775
열전자관, 진공관, 광전관, 반도체			0,42	0,19	-0,22	-0,08	0,03	-0,07	7293	776
철강	0,15	-0,33	-0,23	-0,31	-0,44	-0,80	-0,49	-0,44	67	67
자동차(승용차)	-0,36	-0,25	-0,65	-0,44	-0,62	-0,73	-0,63	-0,59	7321	781
의류	-0,51	-0,59	-0,73	-0,73	-0,72	-0,91	-0,83	-0,70	841	84

주: 수출경쟁력 계수는 (수출-수입)/(수출+수입)으로 계산하였음. 통계자료는 国際連合『貿易統計年鑑』
각 년도판을 참조할 것.

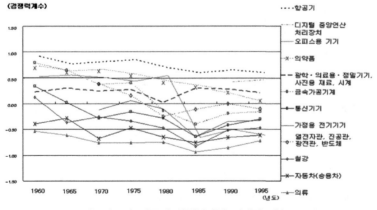

[그림 10] 미국의 산업분야별 경쟁력 계수

출처: 田原泰(다하라 야스시)·葛見雅之(구즈미 마사유키)·飯島隆介(이지마 류스케)「アメリカは
いかに日本の挑戦に対応したか」(미국은 어떻게 일본의 도전에 대응했는가) 伊藤元重(이
토 모토시게) 편『日中関係の経済分析─空洞化論·中国脅威論の誤解』(중일관계의 경제
분석-공동화론·중국위협론의 오해), 東洋経済新報社(동양경제신보사), 2003년. p.171.

[표 15]는 수출 경쟁력 계수가 높은 분야와 낮은 분야의 주요 품목을 선별하여 그 변화를 나타낸 것이다. 1960년대에는 계수가 높았던 항공기, 오피스용 기기, 의약품, 금속가공 기계, 통신 기기는 계수가 저하하고 오피스용 기기, 금속가공 기계, 통신 기기는 70년대부터 80년대 전반에 마이너스가 되었다. 또한 앞서 말했듯이 1985년의 플라자 합의를 통한 달러화 강세(정책의) 시정으로 미국의 각 품목별 수출 경쟁력은 다소 회복됐지만 순이익에서 수출로 변하기까지는 이르지 못했다.[25] [표 15]를 보면 90년대에 들어서도 국제경쟁력을 늘린 산업은 거의 없고, 90년대에 경쟁력이 강한 산업이 널리 분포되었다고는 할 수 없다 (다만 서비스 무역이나 지적 소유권을 기반으로 한 산업은 강하다고 여겨지며, 이는 해외시장의 개방을 강하게 요구한다).

패권안정론의 미시적 해석에 따르면 90년대의 미국은 경제가 회복되어 미국의 경쟁력이 일반적으로 강해졌기 때문에, 대다수 산업의 경쟁력이 높아지고 전체적으로 자유무역주의적인 정책이 선호되어 GATT/WTO(의 일반적인 상호주의)가 지지를 받게 되었다. 하지만 통신기기 등의 '통신 관련 산업', 가정용 전기기기, 열전자관, 진공관, 광전관 등의 '전자기기 산업', 오피스용 기기, 금속가공 기계, 반도체, 철강, 자동차(승용차), 의류 산업 등(이들 산업은 90년대 GATT/WTO를 지지했다)은 80년대에 비해

25) 田原泰(다하라 야스시)・葛見雅之(구즈미 마사유키)・飯島隆介(이지마 류스케) 「アメリカはいかに日本の挑戦に対応したか」(미국은 어떻게 일본의 도전에 대응했는가) 伊藤元重(이토 모토시게)・財務省財務総合政策研究所(재무성 재무종합정책 연구소) 편『日中関係の経済分析―空洞化論・中国脅威論の誤解』(중일관계의 경제분석-공동화론・중국 위협론의 오해), 東洋経済新報社(동양경제신보사), 2003년.

수출 경쟁력이 회복된 것은 아니다.

IV. 패권적 지위 변화에 따른 설명의 한계

지금까지 본 논문의 분석 목적인 패권안정론의 관점에서 미국의 통상정책의 변화를 분석했다.

패권안정론은 미국 경제의 상대적인 지위에 주목하여 다음의 가설을 제시한다. 미국의 지위가 압도적이었을 때에는 미국은 자유주의적인 통상정책을 취하며 자유주의적인 국제 제도를 지지한다. 그러나 상대적인 지위가 저하되면 보호주의적인 정책을 택하고 자유주의적인 국제 제도의 룰에서 일탈하기 때문에 자유주의적인 국제 제도는 불안정해진다. 또한 일단 상대적인 경제력이 저하됐지만 회복되면 다시 자유무역 정책으로 돌아와 자유주의적인 국제 제도를 지지하고 지원하게 된다. 이러한 미국 전체의 상대적인 경제력이라는 거시적 변수를 미시적으로 보면 미국의 상대적인 경제력이 높을 때에는 미국 내에서 국제경쟁력이 강한 산업이 널리 분포되어 있음을 뜻하며(따라서 미국의 통상정책은 자유주의적으로 된다), 미국의 상대적인 경제력이 저하되는 것은 국제경쟁력이 약한 산업분야가 많아짐을 뜻한다(따라서 미국의 통상정책은 보호주의적으로 된다). 그리고 미시적인 관점에서 보면 1970년대에는 많은 산업이 경쟁력을 잃었고 특히 80년대에는 더욱 가속화되었다. 그러나 90년대 중반이 되면 많은 산업분야에서 국제경쟁력이 회복되어 미국의 통상정책은 다시 자유(무역)주의를 택한다.

본 논문에서는 이와 같은 패권안정론에 근거한 가설을 우선 거시적 지표로부터 검토했다. 지표로는 미국의 경제력, 종합 국력이라는 힘의 지표, 무역수지를 검토했다. 결론은 복합적이다. 전세계에서 미국의 상대적인 경제력을 보면 제2차 세계대전 직후의 피크로부터 지속적으로 하락하여 지금에 이르고 있다. 하지만 주요국과의 관계를 보면 80년대까지 상대적 경제력은 하락했지만, 90년대에는 회복세로 돌아섰다. 이와 같은 경향은 경제력만이 아닌 군사력을 포함한 종합적인 국력에서도 보인다. 미국의 종합적인 국력 회복은 냉전 종식 후인 90년대에 두드러지게 나타난다. 이와 같은 검토를 통해 미국의 70년대, 80년대의 보호주의적인 경향을 설명할 수 있다. 그러나 특히 80년대 중반의 특정적 상호주의의 우세는 설명할 수 없다.

미국 전체의 무역수지를 보면 70년대에 악화되어 80년대 중반에는 현저하게 악화된다. 이는 70년대에 들어와 보호주의가 강해지는 것을 시사하며, 또한 80년대 중반에 보호주의가 현저하게 강해지는 것을 시사한다. 즉 80년대 중반에 특정적 상호주의가 대두되는 하나의 설명이 된다. 무역수지는 80년대 말부터 90년대 초반에 개선된다. 그러나 90년대 중반에는 크게 악화되었고 이후에도 무역수지는 계속 악화된다. 즉 무역수지로부터 본 미국의 상대적인 지위는 90년대에 들어 크게 저하된다. 때문에 90년대 중반에 미국의 통상정책이 WTO와 정합성을 띄게 된 것을 설명할 수 없다.

90년대 미국의 통상정책이 WTO로 회귀한 것을 상대적 경제력과 종합적인 국력이라는 지표로부터 보면 미국의 힘의 회복으로 설명할 수 있지만, 무역수지라는 지표로부터는 잘 설명할 수 없다.

여기서 미시지표에 눈을 돌리면 무역수지가 악화된 70년대 이후, 많은 산업분야에서 국제경쟁력이 떨어진다. 그리고 80년대가 되면 그 전까지 경쟁력이 있었던 하이테크 분야도 수입 초과를 빚는다. 이는

80년대 중반에 특정적 상호주의가 대두한 큰 이유였다고 생각된다. 이미 언급했듯이 90년대도 경제성장에도 불구하고 무역수지는 악화되었고, 미시적으로 봐도 대부분의 산업분야에서 국제경쟁력이 회복되지는 못 했다.

이와 같은 분석을 통해 패권안정론에 근거한 가설은 일정한 설명력은 있지만, 미국의 통상정책 변화를 설명하기에는 몇 가지 한계가 있음이 밝혀졌다.

(1) 거시적으로도 미시적으로도 70년대부터 80년대까지 미국의 상대적인 경제력과 무역수지는 악화되고 있어 보호주의 대두를 대략적으로 설명할 수 있다. 그러나 80년대에 특정적 상호주의의 대두는 상대적 경제력이나 종합적 국력의 저하로는 설명할 수 없고, 무역수지의 급속한 악화와 미시적으로 본 하이테크 분야까지 무역에서 경쟁력을 잃었던 점에서 그 이유를 찾을 수 있을 것이다.

(2) 90년대는 거시적 지표 중에서 상대적 경제력이나 국력으로 보면 미국은 회복되었고(특히 주요국간에서), 이에 따라 미국의 통상정책은 GATT/WTO의 일반적 상호주의(와 분쟁해결 메커니즘)로 회귀됐다고 주장할 수 있다. 그러나 무역수지나 각 산업분야의 경쟁력은 80년대와 비교하면 악화되었거나 그다지 변화가 없는 분야가 대부분이다. 따라서 이러한 지표로부터 미국이 통상정책을 변화시키는 이유를 찾아낼 수 없다.

그렇기 때문에 미국의 통상정책의 변화를 설명할 때에 대략적으로 보면 패권안정론에 근거한 설명이 큰 흐름을 파악하고 있으며, 미국의 통상정책의 일반적인 경향에 관해서는 이 가설로 설명할 수 있다. 그러나 설명할 수 없는 부분도 존재한다는 것이 분명해졌다. 80년대 중반에 특정적 상호주의(301조)가 표면화된 이유는 경제력의 저하뿐만이 아니고 무역수지의 급격한 악화, 나아가 하이테크 분야에까지 미친 경쟁력의 상실이었다고 생각된다. 이것이 얼마나 이익집단의 선호에 영향을 주어, 301조 혹은 GATT에 대한 지지·비판으로 표출되어 최종적으로 301조를 강화한 88년 포괄통상법의 성립으로 연결되었는지를 분명히 할 필요가 있다고 본다. 또한 패권안정론은 1995년 이후 미국의 통상정책이 WTO와 정합적인 것으로 갑작스럽게 회귀한 것을 설명할 수 없다. 예를 들면 WTO의 성립과 그 후 미국의 통상정책의 일반적인 상호주의로의 회귀가 무역수지의 가일층의 악화와 많은 산업분야의 국제경쟁력 상실 속에서 행해진 이유를 분명히 하지 않으면 안 된다.[26]

---

26) 다만, 본 논문의 목적이 "패권안정론에 의한 미일통상마찰의 일고찰"임을 감안하여 이상의 질문에 대답하는 것은 다른 과제(논문)에서 다루기로 한다. 예를 들어 미일필름분쟁 사례는 미국과의 통상마찰 대상국인 일본의 통상정책이 과거 미국 통상법 301조를 바탕으로 한 2국간 교섭에 응하는 수동적인 대응에서 벗어나 능동적이고 적극적으로 WTO체제를 이용하려는 방향으로 정책 전환이 이뤄졌으며, 그 배경에는 WTO 성립에 따른 제도의 진화가 작동하고 있다. 즉, 1995년 이후, 엄격한 법제도화를 가져온 WTO의 성립(존재)과 이로 인해 일본이 WTO(의 분쟁해결절차)를 적극적으로 지지한 점이 미국의 301조를 억제하는 압력으로서 작용하고 있었다. 구체적인 사례분석(검증)에 관해서는 다음을 참조할 것. 김영근, 세계무역기구(WTO) 체제하의 일본 통상정책의 변화: 후지-코다 필름분쟁을 중심으로『통상법률』제81호, 170-198쪽, 2008년.

V. 미국의 통상정책 변화와 패권안정론

본 논문의 목적은 미국 통상정책의 GATT/WTO로부터의 괴리와 수렴의 프로세스 및 인과관계에 관해서 패권안정론 가설을 바탕으로 검증하려는 것이다. 분석 결과를 요약하면 다음과 같다.

본 논문에서는 패권안정론에 근거한 가설을 우선 거시적 지표로부터 검토했다. 지표로는 미국의 경제력, 종합 국력이라는 힘의 지표, 무역수지를 검토했다. 결론은 복합적이다. 전세계에서 미국의 상대적인 경제력을 보면 제2차 세계대전 직후의 피크로부터 지속적으로 하락하여 지금에 이르고 있다. 하지만 주요국과의 관계를 보면 80년대까지 상대적 경제력은 하락했지만, 90년대에는 회복세로 돌아섰다. 이와 같은 경향은 경제력만이 아닌 군사력을 포함한 종합적인 국력에서도 보인다. 미국의 종합적인 국력 회복은 냉전 종식 후인 90년대에 두드러지게 나타난다. 이와 같은 검토를 통해 미국의 70년대, 80년대의 보호주의적인 경향을 설명할 수 있다. 그러나 특히 80년대 중반의 특정적 상호주의의 우세는 설명할 수 없다.

미국 전체의 무역수지를 보면 70년대에 악화되어 80년대 중반에는 현저하게 악화된다. 이는 70년대에 들어와 보호주의가 강해지는 것을 시사하며, 또한 80년대 중반에 보호주의가 현저하게 강해지는 것을 시사한다. 즉 80년대 중반에 특정적 상호주의가 대두되는 하나의 설명이 된다. 무역수지는 80년대 말부터 90년대 초반에 개선된다. 그러나 90년대 중반에는 크게 악화되었고 이후에도 무역수지는 계속 악화된다. 즉 무역수지로부터 본 미국의 상대적인 지위는 90년대에 들어 크게 저하된다. 때문에 90년대 중반에 미국의 통상정책이 WTO와 정합성을 띄게 된 것을 설명할 수 없다.

90년대 미국의 통상정책이 WTO로 회귀한 것을 상대적 경제력과 종합적인 국력이라는 지표로부터 보면 미국의 힘의 회복으로 설명할 수 있지만, 무역수지라는 지표로부터는 잘 설명할 수 없다. 여기서 미시 지표에 눈을 돌리면 무역수지가 악화된 70년대 이후, 많은 산업분야에서 국제경쟁력이 떨어진다. 그리고 80년대가 되면 그전까지 경쟁력이 있었던 하이테크 분야도 수입 초과를 빚는다. 이는 80년대 중반에 특정적 상호주의가 대두한 큰 이유였다고 생각된다. 이미 언급했듯이 90년대도 경제성장에도 불구하고 무역수지는 악화되었고, 미시적으로 봐도 대부분의 산업분야에서 국제경쟁력이 회복되지는 못했다.

이와 같은 분석을 통해 패권안정론에 근거한 가설은 일정한 설명력은 있지만, 미국의 통상정책 변화를 설명하기에는 몇 가지 한계가 있음이 밝혀졌다. 미국은 WTO 시대에 접어들면 301조(특정적 상호주의)에 호소하는 일은 줄고 WTO를 이용하게 된다. '패권안정론'에 근거하여 미국 통상정책의 WTO로의 수렴을 설명하면, 90년대 전반 미국은 상대적인 경제력을 회복하여 국제경쟁력을 가지게(회복)되어 301조를 취할 필요가 더 이상 없어지게 된다는 점이다. 그러나 사실 90년대 미국의 경제는 호황이었고 성장률은 다른 선진국을 앞섰으며 선진국 사이에서 상대적 경제력은 높았다. 상대적인 경제력 회복은 WTO 성립 이전에 일어났다.

이상으로부터 패권안정론에 관해 미국의 경제력 저하는 70년대에 현저했고, 80년대에 특정적 상호주의가 대두했다는 현상에 대한 설명으로는 시간적으로 약간의 차이가 난다. 또 WTO 설립 이후의 수렴(WTO 제도 이용)에 대해서는 반드시 예상한 바는 아니다. 즉 미국의 경제는 WTO 설립 이전부터 회복되어 있었기에 WTO 설립 이전에 정책 전환이 이루어졌어야만 했다. 이는 패권안정론의 이론적 틀을 응용한 경우,

미국의 통상정책 변화를 완전하게 설명할 수 없다는 결론에 도달하게 된다. 따라서 국제시스템적인 요인(경제적인 지위 변화/패권안정론, 국제제도/WTO의 성립)만으로는 '미국 외교·통상정책'의 변화를 설명할 수 없는 것이 있다. 때문에 미국의 국내 요인에 관해서도 주목해야 한다. 특히 국내정치와 통상정책과의 관계를 밝히기 위해서는 이익집단, 의회, 행정부의 상호작용은 물론 행정부의 성격 등 다양한 국내적 요인에 관해서도 변수로 검토하여야 한다. 또한 이러한 일련의 '상호의 존성의 심화(연속성) 및 단절(자국우선주의 정책)'에 관한 구체적인 사례연구를 실시해야 할 것이다. 예를 들어, 미국을 비롯한 강대국이 국제통화기금(IMF)이나 세계은행(World Bank)을 앞세워 저개발국가나 개발도상국가를 '리스크 매니지먼트(관리)'하려는 국제 시스템 레벨의 정치가 각국이 '포스트 제국주의'를 어떻게 수용하는지 고찰할 필요가 있다. 나아가 제국주의가 작동하는 프로세스 및 메커니즘의 한계에 관해 '제도의 치환'이나 '제도표류' 등 미래에 봉착하게 될 다양한 위험 요소(경제재난), 즉 '경제안보'를 둘러싼 논의(분석)도 동반되어야 할 것이다.

제2부

제국의 욕망과 국민주의

제4장

국가 방식의 선택:
이와쿠라 사절단과 일본 메이지 시대
외교 정책 딜레마

I. 대국과 소국을 넘어 부국강병으로

지방자치단체 내에서는 국가가 큰지 작은지, 강한지 약한지는 논쟁거리가 되지 않는다. 독립된 절대 통치의 여부는 제국 내 왕의 명령이 도달하지 못하는 곳이 있느냐에 달렸다. 국가는 크지만 명령이 (왕국) 전역으로 전달되지 못하거나 모든 곳에서 정치적 명령이 다르거나 주어진 명령이 왕의 명령과 다르다면, 그 국가는 반주국 (divided sovereignty)으로 고통을 받게 된다. 중국과 같이 큰 국가도 이러한 상태에 빠지지 않았지만, 네덜란드 같이 작은 국가도 자치권을 잃을 수 있다.[1]

이와쿠라 토모미(岩倉具視)는 위 구절에서 메이지 시대에 103명의 일본인 관료, 학자, 학생으로 구성된 진상조사단을 이끌고 세계를 일주했

---

[1] 이와쿠라 토모미(岩倉具視)의 발언을 인용. 五十嵐曉郎 (1996年), 『明治維新の思想』, 世織書房, p.145

던 특명전권대사 이와쿠라 도모미(岩倉具視, 1825~1883년)가 전한 것으로, 초기 정부가 맞이하게 될 만만치 않은 도전과제를 말하고 있다. 즉, 일본 초기 정부는 가독립(pseudo-independent)에도 시대 번(藩)들을 모아 중앙집권국가로 재구성해야 했다.

상기한 이와쿠라의 진술은 '일본' 내에 거주하는 사람들 즉, 혼슈, 규슈, 시코쿠뿐만 아니라 새롭게 합병된 에조의 섬(최근에 홋카이도로 개명)의 거주자가 천황의 목소리를 듣고 인식하고 이에 복종할 수 있도록 하는 방식을 조사하라는 사절단의 임무를 기술하고 있다. 그 다음으로, 그 목소리가 합병된 다른 영토의 사람들에게까지 전달될 것인지, 만약 전달된다면 '왕의 명령'에 어느 정도 복종할 것인지가 고려되었다.

새로 들어선 메이지 정부는 최근에 개명된 도쿄시(에도에서 도쿄로 개칭함)에서 행정 업무를 시작하였으며, 1871년 12월 23일에 이와쿠라 사절단이 요코하마항에서 출발하면서 많은 고위급 실무자들이 빠져나간 정부는 일상적인 문제 처리 기능은 유지하되 새로운 정책 개시는 삼가기로 지시받았다. 순방 참여자들 앞에는, 이전에도 그 이후에도 없었던 (19세기 말보다 훨씬 더) 장대한 여정이 기다리고 있었다. 그들은 태평양을 건너 미국으로 항해해 갔고, 열차를 타고 서부 해안에서 동부 해안을 이동하면서 워싱턴 D.C.와 보스턴 및 뉴욕시를 방문하였으며, 대서양을 가로질러 14곳의 유럽 국가를 순방하였다.

그들은 본국으로 돌아오는 길에 실론(현 스리랑카), 홍콩, 상하이에 잠시 들르는 것으로 세계 순방을 마무리 지었다. 그들은 그 과정에서 서방 세계의 문명화된 성채들을 둘러보았고, 교육, 군사, 산업, 정치 및 형집행 기관을 시찰하였다. 그들은 이 기관들의 건축가 및 경호원과 이야기를 나누면서 새로운 일본 국가에서 그들만의 기관을 건축하기 위한 유용한 정보를 얻고자 하였다. 또한, 사절단은 6명의 어린 소녀를 포함해 일본의 젊은 학생들을 순방에 대동하여 이들이 발전된 교육 기관을 경험할 수 있도록 하였다.

사절단의 순방이 이루어진 시기와 메이지 시대 일본 확장에 미친 잠재적인 영향은 무시할 수 없는 중요한 의미를 가진다. 세계 열강들이 그들의 주권 영토 내에서뿐만 아니라 그 너머로 지배적인 문화를 전파하여 국가의 확장을 꾀하려는 또 다른 물결이 일기 시작했다는 명확한 징후들을 사절단의 순방 경로를 따라 확인할 수 있었다. 부분적으로 이러한 물결은 당시 대서양 양측에서 발생한 두 차례 전쟁으로 전개된 새로운 국면의 영향을 받았다.

즉, 유신 시대는 미국 남북전쟁(1861~1865년) 이후에 등장하였고, 해외 식민주의의 물결은 프랑스-프로이센 전쟁(1870~1871년)으로 촉발되었다. 사절단은 여러 국가에서 이루어지고 있는 관할 영토 확장과 중앙집권화 노력을 마주하게 되었다.(독일 국가를 통합하려는 프로이센의 야망은 메이지 시대 일본 지도자들이 품고 있던 야망과 닮아 있었다.)

하지만 몇 가지를 제외하면 그들의 순방은 세계 열강을 둘러보는 데 초점이 맞춰져 있었을 뿐이지 그들이 확보하였거나 곧 합병할 영토들은 고려하지 않았다. 이 순방에 대한 『미구회람실기』(True Account)[2] 견문 보고서에는, 사절단원들과 그들이 긴 여정을 따라 만난 사람들이 논의한 주제가 바로 이 영토 확장이었다는 것을 보여주는 사례가 간간히 언급되어 있다. 또한 사절단원들은, 이러한 확장에 관여하지 않지만

---

2) Kume Kunitake (2002), *The Iwakura Embassy, 1871-73, a True Account of the Ambassador Extra-ordinary Plenipotentiary's Journey of Observations Through the United States and Europe. 5 vols.* Edited by Graham Healey and Chūshichi, (Tsuzuki, Chiba: The Japan Documents).

국경을 넘어선 영토 확장을 피하는 중립 (작은 국가) 외교 옹호 국가들로부터 반대 의견을 들었을 가능성이 매우 높다.

이러한 노력이 밑거름이 되어 대략 몇 십 년 만에 일본은 중앙(천황)의 목소리가 왕국 방방곡곡으로 전달되는 국가를 형성하는 데 성공하였다. 이러한 관점에서 일본인들은 자국의 목표를 상당히 성공적으로 달성하였다고 볼 수 있다. 하지만 이 사절단의 순방 시작 전에도, 일본은 "큰 국가"로의 발전을 시작했는데, 이를 통해 인접한 주변 지역의 영토들로 영향력을 확대하였으며, 그 합병된 영토들을 넘어 확장된 다른 영토들을 위협하였다.

사절단은 큰 국가와 작은 국가 모두에서 시련과 고난을 목격하였지만, 결국 일본은 "부국강병(富国強兵)"을 꾀해 영토를 확장하는 큰 국가로 계속 발전해 나가는 것을 선택했다. 『미구회람실기』를 살펴보면, 이 견문 보고서는 사절단이 두 선택지 모두를 놓고 대응한 방식을 고찰하고 있다. 순방을 마친 후, 사절단 참여자들이 일본의 미래 외교 방향과 관련해 일본인들에게 놓여진 선택지를 바라보는 시각이 얼마나 바뀌었을까?

II. 에도 시대적 식민지 확장과 국가 안보

일본 제국의 역사는 청일전쟁(1894~1895년)의 승리로 맺은 평화 조약에 따라 대만과 펑후 군도가 일본에 양도되면서 시작되었다고 주장되어 왔다.3) 하지만 주변 영토를 통합해 국가 안보를 위한 완충 역할을

---

3) For example, Akira Iriye (1972), *Pacific Estrangement: Japanese and American*

하도록 해야 한다는 주장이 18세기 말경에 발견되기도 하는데, 이러한 주장은 시베리아를 횡단해 에조와 인근의 쿠릴 열도를 답사한 러시아 탐험가들의 침략에 대한 반작용으로 제기된 것이었다.

이에 대응하여, 도쿠가와 막부(bakufu)는 에조를 통제하였고, 아이누의 토착민을 일본인으로 동화하려고 시도하였다.4) 얼마 후, 일본은 이 계획을 단념했지만 일부 일본 학자들이 러시아의 확장 진출이 가지는 잠재적인 위협에 대해 주장하자, 일각에서는 섬의 합병과 강화를 위한 기반으로, 특히 일본 군도를 보호하는 수단으로 러시아의 침략을 활용하자는 분위기가 조성되었다. 혼다 도시아키(本田利明, 1744~1821년)는 그의 1798년 저서 『정부의 비밀 계획』(Keisei hisaku)에서 러시아 탐험가들이 보인 행태가 어떤 측면에서 국제 팽창의 흔한 패턴에 해당하는지를 설명하였다.

식민지 개척자들은 대상 지역을 완전히 통제하기 위한 준비 과정에서 가장 먼저, "부모에 대한 자식의 사랑처럼 애착과 순종의 마음이 [원주민 사이에서] 일어나도록 한다." 혼다는 방어 측면에서 일본이 에조를 흡수하고 국가의 세 수도 중 하나(나머지 2개는 오사카와 에도에 위치)를 그 섬에 위치시켜야 한다고 조언하였다.5)

그 부류의 저술들에 영향을 받는 일본인들의 수가 점점 많아지던 시절에 미타 번의 학자 아이자와 세이시사이(Aizawa Seishisai, 1782~1863년) 또한 이 기류에 동승하여, 일본의 안보 측면에서 외국 열강이 침략

Expansion (Cambridge, Mass: Harvard University Press), 35.

4) Brett L. Walker (2001), *The Conquest of the Ainu Lands: Ecology and Culture in Japanese Expansion, 1590-1800* (Berkeley: University of California Press), 227-28.

5) 혼다의 저술 일부분의 번역은 Donald Keene (1968), *The Japanese Discovery of Europe, 1720-1780* (Stanford, CA: Stanford University Press), 180, 203 참조.

제2부 제국의 욕망과 국민주의 • 109

해 들어올 위험에 대해 강력하게 경고하였다. 아이자와는 그의 1825년 저서 『신론』(New Thesis, [Shinron])에서 침략해 들어오는 열강들은 상대적으로 덜 발전된 북부 섬들을 다리로 삼아 혼슈를 침략할 것이라고 경고하였다. 그는 일본의 방어선을 강화하기 위한 2단계 계획을 제시하였다.

그 계획은 우선 통합을 이룬 후 "공세를 취하는 것이다." 그가 말하는 후자의 목표는 바로 확장이었다. "우리는 에조 섬들을 병합한 다음 그 대륙의 미개한 부족들을 흡수해야 한다. 우리는 그 곳에서 야만성을 뒤로 밀어내고, 우리의 국경을 확장해 나가야 한다."6)

그 이후 아이자와의 사상은 조슈의 지식인 요시다 쇼인(Yoshida Shōin, 1830~1859년)에게 영감을 주었다. 요시다 쇼인은 미타 번을 여행하는 동안 이 고령의 학자를 여섯 차례 방문하였다. 일본의 확장에 있어 요시다 역시 일본이 당면해 있는 문제 중 가장 우려되는 대상으로 러시아를 지적했지만, 그는 아시아 대륙으로 일본의 영향력 확장을 꾀하여 그의 멘토의 계획을 무색하게 하였다. 1855년에 그는 다음과 같은 야심 찬 제안을 하였다.

우리는 러시아, 미국과 이미 우호적인 관계를 확립하였기 때문에 우리 측에서 절대로 부적당한 사건이 발생해선 안 된다. 규정을 엄중히 준수하고 우리가 한 약속에 유념하여 그들에게 오만의 원인을 제공해선 안 된다. 우리는 유리한 기회를 활용해 만주를 장악하고 러시아와 대면하게 될 것이고, 조선을 다시 점령하여 중국을

---

6) 이 글의 번역본은 Bob Tadashi Wakabayashi (1986), *Anti-Foreignism and Western Learning in Early-Modern Japan: The New Theses of 1825* (Cambridge, Mass: Council of East Asian Studies at Harvard University), 250 참조.

계속 지켜볼 것이며, 남쪽의 섬들을 취하여 인도로 진출할 것이다. 이 세 가지 계획안 중에서 가장 쉬운 것을 결정하여 그것을 먼저 실행해야 한다. 이는 일종의 대규모 국책으로서 지구가 존재하는 한 영원히 계속되어야 한다.7)

요시다는 정부 관리 암살 음모에 가담한 죄로 도쿠가와 체제에 의해 29세의 어린 나이에 처형되었다. 하지만 그가 가르친 여러 제자들은 메이지 유신 이후에 성공적인 경력을 쌓아나갔다. 그들 중 가장 뛰어난 인물인 이토 히로부미(1841~1909년)는 일본이 인접지의 여러 영토들을 통제하고 있는 상황에서 끝나버린 메이지 시대에 요시다의 여러 사상들을 적용하였다. 부대사 이토를 포함해 요시다의 제자 중 4명 정도가 이와쿠라 사절단과 함께 세계를 순방하였다.8) 이 순방에 포함되지 않은 영향력 있는 한 인물이었던 야마가타 아리토모(山縣有朋, 1838~1922년)는 1869년(프로이센과 프랑스가 전장에서 만나기 딱 1년 전)에 프로이센과 프랑스를 순방하는 동안 유럽의 군사훈련 방식에 영향을 받았다.9)

사절단이 출발할 당시, 에도 시대 후기의 관료들이 에조 및 인근 섬들에 대한 일본의 소유권과 관련해 러시아와 협상을 마쳤다는 점에서, 일본 국가는 혼다, 아이자와 및 요시다가 제안한 1차 목표를 이미

---

7) Quoted in David M. Earl (1964), *Emperor and Nation in Japan: Political Thinkers of the Tokugawa Period* (Seattle: University of Washington), 174.

8) The other three were Kido Takayoshi (Vice-Ambassador), Nomura Yasushi(Foreign Ministry), and Yamada Akiyoshi(Military Affairs). 나머지 참가자는 기도 다카요시 (부대사), 노무라 야수시(외무부), 그리고 야마다 아키요시(군사부)였다.

9) Roger F. Hackett(1971), *Yamagata Aritomo in the Rise of Modern Japan, 1838-1922* (Cambridge, Mass: Harvard East Asian Series), 51-54.

달성한 상태였다.[10) 초기 메이지 정부는 도쿠가와 체제에서 시작되었
다가 중단된 프로그램을 빠르게 재개하여 지역의 토착민을 동화하였
다. 그리고 류큐 왕국 보호라는 더 어려운 대규모 국책에 착수하였다.
이 영토에 대한 통치권 획득은 해당 섬들에 대해 오랫동안 종주권을
행사해온 중국과 경쟁한다는 것을 의미하였다. 세 번째 외교적 노력은
또 다른 주변 영토인 조선 왕조와 일본의 외교 관계를 "근대화"하고자
하는 데 있었다. 이 초기 단계에서 일본은 조선반도를 합병하기보다는,
조선 정부와의 사업 수행 시 에도 일본이 쓰시마 섬의 관료에 의존하
도록 한 "불평등한" 에도 시대 협정을 변경하는 데에만 노력을 집중하
였다.

조선은 이 관리들의 방문을 부산 왜관으로만 제한하여 일본인이 수
도 서울로 오는 것을 허용하지 않았다. 반면, 조선 사절은 에도로 갈
수 있었다. 실제로 조선 사절은 주로 새로운 쇼군의 즉위를 인정하기
위해 12차례 에도 행사에 참석하였다. 조선 정부는 두 국가의 외교
관계를 협상하자는 메이지 일본의 요구를 고려하지 않기로 결정하였
다. 그 거부로 인해, 일본에서는 조선이 일본 사신을 받아들이지 않는
"모욕"에 어떻게 대응할지에 대한 악랄한 논쟁(정한론)이 끊임없이 계
속되었다.

사절단의 순방 시점은, 역사적으로 미국과 유럽에 걸친 여러 국가의
정부들이 자국과 외교의 기본 구조를 바꾸기 위한 중대한 정책 변화를

---

10) The 1855 Treaty of Navigation and Commerce between Japan and Russia drew
the Japanese-Russian border between the islands of Etorofu and Urup, and left
the status of Sakhalin undetermined. 러일 화친 조약(露日和親條約) 체결로 인해
일본과 러시아는 우루프 섬과 에토로후 섬을 사이에 경계지점을 설정하였으며
사할린 섬의 지위는 미확정으로 남았다.

시작한 시점과 일치하였다. 이러한 변화의 대다수는 위에서 언급한 미국과 유럽의 전쟁에 서양 열강들이 직간접적으로 관여하면서 발생하였다. 이 전쟁들은 지배적인 정치적 및 문화적 세력을 통해 국경 내 사람들을 중앙집권화하고(내부 확장), 이웃 영토와 사람들을 합병하고 (주변 확장), 지리적으로 먼 곳에 있는 영토와 사람들을 통합(외부 확장)하는 노력들이 포함된 새로운 확장의 물결을 부추겼다.

이러한 노력들을 펼치기 위해서는 서로 다른 수준의 식민지 관리가 요구되었다. 즉, 내부 확장의 대상인 사람들은 국민 또는 시민으로 통합되어야 했고, 제국 국민으로 주변 영토에 거주하는 사람들은 현혹적인 점진적 동화 정책으로 관리해야 했으며, 먼 곳에 거주하는 사람들은 노동력을 착취하기 위한 인적 자원으로만 대하고 그들의 협력을 확보하기 위해 필요한 정도로만 동화를 진행했다.[11]

III. 이와쿠라 사절단의 국권론 해석과 문명론

그 당시 사절단은 참여자들이 직접적으로 가까이서 이러한 확장을 시찰하고 수행원들과 논의할 수 있도록 하였다. 『미구회람실기』에서는

---

11) 필자의 세부류의 확장- 내부적, 주변적, 외부적 확장- 에 대한 이론은 다음 저서에서 더 상세히 설명하였다. Mark E. Caprio(2009), *Japanese Assimilation Policies in Colonial Korea, 1910-1945*(Seattle: University of Washington Press), 6-12. 프랑스 같은 경우는 아프리카 식민지의 사람들을 동화시키려는 의도를 표명한 점에 있어 다른 지배 국가들과 다르다고 할 수 있다. 이 계획에 대한 특히 사회다원주의자(social darwinist)들은 "원시적인"(primitive) 사람들을 "선진 국가"(advanced institutions)에 소개 시키는 것은 아무런 의미가 없다며 반발하였다. Raymond Betts(1961), *Assimilation and Association in French Colonial Theory, 1900-1960*(New York: Columbia University Press).

부분적으로 종속 국민의 생산 및 교육에 기초한 문명의 수준뿐만 아니라 국권을 누리는 정도에 따라 사람들을 분류하였다. 3가지 카테고리 즉, "문명(civilized)", "반개(semi-open)", "야만(barbarian)"은 확장의 내부, 주변 및 외부 수준과 대략적으로 일치하였다. 아마도 이 분류에서 자신들이 중간 집단에 속한다고 여겼을 일본 사절단은 그들이 최상위 집단으로 도약하는 데 발판이 되어줄 지식을 "문명"인으로부터 얻기 위해 순방을 시작하였다.

주재자가 그들을 이러한 발전을 이룩할 수 있는 사람들로 인정하는 것 역시 중요하였다. 하지만 주재자들은 일반적으로 아시아인을 "야만"인으로 분류하였기 때문에 그러한 인정을 받지 못했다. 이 사절단의 야망은 역사학자 구메 구니타케(Kume Kunitake)가 편찬한 5권 분량의 견문 보고서에 반영되어 있다. 워싱턴 D.C.에서, 구메는 노예제도에서 해방된 이후 "유색"인이 이룩한 발전상을 기록하였다. 그는 그 당시 유색인을 다음과 같이 언급하였다.

> 사람들의 모습은 "매우 추하지만" 그들의 피부색은 지능과 아무런 관련이 없다. 통찰력 있는 사람들은 진보(improvement)의 핵심이 교육에 있다는 것을 인식하고 그들의 에너지를 학교 설립에 쏟아부었다. 장담컨대, 10년 또는 20년 후에 재능 있는 흑인들은 지위가 상승할 것이고, 공부하지 않고 열심히 일하지 않는 사람들은 도중에 실패하게 될 것이다.[12]

일본 사절단은 그 당시 흑인들이 인종 문제로 뒤처져 있지만 그

---

12) Kume Kunitake, Graham Healey, Chushichi Tsuzuki Translated by Martin Collcutt(2002), *The Iwakura Embassy, 1871-1873, Volume I: The United States of America*, p.216, p.219.

들의 에너지를 교육과 유사 기관에 쏟아 붓는다면 따라잡을 수 있을 것이라는 사실 또한 깨달았다.[13)

이러한 미사여구(rhetoric)는 미국의 남북전쟁 후 재건 기간 동안의 노력에 영향을 받은 것으로, 정부가 사회자본을 증가시키기 위해 적절한 기관을 설립하고 자금을 지원한다면 이전에 노예였던 사람들도 언젠가 미국 백인과 동일한 사회적 지위를 얻게 될 수 있다는 것을 일본 사절단도 알게 되었음을 보여준다.

그들이 시찰한 학교들이 당연히 시설 측면에서 열등하고 분리되어 있다는 점을 고려해볼 때, 구메는 높은 수준의 명확한 예측을 하기 어려웠을 것으로 보인다. 사절단이 미국 남부 내 흑인 학교들의 어려운 상황을 살펴볼 기회가 있었다면 미국 흑인의 미래에 대한 다소 낙관적인 예측들은 조정되었을 것이다.[14)

이와쿠라 사절단이 방문할 당시, 미국 흑인(그리고 아메리카 원주민)의 미국 내 지위는 주변부 지위보다 아래에 있었다. "큰 국가"의 가장 결정적인 특성은 정부가 이러한 사람들에 대한 영향력을 확대하여 그들을 (문명) 국민보다는 (반개) 국민으로 통합하는 것이라고 사절단은 결론을 내렸다. 에도 후기 동안 여러 일본 학자들은 당면해 있는 가장 위협적인 대상인 러시아가 그들을 주변부 국민으로 예속시키려 하고 있다는 우려를 표명하였다.

---

13) 이와쿠라 사절단의 "따라잡을 수 있다"라는 인식이 요약되어 있다. Kenneth B. Pyle(1996), *The Making of Modern Japan, second edition*(Lexington, Mass.: C. C. Hearth and Company), 98-101.

14) See Grace Elizabeth Hale (1998), *Making Whiteness: The Culture of Segregation in the South, 1890-1940* (New York: Vintage Books) for a discussion on Reconstruction-era black schools.

이러한 맥락에서, 그들은 발전이 덜 된 사람들을 관찰하면서 세계 열강들에게 문명인으로 인식되는 가능성을 높이기 위해 필요한 특성들이 무엇인지를 이해하게 되었다. 사절단은 스코틀랜드에서, 사람들이 중간 집단과 상위 집단으로 나뉘어져 있는 사례를 목격하였다. 『미구회람실기』의 스코틀랜드인에 대한 평가 내용에는 18세기 초까지 연합왕국(United Kingdom)을 건설하기 위해 웨일스, 아일랜드와 함께 스코틀랜드와 "연방(unions)"에 대해 협상한 영국과 스코틀랜드의 민족적 차이에 대해 전반적으로 자세히 기술하고 있지 않았다.

반면, 사절단은 스코틀랜드 고지대를 둘러보면서 주변부 지위 또는 소외된 지위에 있는 사람들을 보게 되었다. 특히, 그 사람들이 말하는 언어는 이해하기 어려웠으며 그들의 관습과 버릇은 순방자들에게는 상당히 원시적인 것으로 보였다.

> 고지대에 사는 대부분의 사람들은 켈트족에 속하고 게일어를 말한다… 스코틀랜드에서 켈트족의 수는 3백만 명이 넘는다. 그들의 관습은 단순하고 세련되지 못하며, 그들의 옷은 상당히 고풍스러웠다. 스코틀랜드 군인들은 고지대에 맞는 옷을 군복으로 착용한다.[15]

순방자들은 발전이 제한적인 "외진 산악지역에 있는 가난한 마을들에서 변화 없이 유지되고 있는 고대 관습"의 사례로 이 차이를 해석하였다.[16] 일본은 20세기의 첫 10년 동안 조선을 합병하기 위한 준비를 했기 때문에, 이 연방들은 종종 일본이 조선반도와 맺으려는 협정의

---

15) Kume, *The Iwakura Embassy II*: Britain, 253.
16) 일본인들은 고지대 풍경을 상당히 인상 깊게 본듯하다. 이 해당 장의 대부분은 고지대에 대한 설명이 차지하고 있다.

본보기들로 비교되었다.

이 일본 사절단은 외견상 평온한 영국과 스코틀랜드의 관계가 일본과 조선이 발전시켜 나가길 원하는 관계를 보여주는 실행 가능한 모델이라고 생각하였다. 이 관계는 그 당시 독립을 위해 정복자와 투쟁하고 있던 아일랜드와 영국의 소란스러운 관계와는 극명하게 대비되는 것이었다.[17]

이 초기 시점에서 『미구회람실기』는 유럽 확장과 일본의 제국 열강 잠재력 간에는 거의 연관성이 없다고 강조하였다. 일본의 홋카이도 획득, 그리고 일본이 보여준 류큐 왕국 병합에 대한 야망을 통해 이러한 방향으로 이미 여러 조치를 취하였음에도 앞서 말한 연관성은 거의 없었다.

하지만 또 다른 주변 영토인 조선과 일본의 관계에 대한 몇 가지 언급 중에서 프랑스가 이웃 알제리로 확장한 사례가 『미구회담실기』에 실려 있었다. 프랑스-프로이센 전쟁이 끝나던 시점에서 프랑스는 알제리에 대한 군부통치를 동화 정책을 강조하는 문민정치로 대체하였다. 사절단은 알제리를 방문하지 않았지만 그 당시 진행 중이던 이러한 정책 변화에 대한 논의에서 프랑스를 언급하였을 가능성이 매우 높다. 『미구회담실기』는 이 사례를 조선 상황에 적용해, "일본과 조선처럼 알제리와 프랑스는 지중해를 사이에 두고 서로 마주보고 있다.

이슬람 율법을 따르는 그들은 프랑스 문화를 따르지 않는다."라고 말하면서 가능성 있는 제국 확장을 제안하였다.[18] 몇 십 년 후에 일본의

---

17) 浮田和民「韓国併合の効果」(1910年10月1日), 『太陽』. 이 관찰은 반(反)영국주의 반란을 일으킨 스코틀랜드 사람들의 역사적 현실을 반영하고 있지 않다.

18) Kume, *The Iwakura Embassy III: Continental Europe* 1, 129.

식민지 사상가들은 조선 관리 지침의 또 다른 사례로 프랑스-알제리의 관계를 언급하였다. 그 당시 알제리에서의 동화 실험은 아직 초기 단계에 있었기 때문에 사절단은 프랑스-알제리 관계의 다른 차원에 관심을 두었다. 즉, 프랑스에게 있어 식민지가 지니는 경제적 가치를, 특히 프랑스의 경쟁국인 영국 제국과 비교하였다.

> 이 [식민지] 무역의 목적은 자국의 민간 기업들이 원가와 소매 가격에서 발생하는 이익을 독점하여 제품의 시장 가치가 평준화되는 시점까지 엄청난 이득을 챙기고, 판매 가격이 최저점일 경우에도 지속적인 수익을 보장해주는 것이다. 이것이 바로, 영국과 프랑스가 그들의 식민지로부터의 거래를 제한하고 상품이 자국의 영토 외에 다른 곳으로 수출되는 것을 막는 이유이다. 독립 국가들은 이러한 상황에 대해 항상 경계를 유지해야 하며, 이러한 기회가 발생하면 이를 적극 활용해야 한다.19)

『미구회람실기』에는 영토적 독점 조달이라는 국가적 대규모 외교 게임의 참가자로서 일본의 미래에 대해 사절단원들이 주재자들과 또는 그들끼리 진지한 이야기를 나누었는지에 대해서는 언급이 없다. 하지만 그들은 그들의 주변 영토들이 세계 열강이 이룩한 제국 속으로 빠르게 사라질 것이라는 것을 당연히 알고 있었다.

부유한 큰 국가 대열에 합류하고 가진 것 없는 작은 국가의 대열에 들지 않기 위한 수단으로서 국가 확장의 가치를 깨달았을 가능성도 매우 높아 보인다. 아직 명확하진 않았지만, 식민지 시장을 독점하려는 세계 열강들의 노력이 다음 세기에 벌어질 두 차례의 세계 대전의 주요

---

19) *Ibid*, 130-31.

원인이 될 것이었다. 이로 인해 미국과 소련 관료들은 이러한 유럽 국가들이 식민지 제국을 자발적으로 해체할 것을 요구하였다.20)

일본인들은 에도 후기에 미국과 유럽을 순방하면서, 국가적 발전을 위해 사람들을 교육하고 인종별 계급 내 지위에 대한 감각을 심어주는 데 있어 전시(display)가 지닌 가치를 알게 되었다. 전시의 목적과 가치를 알게 된 사절단은 일일 일정표에 박물관 방문을 자주 추가하였다.21)

세계 최고의 박물관 중 하나인 영국 박물관을 방문한 후에 그 가치에 대해 장대한 논의를 한 내용이 『미구회람실기』에 포함되었다. 사절단은 영국 박물관을 방문하면서 시대에 걸친 국가의 발전상을 기록하는 박물관의 역량에 깊은 인상을 받았다. 순방자들은 이 관찰을 통해 그들의 미래 국가를 발전시켜 나가는 데 있어 박물관이 지닌 잠재력을 파악할 수 있게 되었다.

어떠한 국가도 갑자기 완전한 형태로 존재된 적이 없다. 국가의 기본적인 패턴은 언제나 특정 순서를 따라 형성된다. 선조가 얻은 지식은 후손에게 전달된다. 이전 세대가 이해한 것은 다음 세대로

---

20) 제국주의를 끝내야 한다고 주장한 중요한 인물로써는 1917년 『제국주의, 자본주의 최고의 단계』(Imperialism, The Highest Stage of Capitalism)을 출간한 소련의 국가원수(國家元首)로 재임했던 블라디미르 레닌 (Vladmir Lenin) 그리고 민족자결권 (self-determination)을 1918년 14개조 평화 원칙 (fourteen points) 연설에서 주장한 그 당시 미국 대통령이었던 우드로 윌슨 (Woodrow Wilson) 이 있다. 성공하지는 못했지만 세계2차대전 중 프랭클린 D. 루스벨트 (Franklin D. Roosevelt) 는 이오시프 스탈린 (Joseph Stalin)의 지지와 함께 윈스턴 처칠 (Winston Churchill)과의 미팅을 이용해 처칠에게 영국의 식민지들을 해방시켜야 한다고 간청했다.
21) "일본 박물관의 아버지"로 여겨지고 있는 마치다 히사나리 (町田久成, 1838-1897)는 1865년 유럽으로 건너가 2년간 공부를 했고, 그 기간 동안 런던의 대영(大英) 박물관과 파리의 루브르 박물관을 통해 박물관에 정통하게 되었다. 關秀夫 (2005年), 『博物館の誕生— 町田久成 と東京帝室博物館』、岩波新書 참조.

이어진다. 우리는 이러한 방식으로 서서히 발전해 나간다. 우리는 이를 "진전(progress)"이라고 부른다···. 따라서 국가가 형성되는 과정에서 관습과 관행이 발생하고 그 가치는 지속적인 사용을 통해 시험을 거치게 된다. 이러한 관습과 관행을 기반으로 새로운 지식이 [기존] 원천에서 자연스럽게 발생하며, 그 지식은 이러한 관습과 관행을 통해 가치를 얻게 된다. 이러한 과정이 발생하는 단계를 확실히 보여주는 수단으로 박물관만 한 것이 없다.[22]

사우스 켄싱턴 박물관(현 빅토리아 앨버트 박물관)에서 일본 사절단은 영국의 번영을 산업 발전 및 해외 확장과 연결 지었다. 19세기 초에 영국은 나폴레옹 전쟁으로 야기된 혼란을 피하여 유럽 경쟁국들보다 유리한 입장에 서게 되었다. 이 당시 영국은 상당히 짧은 40년의 기간 동안 "해외 영토를 점령하고 국가 번영의 기반을 다지기 시작하였다." 영국의 이러한 활동들은 "유럽의 무역을 완전히 변모시킨 1830년대에 증기선과 철도"가 발명되면서 추진력을 얻게 되었다.[23]

또한, 사절단은 영국 사람과의 토론을 통해 확장에 대한 부정적인 견해를 듣게 되었다. 사절단원들은 울위치(Woolwich)에 있는 무기고를 방문하여 그 시설의 박물관에 전시된 상당량의 무기들을 보면서 여러 의견을 주고받았다. 그들은 이 전시물이 "온 사방이 적들로 포위되어 있는" 영국 국민의 우려를 반영한 것이라는 결론을 내렸다.

그들의 주재자인 데이비드 우드 장군은 "이 모든 것의 유일한 목적은··· 사람들의 피를 흘리게 하는 것입니다. 이것들이 어떻게 문명의 세계를 위한 것일 수 있습니까?"라고 언급하며 다른 관점을 제시하였

---

22) Kume, *The Iwakura Embassy II*, 109-10.
23) Ibid, 57.

다.[24] 19세기 후반 영국은 광범위한 식민지를 보유하고 있었기 때문에 더 이상 작은 국가 외교의 보루라고 보기 어려웠다. 하지만 이러한 경험에 대해 『미구회람실기』에 기술된 바에 따르면, 사절단은 여기서도 큰 국가 사고의 어두운 면을 언뜻 볼 수 있었다. 하지만 『미구회람실기』에서는 이 접근법의 장단점을 상술하기보다는 우드 장군이 친히 마련한 점심 식사에 대해 언급하면서 이야기를 계속 이어나갔다.

또한, 사절단 참여자들은 1873년 5월에 개최된 비엔나 종합 박람회의 전시를 통해 국민성에 대한 통찰력을 얻었다. 전시의 이 세 번째 사례는 22개국의 전시물들을 포함하여 이전 두 사례(프랑스, 영국, 그리고 그들 제국의 전시물로 제한됨)를 부연하였다. 『미구회람실기』에 제시된 구메의 관찰 기록은 본 논문의 서두에 인용된 이와쿠라의 진술을 상기시켰다. 전시된 출품작들은 출품 국가가 큰 국가이든 작은 국가이든 "국민의 독립 정신"이 지닌 깊이를 보여주었다.

> 각 국민이 독립된 생계를 영위하는 한… 큰 국가들은 두려운 존재가 아니고, 작은 국가들은 멸시의 대상이 아니다. 예를 들어, 영국과 프랑스 모두 문명이 번창하고 있으며 산업과 무역이 함께 번영하고 있다. 하지만 벨기에와 스위스의 출품작을 살펴보면 독립을 이루고 부를 축적하는 과정에서 그들의 국민이 이룩한 성취는 가장 큰 국가에도 깊은 인상을 줄 것이다.[25]

국가는 지리적으로는 크지만 외교적 영향력 측면에서는 작을 수 있다. 이에 해당하는 국가가 바로 18세기 후반부터 일본 관료와 학자들의

---

24) Ibid, 85.
25) Kume, *The Iwakura Embassy*, V, 11.

두려움의 대상이었던 러시아였다. 그 당시 이와쿠라 사절단은 러시아를 "작은 국가들과 같은 입장에 설 수 없는" 지리적으로 큰 국가로 보았다. 『미구회람실기』에서는 이 박람회의 규모에 압도당해 유럽 국가들이 한데 모은 전시물들에 대해 상세히 평가하였다. 하지만 식민지 국가들이 준비한 전시물에 대해서는 언급이 많지 않았다.[26]

사절단이 순방 동안 만난 사람들이 들려주는 논평은 또 다른 정보 원천의 역할을 하였지만 『미구회람실기』에서는 이러한 만남들에 대해 크게 관심을 두지 않았다. 그러나 예외적으로, 순방 중에 만난 프로이센 수상 오토 폰 비스마르크의 이야기가 담겨 있었다.

일본 순방자들은 기존의 어떠한 유럽 열강들보다 프로이센으로부터 가장 큰 영향을 받았는데, 그 이유는 비스마르크가 내빈들 앞에서 인상적인 강연을 하면서 일본과 프로이센의 상황이 서로 유사하다는 점을 강조했기 때문이다. 이 강연에서 비스마르크는 그의 국가가 국제법의 도움을 받으려는 "작은 국가"로서 느꼈던 좌절감을 강조하였다. 그는 애통해 하면서 다음과 같이 전했다.

> 모든 국가들을 보호한다는 미명 하에 제정된 일명 국제법은 애초부터 [프로이센] 안보에 전혀 도움이 되지 못했습니다. 분쟁에 휘말리면 강대국은 국제법을 들먹이면서 득이 되면 그들의 주장을 고집하였지만 득이 되지 않으면 간단히 방침을 바꿔 무력을 사용하면서 절대로 방어 태세만 취하지는 않았습니다. 하지만 국제법 규정과 보편적 원리를 열심히 따르는 우리 같은 작은 국가들은 그 법과 원리를 감히 어길 생각도 하지 못합니다. 이로 인해 우리는 더 큰 열강들의 조롱과 경멸을 대상이 되며 우리가 어떠한 노력을 해도

---

26) *Ibid.*

언제나 우리의 자치권을 수호하지 못하였습니다.[27]

비스마르크는 프로이센이 "외교 문제에서 마땅히 존중받을 만한 국가가 되기 위해 애국심을 고취하는 데 남다른 노력을 기울였다."고 설명하였다.[28] 마지막으로 그는 자신의 나라가 "자치 정부의 권리를 존중한다"는 이유를 들어, 그 당시 일본이 "우호적인 외교 관계"를 유지하고 있는 다른 국가들보다 프로이센과의 친선 관계를 우선시하는 것이 현명할 것이라고 제안하였다.[29]

강연에 참석한 일본 사절단은 이 철혈 수상이 토해내는 비통함에 당연히 공감하였다. 그들은 1850년대부터 서양 열강들이 강요한 "불평등" 조약을 재협상하려는 시도에서 유사한 좌절감을 맛보지 않았던가?[30] 당시, 프로이센은 독일 국가들을 통일하고, 프랑스로부터 전리품으로 얻은 알자스와 로렌 영토와 함께 오스트리아 같은 주변 영토들로 영향력을 확장하려 하였는데, 이러한 노력들은 이전 에도 시대 번들을 재편하기 위해 제도를 개발 및 강화하고, 합병된 홋카이도 북부와 곧 획득할 류큐 왕국을 통합하려는 사절단의 목표와도 딱 맞아떨어졌다.

---

27) Kume, *The Iwakura Embassy III*, 323-24.
28) 프로이센 프랑스 전쟁전 프로이센에서 시간을 보낸 대령 유진 스토플(Eugéne Stoffel)는 전쟁 후 프로이센 교육 시스템은 "프로이센 사람들에게 강한 의무감"을 심어 주었고 이것이 전쟁에 이길 수 있었던 결정적인 요인이라고 주장했다. Eugéne Stoffel (March 30, 1871), "A French View of the Prussians," The Nation.
29) Kume, The Iwakura Embassy III, 324.
30) 어쩌면 사절단는 중국 사절단이 미국과 비슷한 조약을 맺었지만 재협상에 성공이 동기부여가 되었는지도 모른다. "벌링게임 미션"(Burlingame Mission) 에 대해서는 John Schrecker(2010), "For the Equality of Men-For the Equality of Nations': Anson Burlingame and China's First Embassy to the United States, 1868," *Journal of American-East Asian Relations* 17: 9-34 참조.

알제리, 스코틀랜드의 경우와 마찬가지로 프로이센이 최근에 알자스와 로렌을 획득한 사건은 이후에 일본이 조선반도를 관리하는 방식의 본보기로 활용될 것이었다.

IV. 순방 후 사절단이 일본외교에 미친 영향

사절단은 프로이센에서 큰 국가의 야망에 둘러싸인 자칭 "작은 국가"를 목격한 반면, 스위스에서는 "작은 국가" 상태와 산업적 성취에 모두 자부심을 가지고 있는 국가를 마주하였다. 스위스는 국경을 넘는 외교 및 군사 활동을 자제하는 "강력한 군사력을 지닌 부유한 국가"였다. 『미구회람실기』는 스위스의 국가 정책을 이끄는 3가지 목표를 다음과 같이 요약하였다. "국가의 권리를 보호하고, 다른 국가들의 권리에 대한 간섭을 삼가고, 다른 국가들이 스위스의 권리에 간섭하는 것을 막는 것." 이와쿠라 사절단은 강력한 중립에 대한 국가의 맹세와 실천을 스위스의 외교라고 파악했다.

> 스위스는 군사력 역시 육성한다. 이웃 국가에 격변이 일어나면 스위스는 엄격한 중립 정책을 펼치고, 단 1명의 [외국] 병사도 국경 내에 들어오지 못하도록 한다. 적이 침략하면 적을 물리친다. 그리고 스위스는 다른 국가들의 권리도 존중하기 때문에 후퇴하는 적이 국경을 넘어가면 더 이상 추격하지 않는다. 스위스는 다른 국가의 영토에 절대로 병력을 보내지 않았다.[31]

---

31) Kume, *The Iwakura Embassy V*, 45. '스위스의 외교 정책은 중립적이다'는 이 견해는 프로이센 프랑스 전쟁전에 대한 스위스의 개입 또는 스위스가 주변국가들과 어떻게 관여했는지에 대해 굉장히 이상적으로 해석하고 있다. 이 시기 스위스

『미구회람실기』에서는 지리적으로 산으로 둘러싸인 국가는 자연의 보호장벽을 두르고 있다고 진술하였다. 그리고 스위스의 애국심과 국민의 우월한 장인정신이 국가의 성공에 많은 도움이 되는 것으로 인식하였다. 또한, 그 국민은 산악전에도 고도로 숙련되어 있었고, 그리고

> 외적으로부터 국가를 지키기 위해 기꺼이 목숨 바쳐 싸웠다. 모든 가정은 군인에게 소총과 군복을 제공한다… 이웃 국가가 침략을 감행하면 모든 국민은 군인이 된다… 크기는 작지만 스위스가 지닌 군사력은 열강들 사이에서 최강으로 인정받고 있으며 누구도 감히 스위스를 정복하려 하지 않았다.[32]

스위스 여성은 "군대 급양부에서 복무하거나 부상자를 간호한다."[33] 또한, 『미구회람실기』에서는 국민에게 애국심을 심어주는 스위스의 우수한 교육 제도를 언급하였다. 스위스는 그들의 역사에서 경탄할 만한 것들을 일구어내 "이전 세대들의 포부를 후대에 전달하는 과정[에 대한 이해]를 영원히 [국민의] 마음속에 심어줌으로써 애국심을 고취하였으며, 새로운 각 세대는 이를 기반으로 역시나 경탄할 만한 것들을 일구어냈다."[34] 이러한 자부심은 국민의 산업 역량에서, 특히 시계, 보석, 직물과 같이 스위스가 세계 최고라는 평판을 듣는 분야에 반영되었다. 『미구회람실기』에서는 이러한 재능뿐만 아니라 "국가 내 국민에게 부를 균등하게 분배해 가난한 가정이 거의 없는" 본보기가 될 만한 사회를

역사에 대해서는 Clive H. Church and Randolph C. Head (2013), *A Concise History of Switzerland* (Cambridge, UK: Cambridge University Press), Chapter 6 참조.

32) Kume, *The Iwakura Embassy V*, 45-46.

33) Ibid, 45.

34) Ibid, 76.

만들어낸 스위스의 성공을 극찬하였다."35)

그리고 사절단에게 강한 인상을 준 고유한 형태의 정치 외에 스위스의 장엄한 풍경도 빼놓을 수 없었다. 『미구회람실기』는 순방을 하면서 경유한 산악 지형을 설명하는 데 한 챕터 전체를 할애하였다.36) 이와쿠라 사절단은 안내자인 헤프너 시버(Hefner Siber)와 자주 만남을 가졌다. 시버는 메이지 유신으로 이어지는 몇 년 동안 일본의 스위스 영사 대리 역할을 한 상인이었다. 『미구회람실기』는 특히 작은 국가의 중립이 가지고 있는 미덕에 관해 시버 또는 다른 스위스 관료들로부터 순방 동안 들은 조언에 대해서는 전혀 언급하지 않았다.

스위스 알프스가 국가를 보호하고 있다는 것을 인정하면서도, 사절단이 일본 열도를 둘러싸고 있는 바다를 유사한 기능을 하는 것으로 보았는지에 대해서도 어떠한 언급도 하지 않았다. 순방 참여자들은 조선반도 침략 계획을 뒤집는 데 중요한 역할을 하였는데, 이는 아마도 순방 과정에서 작은 국가 스위스가 사절단에 미친 영향력이 즉각적으로 작용한 것이라고 볼 수 있다.

그리고 학생 신분으로 순방에 참여한 나카에 조민(Nakae Chōmin)이 쓴 글, 특히 '국가는 큰 국가의 외교 관행을 채택해야 하는가, 아니면 작은 국가의 외교 관행을 채택해야 하는가'에 관한 내용은 1880년대 일본 지식인들 사이에서 지속적으로 논쟁거리가 되었다. 하지만 해당 세기의 말까지, 확장하는 큰 국가 모델을 지지하는 자들이 작은 국가 모델을 지지하는 소수의 목소리를 침묵시켰다는 것은 명백한 사실이다.

---

35) Ibid, 49, 50.

36) Chapter 85 of Ibid is titled "Switzerland's Mountain Scenery," 64-86.

V. 국가모델의 형성과 외교적 전략

이와쿠라 사절단은 그들이 남겨두고 떠난 일본 임시 정부가 조선과 일본의 외교 관계를 근대화하자는 메이지 정부의 제의에 조선이 부정적인 반응을 보인 데 대해 조선을 처벌할 계획을 하고 있다는 말을 듣고 조급히 순방 일정을 끝냈다. 새로운 일본 정부는 일본 정부의 혁명적인 변화를 알리고 두 정부의 외교 관계를 수정하자는 제안을 담은 메이지 천황의 서한과 함께 사신을 조선반도에 파견하였으나, 조선 정부는 이에 대해 거부 의사를 밝혔다.[37]

이에 "모욕"을 느낀 정부 관료들은 천황의 지지를 얻어 조선에 대한 처벌적 침략 계획을 세웠다.[38] 이와쿠라 사절단원들의 반대는 정한론으로 알려지게 된 조선 침략 논쟁에서 시작되었다. 사절단원들이 이 작전을 성공적으로 차단하면서 사이고 다카모리(Saigō Takamori)는 정부로부터 축출되어 사쓰마(규슈)에 있는 고향땅으로 돌아가게 되었다.

여기서 그는 1877년 세이난 전쟁(사쓰마 반란이라고도 함)에서 전투를 이끌었지만, 반란군이 진압되며 자결을 선택하였다. 이 반란은 특히 메이지 정부가 국가를 이끌어가는 방향에 대해 사쓰마의 전직 사무라이들이 전반적으로 만족하지 못하였다는 사실을 보여주는 사건으로,

---

37) 조선정부는 이 제안이 에도시대부터 조선반도와 왕래를 해왔던 쓰시마가 아닌 동경에서로부터 왔기 때문에 거부했다. 또한 서한은 "불법"이었던 한자(황, 皇)을 사용하고 있었던 것도 문제가 되었다. 왜냐하면 이 한자를 사용할 권한이 있는 사람은 오로지 중국 황제뿐이라는 인식을 가지고 있었기 때문이다.

38) Saigō's arguments are found in "Saigō Takamori: Letters to Itagaki [Taisuke] on the Korean Question" appears in *Sources of Japanese Tradition Vol. 2*, Ryusaku Tsunoda, Wm. Theodore de Bary, and Donald Keene, eds.(1958) (New York: Columbia University Press), 147-51.

이는 조선 문제를 둘러싼 분열로 확인할 수 있다.

사절단 참여자들이 이 작전을 지지하지 않은 것은 아마도 순방 동안 경험하였던 작은 국가 외교를 지지하고 있음을 넌지시 보여주는 사례라 할 수 있다. 하지만 해외 침략에 대한 이러한 반대는 오래가지 못하였으며, 그들이 순방을 통해 방문한 국가들과 비교해 일본이 세계적 지위가 약하다는 것을 이해하였기에 이와 같은 반대를 한 것으로 보는 것이 더 알맞다. 이러한 침략 작전에 착수하면 일본의 주권이 위태로워질 것으로 보였다.

즉, 서양 열강에 대한 일본의 경제적 의존이 더 커지고, 이로 인해 일본은 다시 서양 열강의 침략을 받게 될 것으로 본 것이다. 사절단에 참여한 기도 다카요시(Kido Takayoshi)의 일지를 보면 이 사상이 진화한 형태를 확인할 수 있다. 기도는 1868년 조선 "모욕" 사건이 일어나고 처음에는 침략을 지지하였다. 그의 사상의 단호함은 1872년 9월 조선 정부가 일본 사신을 구금하고 있음을 <뉴욕타임즈>를 통해 알게 되면서 누그러지게 된다.

그 시기에도 그는 처벌을 지지하였지만 더 신중한 태도를 취하였다. "우리 일본은 사려 깊고 배려하는 태도를 취하고 우리의 의도를 충분히 설명해야 한다. 하지만 모욕을 당하면 이에 따라 적절한 행동을 취해야 한다. 결국 조선은 문을 열게 될 것이고, 이를 위해 무력을 행사해야 할 수도 있을 것이다." 그는 이러한 논쟁에 드는 연간 비용을 "일본의 편의에 맞게" 300,000~700,000엔으로 조정해 운영할 수 있다고 판단하였다.

그리고 그는 "일본의 국경 밖에서 [발생하는] 문제"가 일본이 한 국가가 되어 가는 과정을 가속화할 것이고 판단하였다. 그는 군무 부대신 오무라 마스지로(Omura Masujirō) 앞에서 이 견해를 밝혔다. 오무라는 처음에는 "[이] 견해에 의문을 가졌지만," 기도로부터 그의 계획에 대한 상세한 설명을 들은 후에 이를 지지하게 되었다.39) 하지만 거의 1년 후 기도 일지를 통해, 조선 문제에 대한 그의 사상이 다시 한 번 진화했음을 확인할 수 있다.

그 당시 그는 이 작전을 피해야 하는 이유로 일본의 불안정한 국내 상황을 언급하면서 "대만에 원정대를 보내 조선을 진압하려는" 정부의 계획에 "상당한 불안감"을 느낀다고 고백하였다.

> 현재 우리의 일반 국민은 여러 어려움을 겪고 있다. 그들은 무수하게 쏟아져 나오는 새로운 조례로 인해 당황해 하고 있으며, 작년부터 여러 차례 봉기를 일으켰다. 정부는 도의상 이를 분명히 안타깝게 생각하고 있다. 현재를 위한 계획에 대해 말하자면, 국내 정세를 적절히 관리하는 것보다 더 급박한 것은 없다.40)

사절단의 또 다른 참여자였던 오쿠보 도시미치(Okubo Toshimichi)는 침략으로 야기되는 외교 위기 측면에서 침략을 반대했다. 그의 논리는 미국과 유럽을 순방하면서 영향을 받았음을 시사하며, 일본이 조선과의 전쟁 시 위협 대상인 러시아에게 가졌던 에도 시대의 두려움이 부활할 것임을 일깨워주었다.

오쿠보는 일본이 이미 영국에게 갚아야 할 재정 부채뿐만 아니라 조선과의 전쟁 시 이 부채가 얼마나 더 폭등할지를 지적하면서, 이로 인해 일본의 국권이 위태롭게 될 것을 우려했다.

---

39) Kido Takayoshi(1985), *The Diary of Kido Takayoshi Vol.II: 1871--1874*, trans. by Sidney D. Brown and Akiko Hirota,(Tokyo: University of Tokyo Press), 206.
40) Kido, Diary, 387.

영국은 특히 아시아에서 강한 영향력을 행사하고 있다. 영국은 모든 땅을 점령하여 영국 국민들을 정착시켰으며, 그 곳에 병력을 배치하였다. 영국 군함은 비상 상황을 대비해 항상 조용히 지켜보면서 대기하고 있으며, 비상시 언제든 뛰어들 준비가 되어 있다. 하지만 우리나라는 외채를 영국에 크게 의존해왔다. 우리나라에 뜻밖의 재난이 발생해 비축물이 고갈되고 우리 국민이 굶주리게 된다면 우리는 영국에게 부채를 갚을 능력이 없어 영국이 우리의 국내 문제에 간섭하는 빌미를 제공하게 될 것이다. 이는 형용할 수 없을 만큼 치명적인 결과로 이어질 것이다.[41]

그는 침략 작전을 단념해야 하는 세 번째 이유로 과거에 에도 일본이 서양 열강들과 체결한 조약을 더 평등한 조건으로 재협상해야 할 필요성을 긴급 결의할 것을 지적하였다. 그는 일본이 이러한 불평등을 바로잡는 데 먼저 집중해야 한다고 주장하였다.

우리나라가 미국 및 유럽 국가들과 체결한 조약은 불평등하고, 조약에 제시된 여러 조건들은 독립 국가의 위험을 손상시킨다… 조약 수정의 시기를 거의 목전에 두고 있다. 현정부의 대신들은 철저하고 열성적인 자세로, 우리나라가 구속에서 벗어나 독립 국가로서의 위엄을 확보할 수 있는 방법을 강구해 발전시켜야 나가야 한다. 이는 당장 해결해야 할 긴급한 문제이다.[42]

---

41) Okubo's arguments are found in "Okubo Toshimichi: Reasons for Opposing the Korean Expedition," in *Sources of Japanese Tradition II*, 151-55.

42) 오쿠보는 추가적으로 유신(維新)의 불완전함과 갑작스러움 그리고 침략 작전을 이행함으로써 더 시급한 문제들을 해결하기 위한 정부의 기량이 지체될 수도 있다는 몇 가지 이유를 들었다. 그리고 결과적으로 일본이 빈곤화 될 수도 있다는 점을 우려했다.

서방 세계의 발전상을 먼저 목격한 기도와 오쿠보 같은 이와쿠라 사절단 참여자들은 일본의 장기적인 외교 전략을 주장하기보다는 일본이 목전에 둔 과제를 해결하는 데 그들의 생각을 집중하였다. 일본이 확장 외교를 추구할 기회는, 특히 난파된 류큐 선원 54명이 파이완 부족원들에 의해 살해된 사건에 대해 보복하기 위해 일본군이 대만으로 건너갔던 1874년 5월에 곧 찾아올 것으로 보였다.

이 작전은 그 당시 일본 열도에 대한 통제가 불확실한 상태였음에도 일본 측에서 그 군도에 대한 권리를 명백히 주장한 것이라 할 수 있었다.[43] 1876년 일본은 조선 정부에 대한 "포함(gunboat) 외교"를 채택하였는데, 이를 통해 일본 침략자들이 불평등한 정치 및 경제 조치가 담긴 조약을 조선 왕조에게 강제로 체결토록 하였다. 이 조치는 서양 열강들이 에도 정부에게 강제한 것과 유사하였다. 이와쿠라 사절단은 세계 순방 동안 미국 및 유럽 국가들과의 거래에서 야심차게 이러한 조치를 수정해보려 하였다.

VI. '대국 일본' 논쟁의 대안

19세기 말부터 일본 정부의 군사 및 확장 정책은 일본 국민과 매체의 대중적인 지지를 얻었는데, 이는 큰 국가 외교를 일본에서 전반적으로 인정하는 분위기였음을 시사한다. 하지만 나카에 초민(1847~1901)의 저술에서는 첫 청일전쟁이 발발하기 약 10년 전에 이 문제에 대해 이루

---

43) Robert Eskildsen, (2, 2002), "Of Civilization and Savages: The Mimetic Imperialism of Japan's 1874 Expedition to Taiwan," *The American Historical Review* 107, 388-418.

어진 활발한 논의를 묘사하고 있다.

이와쿠라 사절단에 포함된 학생이었던 나카에는 순방 중 프랑스 리옹에 도착하자 그곳에 머물면서 1874년 5월까지 공부하였다. 그는 일본으로 돌아온 후, 프랑스 언어 학교를 설립하고『동양자유신문』(Tō yō Jiyū shinbun) 창립에 참여하였으며, 장-자크 루소의 작품들을 번역 하였다.

나카에는 일본의 동북아시아 인접국, 특히 중국과 조선 간 범아시아 통합을 요구한 정치적 목소리를 주도한 소수 자유당에서 중요한 역할을 하였다. 1887년, 그는『삼취인경륜문답』(Three Drunkards on Government, 三酔人経綸問答)을 발표하면서 세 번째 대안적 견해를 소개하기 전에 일 본의 외교 관계에 대한 2가지 대중 담론을 요약하였다.

나카에는 외교적(작은) 접근법 또는 군국주의적(큰) 접근법의 추종 자들 사이에서 일고 있는 일본 외교 정책에 대한 논쟁의 특성을 분석하 였다. 그는 두 접근법 중 어떤 것으로도 일본이 원하는 국가 안보를 얻을 수 없을 것이라고 주장하였다. 그는 횡설수설하는 세 주정뱅이의 대화 형태로 이 선택안들을 소개하였으며, 첫 번째 주정뱅이로 젠틀맨 씨(Mr. Gentleman)가 등장하였다. 유럽식 복장을 한 젠틀맨 씨는 일본 이 안보를 유지하는 최고의 방법은 서양 열강들과 강력한 외교 관계를 발전시켜 나가는 것이라고 주장하였다. 일본은 작은 국가로서의 현실 을 받아들이고 이에 따라 외교 정책을 개발해야 한다.

> 왜 우리는 우리의 적이 갈망하지만 실천할 수 없는 무형의 도의
> 를 우리의 무기로 사용해선 안 되는 것입니까? 우리가 자유를 우리의
> 육군과 해군으로 삼고, 평등을 우리의 요새로 삼고, 박애를 우리의
> 칼과 대포로 삼는다면 이 세상에서 누가 우리를 공격하겠습니까? 44)

일본은 국비 경쟁에 합류하는 것을 거부하고 적들의 군사력에 필적하고자 하는 시도를 포기하여 "선례"를 확립해야 한다. 그는 이러한 게임에 합류하면 무장 침투가 야기될 것이고 이는 결국 외국 점령의 결과를 낳을 것이라고 예측하였다. 공격을 받으면 국가는 무엇을 해야 하느냐는 반박을 받자, 젠틀맨은 이러한 있음직하지 않은 사건에서 비무장 국가는 "차분하게 '우리는 당신에게 무례를 범한 적이 없습니다… 우리 정부는 조화롭게 활동하고 내부적으로 어떠한 분쟁도 없습니다. 우리는 당신이 우리나라를 건드리지 않았으면 합니다. 즉시 고국으로 돌아가 주세요.'라고 말할" 것이다. 라고 응수한다.[45]

토착 일본 복장을 한두 번째 주정뱅이 챔피언 씨(Mr. Champion)는 젠틀맨의 "우둔한 이야기"를 들으면서 정신없이 웃고 있었다. "우리는 군인과 전함의 수를 늘리고, 국가의 부를 증가시키고, 땅을 넓히지 않는다면 지속적인 위협에 직면하게 될 것입니다. 폴란드, 버마의 사례에서 교훈을 얻지 않았습니까?"[46] 그는 확장 정책을 기반으로 일본의 국권을 보존하는 큰 국가 외교를 옹호하면서 현실정치가 가미된 주장을 계속하였다.

> 우리나라가 기꺼이 비축을 그만둔다면 적어도 수십에서 수백 대의 전함을 살 수 있을 것입니다. 싸울 군대를 보내거나, 거래할 상인을 보내거나, 제조할 장인을 보내거나, 가르칠 학자를 보내고, [크지만 약한 어떤 국가]의 절반 또는 1/3을 차지해 우리 것으로 만든다면

---

44) Nakae Chōmin(1984), *A Discourse by Three Drunkards on Government*, trans. Nobuko Tsukui(New York: Weatherhill), 51.
45) Ibid, 91.
46) Ibid, 99.

우리나라는 불시에 큰 국가가 될 것입니다.[47]

일본 섬들에 대해 말하자면 "누군가 관심이 있으면 외국이 [일본 섬들]을 차지하도록 할 것입니다."[48]

나카이 선생(Master Nakai)은 (당연히 나카에 자신도) 두 주장 모두에 허점이 있음을 발견하였으며, 두 주장을 "완전히 상반된 것"으로 보았다.

젠틀맨 씨의 견해는 순수하고 도덕적으로 옳습니다. 챔피언 씨의 견해는 거침없고 비범합니다. 젠틀맨 씨의 견해는 어지럽게 하는 독주여서 제 머리를 돌게 합니다. 챔피언 씨의 견해는 너무 강한 독이어서 저의 위를 찢고 저의 내장을 헤집어 놓습니다.[49]

나카이는 스위스의 영향을 반영하는 세 번째 선택안을 제안하지만 이 또한 사절단이 중립 외교에서 받은 인상에서 벗어난다. 그는 일본이 인접국과의 동맹을 포기해야 한다고 조언하였다. 국내 측면에서, 그는 일본이 약 몇 년 내에 수립할 형태와 유사한 상하원 양원의회의 창립을 조언하였다. 젠틀맨과 챔피언이 벌이는 격론에 응하여 나카이는 일본 외교 문제와 관련해 다음과 같은 이상적인 접근법을 제시하였다.

외교 정책의 기틀을 마련하는 데 있어 평화와 친선이 기본 원칙 이어야 합니다. 우리나라의 자부심이 손상되지 않는 한, 우리는 고 압적으로 행동하거나 무기를 들어서는 안 됩니다. 연설, 출판, 그

---

47) *Ibid*, 100.
48) *Ibid*, 101.
49) *Ibid*, 121-22.

외 활동에 대한 제한을 점진적으로 완화해야 하며, 교육, 무역, 산업을 점진적으로 촉진해나가야 합니다. 아니면 그와 유사한 조치를 취해야 합니다.[50]

아시아 국가들이 동맹을 맺어야 한다고 제안한다는 점에서 스위스 외교에 대한 이상주의적 비전에서 벗어나는 그의 견해는 일본의 현실을 더 잘 반영하였다. 일본은 일본과 중국이 "비상시 서로 도움을 줄 것을 맹세하는 형제 국가가 되는" 조건으로 중국과 동맹을 맺어 우려되는 국가 안보를 확실히 보장해야 한다.[51] 이 마지막 관점은 그 당시 그의 소수 자유당원들이 옹호하는 범아시아적 사고를 반영하는 것이었다.[52]

VII. 대일본주의적 평화국가론

이와쿠라 사절단 참여자들은 국가 건설에 필요한 근면함과 애국심을 국민에게 심어주겠다는 계획을 안고 일본으로 돌아왔다. 본 논문의 서두에서 이와쿠라가 말한 것처럼 국가가 작든 중립적이든, 또는 국가의 영향력이 국경 밖으로 확장되든 상관없이 이 야망은 실현 가능한 것이었다.

이와쿠라 사절단은 스위스를 시찰하면서 2가지 특성을 연관 지을 수 있었다. 즉, 근면한 사람은 국가에 대한 존경심을 키워 나가며, 외부

---

50) *Ibid*, 136-37.

51) *Ibid*,133.

52) 나카에는 이 시점에서 조선에 대해 언급하지 않았으나, 2년 전 그와 같은 정당의 멤버였던 오이 켄타로는 '오사카 사건'에 연루되었던 점 (김옥균의 1884년 갑신정변을 지지하기 위해 자금을 조달했다는 혐의)에 대해 재판을 받았다.

세력이 주권을 위협하면 기꺼이 국가를 보호하기 위해 나선다. 기도 다카요시와 오쿠보 도시미치는 일본이 적어도 국가 발전의 이 초기 단계에서 큰 국가 군사 활동을 감행할 경우 직면하게 될 위험을 경고하기 위해 사절단 순방에서 돌아왔다.

그 이후, 이토 히로부미는 조선을 완전히 합병하기보다는 조선에서 덜 침략적인 보호 협정을 조율하려 하였다. 하지만 그는 이 접근법으로 조선을 통제하기에는 부족하다고 느껴 합병을 수용하게 되었다.[53] 나카에 조민의 논문에서는 3가지 외교 접근법(하나는 동맹 중심, 또 다른 하나는 확장 중심, 그리고 세 번째는 아시아 연방 중심)을 개관하여 19세기 말 논쟁을 담아내고 있다.

그 당시, 이와쿠라 사절단이 스위스에서 관찰한 절대 중립 정책은 유신 이후 일본 정권에서는 더 이상 선택안이 되지 못했다. 이 사절단이 돌아오고 10년이 조금 지나, 일본의 초대 총리대신 야마가타 아리토모는 2가지 노선, 즉 거의 전쟁으로 가는 길을 제공했던 주권선(主権線)과 이익선(利益線)으로 일본의 외교 정책을 개관하는 연설과 함께 1890년에 일본 의회를 열었다. 이 연설에서 이 육군 원수는 일본이 주권선과 동시에 이익선을 확장할 필요가 있다고 강조하였다.[54] 일본이 중국과

---

53) 안중근에 의해 이토 히로부미가 암살 (1909년 10월) 됨으로써 그가 조선과 일본의 관계를 어떻게 생각하고 있었는지 대한 많은 의문점이 남겨져있다. 또한 이와쿠라 사절단에서의 그의 경험이 얼마만큼 조선에 대한 그의 견해에 영향을 끼쳤는지 대해서는 명확히 알아내기란 어렵다. 조선 통감으로써의 이토 히로부미에 대한 평가는 Hilary Conroy (1960) *The Japanese Seizure of Korea, 1868-1910: A Study of Realism and Idealism in International Relations* (Philadelphia: University of Pennsylvania Press), especially 334-82; and Peter Duus (1995), *The Abacus and the Sword: The Japanese Penetration of Korea, 1895-1910* (Berkeley: University of California Press), 특히 제6장 참조.

54) See Hackett, *Yamagata Aritomo in the Rise of Modern Japan*, 138.

의 전쟁(1894~1895년)과 러시아와 치른 전쟁(1904~1905년)에서 승리하고 그 여파로 아시아 대륙으로 추가로 영토를 확장하면서 야마가타의 이중 확장선 실현이 더욱 구체화되었다.

일본 지식인들 사이에서는 이러한 전략의 논리에 이의가 제기되기도 하였다. 미우라 데쓰타(三浦哲太, 1874-1972)는 일본이 중국과 그다음에 러시아와 치른 두 차례의 전쟁에서 발생한 군사비 증가와 그 외 영역에서 지출한 비용의 증가를 도표로 기록하였다. 이러한 지출 증가로 인해 일본은 국민의 생계 향상 역량에 심각한 타격을 입게 되었다. 더 작고 덜 침략적인 일본을 옹호했던 미우라는 그의 논문에서 정책을 보증하는 환상, 즉 대일본주의 또는 대일본주의화의 "위대한 환영(grand illusion)"에 사람들이 걸려들게 하는 환상을 기술하며 명확한 결론을 내렸다.

> 랄프 노먼 에인절(Ralph Norman Angell)은 여러 국가들이 국가 발전의 척도 역할을 하는 국가의 부와 권력이 전쟁을 통해 증대될 수 있다는 위대한 환영에 사로잡히게 되었다고 주장한 적이 있다. 그의 사상은 전 세계 사상가들에게 계속해서 큰 영향을 주고 있다. 하지만 우리는 새로 획득한 영토의 관리를 기반으로 우리나라가 치른 두 차례의 대전이 미치는 영향을 미루어 판단할 수 있다. 이 위대한 환영은 사상, 정치 및 경제 측면에서 대일본주의 정책을 추진하도록 한 거대한 기반으로 작용하였다. 또한, 이러한 정책은 군사 및 새로운 영토 관리의 문제로까지 힘차게 발전해 나간다. 이 주장은 이미 『동양경제신문』(東洋経済新聞)에서도 여러 차례 적극적으로 받아들여졌다. 우리는 후에 이 부분에 대해 다시 다룰 것이지만, 여기서는 '일본의 외교 정책이 국가를 이끈 방향에 대해' 진지한 반성을 하는 계기가 되었으면 하는 바람으로 대일본주의의 폐해를 지적하려 한다.55)

미우라(三浦)는 일본이 대일본주의화를 통해 아시아 대륙으로 더 깊숙이 확장되고, 그의 국가가 전쟁으로 거의 완전히 파괴되는 것을 목도했다. 그는 1945년 포츠담 선언의 요구에 의한 소일본주의화를 틀림없이 환영하였을 것이다. 전쟁이 끝나고 이 포츠담 선언으로, 작은 섬들이 향후 일본의 영토로 추가될 가능성은 남아 있었지만, 일본의 국경은 주로 4개의 주요 섬들(혼슈, 홋카이도, 규슈, 시코쿠)로 한정되었다. 그는 (서류상으로) 일본의 해외 군사 활동 가능성을 배제하는 (하지만 사실상 잘 준수되지 않은) "평화" 헌법을 읽고 분명히 안도의 한숨을 내쉬었을 것이다.

전쟁 직후 미우라가 느꼈던 낙관주의는, 일본이 평화헌법에 규정된 군사적 제약을 하나씩 벗겨나가자 1972년 그가 사망할 당시에는 거의 소멸되었다.

미국은 미소 관계가 악화되고 냉전의 긴장이 고조되면서 1948년부터 일본의 재무장화를 촉구하기 시작하였다. 이러한 활동은 자위대의 전신인 경찰예비대가 구성되었던 1950년 6월에 한국전쟁이 발발하면서 탄력이 붙었다. 미우라는 보다 최근에 증가된 군 예산, 무기의 발전, 일본 병력의 해외 배치를 살아서 보지 못하였다. 전쟁이 끝나고 지난 70년 동안 일본은 상호 협력 및 보안 조약(1952년 최초 체결) 하에서 미국과 강력한 군사관계를 구축함으로써, 일본 열도 전역에 강력한 미국 기지가 설치되기에 이르렀고 미국의 국가 권력에 전반적으로 예속되었다.56)

---

55) 松尾尊允編 (1995年), 『大日本主義化·小日本主義化—三浦哲太論說集』, 東洋新聞社, p.145, pp.173-74.
56) 케네스 B. 파일 (Kenneth B. Pyle) 은 미군점령하(米軍占領下) 에 있던 경험이 전후 70년간 일본에 어떤 영향을 미치고 있는지에 대해 논의 하고 있다. Kenneth B. Pyle (Winter 2020), "The Making of Postwar Japan: A Speculative Essay," *Journal*

시대적 맥락이기는 하지만, 이러한 상황이 전개되면서 일본은 평화로운 국가라는 이미지가 점진적으로 잃고 메이지 시대에 도입된 큰 국가 정치로 돌아가게 되었다.57) 보수 정권은 일본 열도가 "정상[큰] 국가"로 부활해야 한다고 계속 주장하고 있다.

나카소네 야스히로 전 총리는 "불침 항공모함"처럼 국내 전선과 국제 전선 모두에서 국가의 이익을 수호하는 강력한 능력으로 무장해야 한다고 말하였다. 현재 이러한 야망을 품고 있는 아베 신조 총리는 대중의 반대에도 불구하고, 일본의 전후 헌법(평화헌법)의 제9조에 미미하게 남아 있는 제약을 제거해 일본을 전쟁 이전 상태로 완전히 돌리려 하고 있다.

of Japanese Studies 46(1), 113-43.

57) Richard J. Samuels graphically demonstrates "Article Nine's Slow Death" in Richard J. Samuels (2007), *Securing Japan: Tokyo's Grand Strategy and the Future of East Asia* (Ithaca, NY: Cornell University Press), 93.

Ⅰ. 식민지 해석과 영토확장

일본의 특정 보수단체들은 "정확한" 역사를 전 세계에 확실하게 전파한다는 임무를 수행해왔다. 구체적인 한 사례를 들자면, 이스라엘 텔아비브에서 개최된 회의[1] 에 참석한 단체의 한 회원은 일본의 식민지 제국에 대해 한 발표자가 주장하는 의견을 잘못되었다고 지적하면서 반박하였다. 일본은 메이지 시대 후기(1868~1912년)에 점령한 영토들을 통합하여 다른 현들과 함께 본국의 일부로 포함시키려는 계획을 세우고 있었다.

1943년 11월 카이로에 모인 연합국 지휘관들이 이러한 영토들을 중국에 반환하거나 전쟁 후에 독립시킬 것이라고 선언하여, 영토를 통합하려

---

1) 2018년12월에 진행 되었으며 학회의 주제는 "The West in Japanese Imagination / Japan in Western Imagination: 150 Years to the Meiji Restoration." 였다. 이 주제에 대한 논의는 유튜브에서 확인할 수 있다. Mark E. Caprio, "Neo-nationalist Interpretations of Japan's Annexation of Korea: The Debate in Japan and South Korea" (2010), The Asia-Pacific Journal/Japan Focus 8
https://apjjf.org/-Mark-Caprio/3438/article.html (검색일, March 6, 2021) 참조.

는 일본의 계획에 참견하였다고 그 발표자가 주장하였다면 그의 주장은 논리적으로 타당한 것으로 보였을 것이다. 하지만 그는 그러지 않았다. 그 일본 학자는 "식민지"가 무엇인지에 대한 해석을 제공하지 않았기 때문에 그의 주장은 문제가 있었다. 하지만 그 발표자는 유럽 국가들이 천연자원을 개발하기 위해 19세기 말부터 지배한 외부 영토들로 "식민지"를 한정하고, 식민국이 인류 발전에 비교적 더 많은 에너지를 쏟은 주변 영토는 식민지로 간주하지 않은 것으로 보인다.

이러한 외부 확장만을 식민지로 간주하는 견해는 분명한 한계를 지니고 있는 것으로 보인다. 반면, 그 일본 학자는 일본의 식민지 개척자들이 조선반도의 영토를 일본의 다른 현들과 같은 자주적인 영토에 포함시키는 것을 환영한다는 의사를 표현하지 않았다고 주장하였는데, 이러한 점에서 보면 그의 주장이 어느 정도는 맞다고도 볼 수 있다. 적어도 조선에 대한 일본의 정책은 이러한 미사여구(rhetoric)에 부합하지 못하였다. 현재 일본인들 중에는 소수이기는 하나 조선이 결코 일본의 식민지가 아니었다고 주장하는 사람들이 있다. 하지만 1945년 일본으로부터 해방된 조선인들은 한 가지 중요한 이유를 들어 식민지였다고 주장한다. 흔히 "식민지"라고 하면 한 가지 필수적인 기준을 충족해야 한다. 즉, 한때 제국에 정복당했다가 그 제국으로부터 해방된 영토를 우리는 "식민지"로 여긴다.

합병한 국가에 여전히 속해 있는 영토들은 일반적으로 과거에 식민지였던 것으로 간주되지 않는다. 한 가지 흥미로운 예를 들자면, 1920년 8월 미국의 국회의원들은 먼저 중국을 거쳐 조선으로 마지막에는 일본까지 동북아시아 전역을 지나가게 되었다. 일본인들은 조선인들이 외국 외교관을 만나지 못하게 하였으며, 만나려고 시도하는 한 무리의 조선인들을 체포하였다.

그 국회위원들 중 한 명이었던 헨리(Henry Z. Osborne)는 미국으로
돌아온 후에 어떠한 한 국가에 합병된 영토에 관한 흥미로운 경험담을
실은 보고서를 작성하였다. 그는 조선인들과 만나지 못한 것에 대한
실망감을 표현한 후에, 미국에 포함되어 있는 캘리포니아, 애리조나,
뉴멕시코처럼 조선이 "당연히 [일본 제국]에 포함된 것으로 생각하여"
그도 어찌할 도리가 없었다고 진술하였다.[2]

이 진술은, 전쟁을 통해 멕시코로부터 이러한 주들을 획득했다고
생각하는 공직자가 그 당시 조선을 합병된 영토라고 여겼을 것임을
시사한다. 물론, 그 주들은 미국 50개 주에 완전히 합병되어 있다는
점에서 차이가 있다. 일본은 이러한 합병을 이야기하면서도 조선반도
와 일본 열도를 이런 식으로 합병하는 구체적인 정책안을 제정한 적이
전혀 없다.[3]

한 학자는 18세기 후반부터 제1차 세계대전에 이르는 기간을 "제국
의 시대"(1875~1914년)[4]라고 칭했다. 이 기간 동안 새로운 제국들이
등장하여, 여타의 경험 많은 식민국 대열에 합류함으로써 이미 소유하
고 있는 광활한 영토를 확장해 나갔다. 이 기간이 시작되고 끝난 구체적
인 날짜를 언급하는 것보다 이러한 영토 확장이 어떠한 형태를 취했는

---

2) House of Representatives records(December 23, 1920), 66th Congress, 3rd session,
   Congressional Records vol. 60, 707-728.
3) 미국과 비교를 해본다면 미국 국회의원들이 동북아시아 투어를 하기 전에 이미
   캘리포니아(1850), 뉴멕시코(1912), 애리조나(1912)들은 주(州)의 지위를 부여받
   은 상태였다. 조선은 일본에 1910년 합병 되었으나 35년간의 일본 통치하에 있었
   음에도 불구하고 하나의 현(県)으로써 받아들여진 적이 없다.
4) 에릭 홉스봄(Eric Hobsbawm)은 인상적인 통계들을 통해, 이 성장의 정도를 보여
   주고 있다. 그의 연구에 의하면 1987년 10월 조선이 [대한제국] 수립을 선포한
   것처럼 많은 국가들이 이와 비슷하게 "제국" 선포를 했다는 것을 알 수 있다.

지를 이해하는 것이 더 중요하다.

본 논문에서는 영토 확장에 대한 정의의 범위를 넓혀나가는 과정에서 "식민지 확장"의 3가지 개별 형태(외부, 주변 및 내부)를 연속체로 간주할 것이다. 영토 확장의 특정 행위가 취하는 정확한 형태를 파악하는 것이 쉽지 않은 경우가 많다는 점에서, 이 세 가지 형태는 절대적인 것이 아니라 연속체로서 통합된다.[5] 아마도 이러한 행위들을 상대적인 측면에서 다루는 것이 더 정확할 것이다.

즉, 어떠한 행위이든 이 세 가지 특정 형태들 중 하나의 특징을 더 많이 지니고 있다. 또는, 식민국 정부의 미사여구는 한 특정 형태에 가까운 표현으로 들리긴 하지만, 실제 정책은 그와는 다르게 펼쳐진다. "식민지"를 이해하려면 "식민지 확장" 과정에 실제로 수반되는 것에 대한 실용적인 정의를 제공할 필요가 있다.

본 논문에서 필자는 이를 문화 측면에서 고려하고 있다. 즉, 소수 문화에 대비되는 지배적인 문화는 이 사람들을 그 우세한 문화 속으로 통합하겠다는 의도를 바탕으로 직간접적으로 전파되며, 그 통합의 정도는 다양하게 나타난다. 또한, 식민국은 영토 확장이 취하는 형태, 즉 강도(intensity)를 결정하게 된다. 식민지 국민에 가해지는 지배적인 문화의 강도는 예외가 있긴 하지만, 식민국이 식민지 국민과 공유하는 지리적 및 인종적 친화도에 따라 주로 결정된다.

---

5) 山中速人 (1982, 1983) 朝鮮「同化政策」と社会学的同化 - ジャーナリズムをとおしてみた日韓併合時の民族政策論の構造 (上下) 紀要〈関西学院大・社会〉45、46頁.

II. 현실주의와 세계적 확장

　수 세기 동안 현실주의는 식민지 확장을 포함해 여러 글로벌 외교에 있어 길라잡이 역할을 한 지배적인 이념이었다(현재도 마찬가지이다). 그러면 이 현실주의 사상이란 무엇인가?

　현실주의를 설명하는 도입부에는, 매우 영향력 있는 저서인 『군주론』(1532)을 집필한 16세기 이탈리아 학자 니콜로 마키아벨리와 함께 펠로폰네소스 전쟁(431~404 BEC)에 대한 아테네 역사학자 투키디데스의 저술들이 어김없이 언급된다. 이는 이 저서들이 현실주의 이론의 발판을 마련했다는 점에 기인하나, 이 사고의 틀은 20세기 초가 되어서야 "현실주의"로 명명되었다.

　하지만 근대의 현실주의 구성요소들은 이 초기의 두 학자가 표현한 사상과 여러 유사점을 공유하고 있다. 샌드리너(Sandrina Antunes)와 이자벨(Isabel Camisāo)은 현실주의의 4가지 기조를 나열하고 있다. 1) 국제 관계에서 주된 행위자로서의 민족국가, 2) 국가의 이익에 따라 행위한다는 점에서 "단일 행위자"로서의 국가, 3) 세계의 경쟁 환경에서 생존하기 위해 국가의 일을 처리하는 점에서 "합리적인 행위자"로서 결정을 내리는 국민, 그리고 4) 국가를 넘어서는 통치체는 없다는 점에서 "무정부 상태"이며 그 안에 국가들이 존재하는 이 세계.[6] 이 정의에 따르면, "이상주의(이론가들이 현실주의에서 발견한 결점들을 기반으로 창안한 이념)"에서 소중히 여기는 국제단체(국제연합) 또는

---

6) Sandrina Antunes and Isabel Camisāo (February 27, 2018), "Introducing Realism in International Relations Theory," *E-International Relations*, https://www.e-ir.info/2018/02/27/introducing-realism-in-international-relations-theory/(검색일 2024.1.1).

NGO 같은 기구들의 역할 측면에서 현실주의 사상가는 거의 가치가 없다고 추정할 수 있다.

국가가 독립 독행한다는 것은 평화의 시기에도 국가는 향후 불가피한 갈등에 대비해야 한다는 믿음을 낳게 한다. 일본의 경우 조선이 일본에 즉각적인 위협이 거의 되지 않았음에도, 공직자들은 경쟁국보다 먼저 조선반도를 합병할 필요성을 느꼈다.

현실주의 사고는 세계적 확장을 주도하였다. 강력한 국가들은 확장이란 최우선적으로 그들과 인접한 주권적 점령지와 접해 있는 것으로 생각되는 경계 내의 권력들을 통합해야 한다고 생각했다. 이 "주권선(主權線)"을 확보한 후에 국가들은 주권 경계 밖의 가장 인접한 주변 영토를 통제하려고 하였다.

그리고 마지막으로, 국가들은 미래 전쟁에 필요한 인적 및 물적 자원을 확보하면서 산업을 강화하기 위해 약하고 불안정한 영토들, 즉 이 강화 과정의 초기 단계를 완수할 수 없거나 그럴 의향이 없는 것으로 확인된 영토들을 통제(이 영토에 거주하는 국민의 내적 통합)할 필요가 있다고 생각했다. 1889년 메이지 헌법의 공포 후 선출된 일본의 초대 총리는 1890년 의회 앞에서 국가(여기서는 일본)는 "주권선"과 "이익선(利益線)"을 보호해야 한다고 주장하면서 이 현실주의 사고를 설명하였다. 주권선이 확장됨에 따라 이익선도 반드시 확장되어야 한다.

야마가타는 이 이론을 창안하지 않았다. 이 이론은 약 200년 이전부터 시작해, 1798년 『경세비책』(経世秘策)을 저술한 혼다 도시아키, 1825년 『신론』(新論)을 저술한 아이자와 세이시사이(Aizawa Seishisai) 등 여타 일본인들에 의해, 그리고 1950년대 요시다 쇼인이 진행한 수업에서, 그리고 당연히 이러한 일본인들이 살았던 그 이전과 그 이후의 다른 일본인들에 의해 발전되어왔다.

요시다는 29세이던 1859년에 도쿠가와 체제에서 처형을 당해, 혼다와 아이자와와는 달리 그의 사상을 발전시킬 기회가 없었다. 요시다는 아이자와를 만나 그의 영향을 받았으며, 아이자와는 혼다의 저서에 영향을 받았다. 하지만 요시다는 하기 시(市)에 위치한 그의 교실에서 야마가타를 포함한 메이지 유신의 여러 지도자들을 가르쳤다. 요시다가 이 미래의 일본 총리에게 얼마나 영향을 주었는지는 알려져 있지 않다.

혼다, 아이자와, 그리도 아마도 요시다 또한, 18세기 후기부터 일어난 유럽인들의 일본 침입을 계기로 저술 활동을 이어나갔다. 그들 중에서도 요시다는 1953년 미국의 내착(来着)을 분명히 염두에 두었을 것으로 보인다. 하지만 18세기 후반까지 그들의 저술은 일본의 북부 섬들, 즉 에조(현재 홋카이도)와 에조를 둘러싼 섬들에 러시아 탐험가들이 "침략"한 사건에 초점이 맞춰졌다.

실제로는 당시의 에도 공직자들이 예상한 대규모 침략군을 형성할 수 있는 규모의 내착과는 상당히 거리가 멀었지만, 일본인들은 러시아인들의 내착을 일본의 본토 혼슈의 북쪽 끝단과 열도 전체를 잠재적으로 위협할 수 있는 식민화 및 심도 있는 침입의 초기 단계로 보았다.

이러한 추론은 어느 정도 타당한 것으로 보인다. 어쨌든, 이는 일본인들이 17세기에 특정 유럽 국가의 사람들과 접촉을 제한한 중요한 이유였다. 그들은 기독교를 믿지 않는 사람들에게 유럽인들이 기독교를 전파해 영토 전체를 흡수하는 길을 여는 패턴을 목격하였다. 예를 들어, 이미 영국은 인도를 장악하고, 중국의 문을 두드리고 있었다. 제국주의자들이 일본의 주권을 위협하지 못하도록 하기 위해, 일본은 국경을 이웃 영토로 확장해야 한다고 주장하였다.

아울러, 1890년 야마가타가 이미 진행 중인 영토 확장의 과정에 대해 연설하였다는 점도 중요하게 짚고 넘어가야 한다. 그는 일본이 그들의 전통적인 영역을 넘어 다른 영토들을 이미 확보하기 시작했다고 언급하였다. 1855년 일본은 에조 지역의 영토적 점령지를 두고 러시아와 협정을 체결하였다. 1870년대까지 일본은 반대 방향으로 점진적인 영토 통합을 진행하여 1879년에 류큐 왕국(현재 오키나와현)을 병합하기에 이르렀다. 이 영토 확장은 야마가타의 연설 이후의 시기에도 계속 이어졌으며, 청일 전쟁에서 승리한 일본은 1895년에 타이완을 취득하였다.

오키나와 주변 지역은 류큐 왕국 병합 후 일본의 이익선 내에 있는 것으로 볼 수 있었던 영토를 합병함으로써 일본이 주권선을 확장한 것으로 이해할 수 있다.[7] 그 당시, 일본이 대만 영토를 취득하면서 유럽 열강들은 일본의 영토 확장이 아시아를 식민지화하려는 그들의 계획에 위협이 될 수 있음을 우려하기 시작하였다. 이로 인해 야마가타의 판단이 지닌 약점이 부각되었다.

즉, 일본이 주권선과 이익선을 확장함에 따라, 일본은 위험을 무릅쓰고 잠재적인 경쟁국의 경계선을 넘어가야 했기 때문에 그만큼 전쟁의 위험도 증가하게 되었다. 물론, 바로 이 사상은 1930년대부터 아시아태평양으로 확산된 여러 전쟁의 원인이 되었다.

당연히 일본의 다음 점령지는 조선반도였다.[8] 일본이 정책적으로

---

7) Frederick R. Dickinson은 한때 일본이 중국 푸젠성(福建省-대만과 가깝다)까지 침략할 것을 고려했다고 기록하고 있다. Fredrick R. Dickinson(1999), *War and National Reinvention: Japan in the Great War, 1914–1919*(Cambridge, Mass.: Harvard University Asia Center), 76 참조.

8) Hilary Conroy(1960), *The Japanese Seizure of Korea, 1968-1910: A Study of Realism and Idealism in International Relations*, London: University of Pennsylvania Press 참조.

조선 합병을 처음 생각하게 된 정확한 시기는 확인할 수 없지만, 그 생각은 한참 후까지 정책적으로 구체화되지 않았다. 이러한 방안은 앞서 언급한 일본 확장에 관한 초기 저작물들에서 일본이 주장하는 안보 위기에 대한 해답으로 제안된 것이었다.

하지만 분명한 것은 당시에 일본은 주변 영토들로부터 안보 위협이 거의 없었다는 사실이다. 하지만 1910년 조선의 합병을 정당화하는 일본의 주장은 현실주의 사고와 정확히 맞아떨어진다. 조선은 일본에 위협이 되지 않았지만 힘이 약한 독립 왕국이어서 외국 열강이 조선 영토에 몰래 들어올 가능성이 높았다.

일각에서는 이를 일본의 심장에 "비수"를 꽂는 것으로 비유하였다. 이러한 이유로 일본은 다른 열강들의 잠재적인 위협을 막기 위해 빠르게 행동해야 했다. 이 근거는 오늘날 한국인들이 인정하고 있지 않듯이 그 당시 조선인들에게도 수용할 수 없는 것이었다. 그리고 이 근거는 국가 안보 외에 일본인들이 조선을 합병하는 데는 분명히 더 많은 이기적인 이유들이 있었다는 점에서 기만적인 것이었다.

그러나 전 세계 열강들은 국가 안보라는 이유를 이해하고 수용하였을 뿐만 아니라 일본이 영향력을 행사해 조선반도의 문제를 해결해주기를 기대하였다. 수 세기 전에 마키아벨리는 국가 안보를 성공적으로 보호하기 위해 국가 지도자들은 사자의 힘과 여우의 현혹하는 능력을 갖춰야 한다고 주장하였다. 마키아벨리가 16세기에 주장한 이 비유는 1910년 일본에게도 필요했던 것으로 드러났다.

III. 제국의 선언: 외부, 주변 및 내부 확장

앞서 설명한 것처럼 국가들의 경쟁적 성격은 무수한 사람들이 외국 정복에 강제로 투입되는 영토 확장을 부추기는 현실주의 사상과 잘 맞아떨어진다. 세 가지 확장 수준(외부, 주변, 내부)은 주권을 소중히 여기는 국가는 핵심국을 개발, 보호 및 유지하기 위해 확장해야 한다는 사고에 존재의 기반을 두고 있다.[9] 일본이 조선반도를 처음에는 보호국(1905~1910)으로, 그다음에는 완전히 합병된 영토(1910~1945)로 통제하려 하였는지에 대한 이유를 이해하기 위해 세 가지 확장 수준에 대한 설명이 필요하다.

무엇보다 국가들이 선택해 적용한 확장의 형태는 그들이 정복해 통제 하에 두는 사람들에 대해 떠오르는 이미지와 직접적인 관련이 있었다는 점을 이해해야 한다. 이들을 계획한 중심부로 통합하는 범위는 어디까지이어야 하는가? [10]

우선, 확장의 가장 기본적인 형태이면서 가장 이해하기 쉬운 외부 확장 수준부터 시작하는 것이 가장 적절할 것으로 보인다. 사람들은 "식민지"라고 하면 멋지게 차려입고 흰색 모자를 쓴 유럽인이 그의 짐을 어깨에 메고 있는 누추한 옷차림의 아프리카인 하인보다 앞장서 걷는 모습을 떠올리거나, 흑인 원주민이 오아시스 같은 식민지 회관에서 백인 식민지 개척자를 기다리고 있는 모습을 떠올린다.

---

9) 필자는 다음 저서에서 이 세 부류의 확장에 관해 좀 더 포괄적으로 다루고 있다. Mark E. Caprio(2009), *Japanese Assimilation Policies in Colonial Korea, 1910-1945* (Seattle: University of Washington Press), 6-12 참조.

10) 베네딕트 앤더슨의 "상상의 공동체(imagined community)"에 대한 논의는 Benedict Anderson(1991), *Imagined Communities: Reflections on the Origin and Spread of Nationalism*(London: Verso) 참조.

이 이미지들은 인종으로 나뉜 두 부류의 사람을 보여줄 뿐만 아니라 문명과 고용 수준도 나타낸다. 일반적으로 식민지 개척자들은 지리적, 문화적 또는 인종적으로 그들과 유사점이 거의 없는 것으로 보이는 영토와 사람들을 대상으로 외부 확장을 실행하기 시작하였다.

식민지 사람들이 식민지 개척자의 중심부로 합병되는 것은 적어도 식민지 사람들 입장에서는 전혀 논리적으로 이해되지 않았다. 한 저자가 언급한 바와 같이, 식민지 개척자들은 식민지를 개발하기보다는 "그들이 내세운 불합리한… 방식에 점점 더 심취하게 되었다."[11] 그들이 영토를 식민지화한 이유는 경제적 및 군사적 목적으로 핵심국에서 필요로 하는 저개발국의 인력과 천연자원을 착취하는 데서 찾을 수 있다.

핵심국이 그들의 문화를 주입하여 정복자와 피정복자를 융합하려는 시도를 했던 시절이 있었다. 프랑스는 아프리카 식민지에서 미사여구를 섞어 동화 정책을 발표하였다. 식민지 개척자와 식민지 국민의 견해 차로 인해 1900년대 초에 프랑스인 구스타프 르 봉(Gustave Le Bon)이 일부 주도한 동화 반대 운동이 촉발되었다.[12]

비융합(또는 비연합)으로 더 잘 알려진 영국은 1830년대 "인디언 교육 대토론"에서 융합의 가능성을 엿보려 하였다.[13] 하지만 1857년

---

11) John D. Fage(1967), "British and German Colonial Rule: A Synthesis and Summary," in *Britain and Germany in Africa: Imperial Rivalry and Colonial Rule*, *Prosser Gifford and William Roger Lewis*, 691-706(New Haven, Conn.: Yale University Press).

12) 귀스타브 르 봉(Gustave Le Bon)에 대한 논의는 Raymond Betts(1961), *Assimilation and Association in French Colonial Theory, 1890-1914*(New York: Columbia University Press), Chapter 2 참조.

13) 인도의 교육 제도에 관한 논문집은 Lynn Zastoupil and Martin Moir, eds.(1999),

인디언 무슬림 군인들이 돼지비계로 처리된 것으로 생각한 탄약통 사용을 거부한 데 대해 처벌을 받은 것이 발단이 되어 영국 국민들을 살해한 인디언 폭동(Indian Mutiny)이 발생하면서 이 토론은 상당히 급작스럽게 끝나 버렸다.[14] 이 사건으로 영국 식민지 개척자들이 인디언을 영국 국민으로 동화하려는 토론에 대한 언급이 거의 사라지게 되었다.

영국 식민지 개척자들은 전도유망한 식민지 국민 중 일부가 대학에 들어가는 것을 허용하였는데, 그들 중에는 런던에서 법을 공부한 마하트마 간디도 포함되어 있었다. 하지만 핵심국의 외부 확장의 주목적은 식민지에서 그들이 산업적 및 군사적으로 필요로 하는 것들을 얻어 국가의 발전을 지속하려는 데 있었다.[15]

내부 확장은 외부 확장과는 대조되는 형태로서 오늘날에는 "식민지" 개념으로 거의 인식되지 않는다. 이 확장 형태가 그렇게 인식되는 이유에는 2가지 주요 요인이 기여한다. 첫째, 대부분의 경우 이 "확장"은 오랜 기간 동안 인정된 국경 내에서 발생하였다. 그리고 둘째, 이러한 국경들은 현재까지 전반적으로 안정적인 상태를 유지하였다. "식민지" 국민과 영토는 오늘날까지 그 국가, 그 국가의 국민, 시민에 여전히

The Great Indian Education Debate: Documents Related to the Orientalist-Anglicist Controversy, 1781-1843(Surrey, UK: Curzon Press) 참조.

14) 세포이 항쟁(1857-1858)에 대해서는 Byron Farwell(1972), *Queen Victoria's Little Wars*(New York: W.W. Norton), chaps. 8-11 참조.

15) 우리는 산업 혁명이 일어난 많은 국가들은 식민지를 보유하고 있던 국가들 이었다는 결론을 내릴 수 있다. 우드로 윌슨(Woodrow Wilson- 1918년1월에 14개조 평화 원칙 연설을 함)과 프랭클린 D. 루스벨트(Franklin D. Roosevelt)도 세계 대전은 유럽 국가들이 여러 식민지들을 독점하기 위해 일어난 일이라고 느꼈다. 이 이유 때문에 두 대통령은 이 지역들(식민지들을) 점진적으로 해방할 것을 요구했다.

속해 있다.

하지만 역사가 가장 오래된 국가들조차도 통합과 분열을 반복하였으며, 분열 단계에서는 영토를 통합하고 국민을 다시 동화시키는 기간이 필요하였다. 이러한 시기에 국가를 형성하는 과정에서, 다른 여러 지역 문화들보다 그들의 지배적인 문화가 더 우월하다는 것을 사람들에게 납득시키는 투쟁이 수반되었을 뿐만 아니라, 이 지배적인 문화의 기조를 교실 교육을 통해, 그리고 사회적 교육(박물관, 매체 등)을 통해 사람들에게 전파하고 상기시키기 위한 제도를 마련해야 했다.

이는 전통적인 관습에 대한 침입에 반대하는 사람들의 저항을 불러 일으켰다. 따라서 본 논문에서 국가 발전은 상당히 치열한 형태의 확장으로 간주하고 있으며, 이 과정에서 지배적인 내부 문화의 기조들이 전통적으로 지역 문화를 따라온 사람들에게 전파되어야 한다.[16] 민족 주의에 대한 어네스트 겔러(Earnest Geller)의 정의는 이러한 일련의 생 각을 다루고 있다.

그는 "기본적으로 민족주의는 상위 문화가 사회 전반에 영향을 주게 되어 이전의 하위문화들은 주류의 삶을 받아들이게 되며, 경우에 따라 서는 그 영향력이 전 국민에게까지 이르기도 한다."고 설명한다.[17] 에 릭 홉스봄(Eric Hobsbawm)은 19세기 후반부터 스스로를 "제국"(본 논 문에서는 국경 내 국민을 통제하는 핵심국)으로 선언하는 국가가 증가

---

16) 메이지 유신(1868) 당시, 이탈리아와 독일은 내부적인 통일을 통한 국가 발전의 대표 적인 예로 여겨졌다. 같은 시기에 미국은 남북전쟁 후 재건 시대(Reconstruction Era) 에 들어섰고 남부 주(州)들을 통일하기 위해 노력 중이었다.

17) 어네스트 겔러(Earnest Geller)의 발언을 인용. Partha Chatterjee(1986), *Nationalist Thought and the Colonial World: A Derivative Discourse*(Minneapolis: University of Minnesota Press), 5-6 참조.

하고 있다고 언급하였다. 이와 관련해 그는 지배적인 문화를 지역민에게 전파하기 위한 중심적인 핵심 요소들의 증가를 지적한다. 모두가 성공한 것은 아니었다.

국가를 제국으로 선언하는 것이 첫 번째 단계이다. 그리고 이 선언을 경쟁국들이 존중하도록 여러 조치들을 취하는 것이 다음 단계이다. 조선은 1897년에 자체적으로 제국을 수립하고 러일 전쟁에서 중립을 선언하였지만 일본 제국의 억압에 여전히 굴복해 있었다.

세 번째 형태인 주변 확장의 경우 국가들은 인접 환경에 있는 영토로 경계를 확장하여, 주로 본국을 보호하는 완충 지대를 형성한다. 다수의 경우 그들은 합병된 영토가 지리적으로 인접해 있을 뿐만 아니라, 합병된 국민들이 식민지 본국 국민들과 역사적 및 문화적 유사점을 공유한다고 생각했다.

이 경우 핵심국은 통합을 외치지만 실제로는 분열을 야기하는 식민지 동화 정책을 전개해나가는 경우가 많다. 이 정책은 앞으로 몇십 년에 걸쳐 합병된 국민들을 본국의 국민들과 점차적으로 융합시킬 것이라고 과장되게 주장하였는데, 이는 내부 확장과 유사한 측면이 있다. 국가 건설과 마찬가지로 주변 확장의 사례들은 "지역"의 문화, 언어, 관습을 식민지 개척자의 지배적인 문화, 언어, 관습으로 대체하겠다고 맹세하였다.

전반적으로, 이 접근법을 가장 적극적으로 실천한 국가는 프랑스였다. 하지만 프랑스의 식민지 역사를 더 면밀히 살펴보면 그들은 동화를 말하였지만 동화시키려는 이 야망이 그들의 식민지 정책에 항상 반영된 것은 아니었다. 일본은 조선인을 동화시키는 것은 매우 쉬운 일이라면서 1910년에 자신만만하게 조선에 들어왔다. 하지만 프랑스와 마찬가지로 일본 식민지 정부의 정책은 포용이라는 미사여구와 자주 충돌을 일으켰다. 일본의 교육 정책은 식민지 개척자가 그 국가에 식민지를 실제로 융합하는 정도를 나타낸다는 점에서 매우 흥미로운 사실을 보여주었다.

일본에서 최초의 근대식 교육법이 공포된 1871년부터 시작된 일본의 내부 교육 정책들과 조선(1911년부터), 홋카이도의 에조인, 오키나와와 대만의 거주민에게 도입한 주변 교육 정책들을 비교해보면 기간(졸업에 필요한 년수)과 포용(지원자에 대비되는 의무교육) 측면에서 후자의 교육 시스템이 전자의 시스템보다 열등하다는 것을 확인할 수 있다.

일본 본토와 조선반도 간에 차이가 있었을 뿐만 아니라 식민지 내 일본 학교와 조선 학교 사이에도 차이가 있었다. 일본인들은 수십 년에 걸쳐 조선에서 그들의 교육 정책을 개선해나갔으며, 아마도 다른 식민국들보다 조선에서 더 열의를 보여준 것으로 여겨지지만, 조선반도를 통치하는 기간 동안 조선의 교육 시스템은 일본 본국의 교육 시스템보다 열등한 상태가 계속되었다.

이러한 불일치는 참정권 같은 다른 정책 영역에서도 발견할 수 있다. 이러한 관점에서 일본인들은 주변 팽창과 내부 팽창 사이를 맴돌았던 포용을 약속하는 미사여구를 공언하였지만, 실제 정책은 주변 팽창과 외부 팽창 사이를 맴돌고 있었다는 것을 알 수 있다.

이러한 불일치는 내부 형태와 구별되는 주변 유형의 팽창에 대한 다른 사례에서 찾아볼 수 있었다. 그들은 내부 포용을 공언하였지만, 그 당시 실제 정책은 외부 팽창 특유의 배제와 닮아 있었다.[18]

---

18) 일본에 조선이 합병 되었던 당시 일본인들이 정책에 대해 논의 할 때 스코틀랜드, 웨일스와 영국의 관계, 독일이 알사스와 로렌 지방을 어떻게 관리 하고 있고 또한 프랑스가 알제리에서 어떤 정책을 펼치고 있는지에 대해 자주 언급 하였다. 필자는 이 예들을 주변적 확장이라고 칭하고 있다.

IV. 식민정책의 따라잡기와 네이션 확장 논리

메이지 시대에 대규모의 일본인 무리가 세계를 돌아보았던 순방은 진상조사단으로 묘사되었다. 참여자들은 국가 건설에 필요한 제도에 대한 지식을 배워 돌아올 예정이었다. 즉, 더 발전된 국가들이 국경 내에 있는 사람들을 중앙국으로 어떻게 통합하는지를 파악하는 임무가 그들에게 주어졌다. 진상조사단의 일원들은 순방하는 과정에서 학교와 박물관을 방문하였는데, 오늘날까지도 남아 있는 이러한 기관들은 근대 국가의 시민/국민에게 필수적인 일련의 상식과 가치를 가르치는 곳이었다.

또한, 그들은 군사 시설을 둘러보았는데, 이러한 시설은 전시에 국가를 방어하는 국민으로서 남성의 참여를 더 확대하였으며, 여성은 남성의 부재 시에 자영농지를 지키는 역할을 할 수 있었다. 또한, 이 사절단은 순방 도중 여러 곳에 머물면서 젊은 일본인 학생이 근대 발전에 대한 심도 있는 지식을 얻고 돌아올 수 있도록 하였다.

이와쿠라 사절단(岩倉使節団)으로 알려진 이 순방은 거의 2년 동안 지속되었으며, 미국과 유럽의 주요 도시를 탐방했다. 참여자들은 발전된 서방 세계를 "따라잡기" 위해 일본이 해결해야 하는 도전과제들을 좀 더 깊이 이해할 수 있게 되었다. 그들은 임시 일본 정부에서 계획한 학습 과정을 마친 후에 예정보다 더 일찍 일본으로 돌아왔는데, 그 이유는 최근에 물러난 도쿠가와 막부(1603-1868)에서 시행한 것을 대체하기 위해 더 근대적인 외교 관계를 협상하라는 일본의 요구를 거부한 조선을 "처벌"하기 위해서였다.[19] 이를 계기로 일본에서는 조선을 침

---

19) 에도시대에 일본인들이 조선과 교류하기 위해선 쓰시마를 통해서만 가능했다.

략할 것인지에 대한 논의가 시작되었다. 젊은 메이지 천황이 이 정복 계획을 이미 승인했음에도, 순방에서 돌아온 일본인들은 이 계획을 실행에 옮기지 않았다.[20]

이 이와쿠라 사절단이 프로이센(독일 북부) 수도 베를린에 체류하는 동안 프로이센 재상 오토 본 비스마르크가 사절단에게 제공한 강의에 대한 논의를 제외하면, 이 사절단의 구성원들이 제국 확장과 관련해 어떠한 교육을 받았는지는 일반적으로 논의되어 있지 않다. 비스마르크는 프랑스-프로이센 전쟁(1870~1871)에서 그의 국가가 프랑스 군대를 격파한 후 독일의 주들을 통일한 것으로 알려져 있다.

이 관점에서, 국가 안보뿐만 아니라 국제법(특히, 작은 국가들에 대한 차별)에 관한 그의 지식은 일본의 미래와 특히 관련이 있었다. 또한, 그의 국가는 최근에 군사적 승리를 거두면서 독일과 프랑스 국경에 위치한 전략적으로 중요한 알자스와 로렌의 영토를 획득했다. 1910년에 일본인들이 조선에 적용해야 한다는 주변 확장의 사례로 자주 언급한 동화 정책을 독일 정부가 이 두 영토에 대해 추진할 계획이었다. 조선의 사례와 마찬가지로 독일은 동화 정책을 추진하겠다고 과장되게 공언하였지만 실제 식민지 정책에서는 이 두 영토의 거주민들을 새롭게 통일된 국가의 독일 국민들과 다르게 대우하였다.[21]

일본사신들이 조선 땅에서 출입 가능한 곳은 부산 왜관 (현재 용두산 공원의 위치) 뿐이었다. 반대로 한국사신들은 지금의 동경, 에도까지도 갈 수 있었으며 실질적으로 12번 그러한 방문을 한 기록이 있다. 일본은 이것이 "불평등"한 외교적 협정이라고 간주하였으며 이것을 바꾸려고 했다.

20) 키도의 1873년 9월 3일 일기. Kido Takayoshi(1985), *The Diary of Kido Takayoshi Vol. II: 1871-1874, trans. by Sidney D. Brown and Akiko Hirota*(Tokyo: University of Tokyo Press), 370 참조.

21) 이 주제에 대해 영어로 출판 된 연구는 한정적이다. 다음 자료들을 참조. Charles

일본 사절단은 순방 중에 주변 확장의 다른 사례들도 마주하였다. 그들은 유럽 대륙에 도착하기 전에 미국을 지나왔는데, 그 당시 미국은 미국 남북전쟁을 경험한 지 5년이 지난 상태였다. 남북전쟁이 끝나면서 미국 역사에서 재건 시대로 알려진 기간이 시작되었다.

남부의 노예 주도 경제에 대한 시비가 이 혈전의 주요 원인이었으며, 전쟁에서 승리한 북부는 1860년쯤에 분리 독립된 남부의 주들을 이 기간 동안 다시 연방으로 통합하려고 하였다. 또한, 이 기간 동안 최근에 해방된 흑인 노예뿐만 아니라 지배적인 백인으로부터 분리된 존재로 살아온 아메리카 원주민을 통합하려고 노력하였다.

그들의 포용 정책을 옹호하는 자들은 이러한 노력을 그 소수 집단의 사람들이 고유의 세 문화를 통합하는 혼성 문화를 형성하는 것이 아니라 백인 문화를 수용하는 것으로만 보았다. 그 당시 아메리카 원주민을 위한 학교를 설립한 리차드 헨리 프래트 장군은 이 목표를 "[인디언]이 우선 문명에 발을 담그게 한 다음, 서서히 흠뻑 젖게 하라"로 표현하였다.[22]

선도적인 진보 잡지 『더네이션』은 그 당시에 다음과 같이 더 미묘한 언어로 유사한 메시지를 전달하였다(지금도 마찬가지이다). 흑인들은 과거에 "보호와 교육"의 혜택을 받았기 때문에 "자유 사회의 시스템에 익숙"해지는 데 더 유리한 입장에 있었다. 그들의 무임승차는 이제

D. Hazen(1917), *Alsace-Lorraine under German Rule*(New York: Henry Holt), and Dan Silverman(1990), *Reluctant Union: Alsace-Lorraine and Imperial Germany: 1871-1918*(University Park: Pennsylvania State University Press).

22) 프래트 (Pratt)의 발언을 인용. K. Tsianina Lomawaima(1994), *They Called it Prairie Light: The Story of Chilocco School*(Lincoln: University of Nebraska Press), 3-4 참조.

끝났다. 지금부터는 흑인들도 다른 인종과 마찬가지로 "좋은 지위를 따내기" 위해 노력해야 한다.

그리고 "시인, 학자, 정치인은 자신의 역할을 충실히 할 때 사람들의 존중을 받을 것이다."[23] 일본 순방자들은 미국이 인종, 성별, 신체적 한계에 상관없이 모든 사람들을 교육하려 하는 것에 깊은 인상을 받았다.[24]

일본 순방자들은 미국 북부의 교육 실천을 목격하였다. 하지만 그들은 흑인들이 자녀를 교육시키고 선거인 등록을 하려는 과정에서 백인 주류로부터 폭력적 학대를 받고 있었던 남부 주들은 방문하지 않았다. 곧 이어, 짐 크로 법이 시행되어 사회적 환경에서 흑인의 활동을 제한하는, 즉 진정으로 분리된 사회가 확립되었다. 성공을 거둔 흑인 지역사회는 공포에 떨었고, 다수의 경우 파괴되었다.[25]

그레이스 엘리자베스 헤일(Grace Elizabeth Hale)은 "백인들의 바람과는 달리 남부 흑인은 열등하고 백인은 우월하다고 볼 수 없었기 때문에 남부 백인들은 근대적 사회질서를 형성하지 못하였고, 오히려 이 불화가 지속적으로 이어졌다"라고 결론을 내렸다.[26]

---

23) "What shall we do with the Negro?"(November 12, 1868), The Nation.

24) 이 외 순방에 대한 관찰에 대해서는 Kume Kunitake(1996), *Tokumei zenken taishi Bei-ō kairan jikki:(A True Account of the Special Embassy's Tour of America and Europe) vol. 2*, ed.Tanaka Akira,(Tokyo: Iwanami shoten, 1996) vol. 1, 215.) 참조. 번역본은 Kume Kunitake(2002), *The Iwakura Embassy, 1871-73, A True Account of the Ambassador Extraordinary Plenipotentiary's Journey of Observations Through the United States and Europe: The United States of America*, 5 vols., translated by Martin Collcutt(Chiba: The Japan Documents), 219 참조.

25) 이것의 악명 높은 예로서 1921년 틸사 인종 학살(Tulsa, Oklahoma Massacre), 백인 테러범들이 부유한 흑인들이 살던 지역인 "블랙 월스트리트"를 폭격하여 잿더미가 되었던 사건이 있다.

이를 고려해볼 때, 1870년대에 미국은 그들의 영토 범위 내에서 내부 식민지 확장과 주변 식민지 확장을 동시에 진행하였으며, "해방된" 흑인과 아메리카 원주민들은 그들이 거주하는 영토가 마치 이국(주변) 땅인 것처럼 패배한 남부 백인보다 더 열등한 수준으로 통합되었다. 이는 일본 순방자들이 갖는 한계를 시사한다.

그 일본인들은 이 남부 주들을 방문하지 않았기 때문에 그들이 북부에서 본 것들을 기반으로 전반적으로 긍정적인 결론을 내리게 되었다. 차별이 없는 것은 아니었지만, 북부식 인종차별은 남부식 인종차별보다 훨씬 더 미묘하였다. 이러한 사상들은 그들의 순방 동안 논의되었을 수도 있지만, 그들의 순방 역사에서 이러한 논의가 있었다는 증거는 거의 없다.

그들이 그러한 논의를 할 수 있었다면, 이상을 공언하지만 실제로는 이상과 너무나도 동떨어진 정책을 수용하길 거부했던 미국 북부와 남부의 여러 지역의 모습을 목격하였을 것이다.

V. 일본제국과 조선의 국민화

열도와 조선반도의 비교적 가까운 지리적 거리, 그리고 조선인과 일본인이 수 세기 동안 이어온 역사적 유대로 인해 일본의 행정 정책은 다른 주변 확장 사례들과 닮아있다.

실제로, 일본이 조선을 일본 제국으로 합병한다고 공식적으로 발표한 1910년 8월 이전에도 일본-조선 관계에 대한 일본 저술에 이와 같은

---

26) Grace Elizabeth Hale(1998), *Making Whiteness: The Culture of Segregation in the South, 1890-1940*(New York: Vintage Books), 16-21, 284.

논리를 적용하였다. 이와 관련해 신문에 게재된 모든 기사들은 동화 정책을 추진하는 신총독부를 지지하였으며, 일각에서는 조선인들이 일본 국민으로 변모하는 과정이 점차적으로 이루어져야 하고 이 과정이 몇 세대를 거쳐 완료될 것이라면서 이 사상을 정당화하였다.

하지만 지나고 보니, 조선인들을 동화시키려는 그들의 사상은 명확하지 않았다. 한 저자는 일본 영토들 중에서도 거주민들이 고유한 지역 문화의 여러 측면을 고수하고 있던 규슈 또는 도호쿠를 예로 들기도 하였다.[27] 정치인 하라 다카시(Hara Takashi)와 같은 다른 일본인들은 동화란 일본 국민으로 완전히 통합하는 것이라고 저술하였다.

일본의 조선 식민 정책은 일본 식민지 정부가 많은 미사여구로 꾸민 동화를 내세웠지만 실제 정책적으로는 그렇지 못했다. 예를 들어, 신문사들은 조선인들이 얻게 될 결과물을 정의하기 위해 서로 다른 단어를 사용하는 경우가 많았다.

즉, 일본인들이 목표로 내세운 국민화(kokuminka, 国民化)를 사용하거나 그와 대조되는 신민화(shinmika, 臣民化)를 사용하기도 하였다. 이와 같은 단어의 혼용은 일본의 정책이 조선인들을 제국 국민으로서 제국에 동화시키려 한 것인지, 아니면 국민으로서 국가에 동화시키려 한 것인지에 관한 질문을 하게 만든다.

조선 합병에 대한 일본 저술에서는 이를 구분하지 않았으며, 조선인과 일본인이 공유한 밀접한 관계를 이유로 들어 일본은 유럽의 동화 사례에서 보인 실패를 경험하지 않을 것이라고 종종 언급하였다. 이 사상은 잡지 『태양』(타이요, Taiyō)의 편집자이자 조선의 합병을 적극

---

27) 이런 견해는 삼일절 운동 이후 자주 나타났다. Anonymous,(1919年10月1日),「朝鮮の統治と同化」日本及日本人, p.1.

적으로 옹호한 우키다 가즈타미(Ukita Kazutami)가 제시한 것이었다. 그는 종교, 인종, 관습, 습관의 차이로 인해 아일랜드인이 영국인과 동화되지 못하였고, 포젠(포즈난, 현재 폴란드), 알자스 및 로렌의 국민이 독일인과 동화되지 못하였으며, 폴란드인과 핀란드인이 러시아인과 동화되지 못하였다고 설명하였다.

일본인과 조선인은 수 세기 동안 인종과 문화가 동일하였기 때문에 전술한 사례들과는 달랐다. 우키타는 일본이 비교적 큰 어려움 없이 조선인들을 동화할 것이고, 그 관계는 영국인과 아일랜드인(독립을 위해 영국과 전쟁을 하였음)의 관계가 아니라 영국인과 스코틀랜드인의 관계와 같이 평화롭게 발전해나갈 것이라고 예측하였다.28)

이러한 사례들은 조선의 동화에 대해 긍정적 태도를 취하고 있는 다른 일본인들의 저술에서 종종 찾아볼 수 있다. 유럽에서는 실패한 동화를 일본은 성공할 수 있다고 우키타가 강조하였는데, 이는 아마도 레이몬드 베츠(Raymond Betts)가 "인간 평등의 계몽사상을 최초이자 가장 적극적으로 반대한 자들 중 한 명"이라고 설명한 프랑스인 구스타프 르 봉(Gustave Le Bon)의 비판과 마찬가지로, 그 당시 일본에서도 동화 과정이 너무 오래 지속되고 있다는 비판이 있었던 것에 자극을 받아 한 발언으로 보인다.

르 봉은 인종의 구성원들을 원시 인종부터 우월한 인종까지 4개의 인종 카테고리로 분류하는 과학적 접근법을 제시하였다. 그가 제시한 네 집단을 분리하는 "심리적 간극(mental gap)"은 교차 집단 통합을

---

28) Ukita Kazutami(October 1, 1910), "Kankoku heigō no kōka ikan" [What are the effects of Korea's Annexation?] Taiyō. In addition, the French assimilation policies in Algeria were often cited as similar to Japanese-Korean relations.

불가능한 것으로 만들었다.29) 물론 이 간극을 좁히는 것은, 공언한 동화 정책이 해야 할 역할이었다.

조선을 동화시키는 데 성공할 것이라고 예상한 이유로서 일본-조선 문화의 유사성을 설명하려 한 우키타 외에도, 다른 여러 일본인들은 이러한 결과를 예상하면서 '조선인과 일본인은 고대로부터 동일한 민족성을 공유하였다'라는 이유를 들어 과학적으로 설명하려 하였다. 기타 사다키치(Kita Sadakichi)는 일본인과 조선인의 차이는 "큰 갈래"가 아니라 "작은 갈래"에서 기인한 것으로, 별도의 가족이라기보다는 사촌과 더 유사한 것으로 보인다고 저술하였다.

일본 교육부에서 근무하고 있던 키타는 동화란 조선인과 일본인이 역사적 및 자연적 관계를 공유하던 시기로 시계 바늘을 돌리는 것에 지나지 않는다고 결론을 내렸다. 그는 고대 일본 야마토인은 일본의 신화적 시조인 여신 아마테라스 오미카미(Amaterasu Ōmikami)의 후손인 천족인이 흡수한 여러 소수 민족을 "융합(yūgō)"한 것이라고 설명하였다. 일본인과 조선인은 이 부족들로부터 발전해왔으며, 단일 민족에서 갈라져 나와 여러 개별 "갈래"를 형성하였다.30)

1910년에는 쉽게 보이지 않던 방식으로 동화에 반대의 목소리를 냈던 일부 일본인들의 마음속에, 1919년 3월 일본의 통치에 대한 조선의

---

29) Betts, *Assimilation and Association in French Colonial Theory*, Chapter 2.
30) 기타 사다키치(Kita Sadakichi) 의 "Kankoku no heigō to kokukishi" [National History and Korean Annexation] (Tokyo:Sanseido); Kita Sadakichi(June 1919), "Chō sen minzoku to wa nan zoya" [What Is the Korean Race?], Minzoku to rekishi: 1–13; and Kita Sadakichi(January 1921) "Nissen ryōminzoku dōgenron" [The Same Origin Theory of the Korean and Japanese Races], Minzoku to rekishi (January 1921): 3–39 참조. Peter Duus, *The Abacas and the Sword: The Japanese Penetration of Korea,1895--1910*, Berkeley: University of California Press), 415–17 참조.

항거는 이러한 이미지들이 얼마나 허술한 것인지를 각인시켜주었다. 이러한 일본인들 중에서, 아카기 가메이치(Akagi Kameichi)는 합병을 반대해왔음을 밝혔으며, 호소이 하지메(Hosoi Hajime)는 조선인들이 대한독립만세를 외치면서 서울 거리를 행진하는 것을 보고 정책에 대한 견해가 바뀌었다고 인정하였다. 아카기가 잡지 『일본과 일본인』 (Nihon oyobi Nihonjin)에 게시한 논평은 합병에 대한 구스타프 르 봉의 부정적인 견해를 상기시켰다.

조선은 조선으로서 통치 받아야 한다. 그들의 행복과는 무관하게 그들은 식민지로서 통치 받아야 한다. 조선인들 간의 차별은 끝나야 하며, 일본과 조선 간의 차별은 유지되어야 한다. 일본인과 조선인을 분리해 놓았던 수천 년의 역사를 하룻밤 사이에 허물 수는 없다… 조선인은 조선인으로서 행복을 누려야 한다. 그들을 일본화 하는 것은 그들에게 행복을 가져다주지 못할 것이다.

그는 조선인들을 동화하려 하는 것이 마치 "멧돼지를 돼지로, 늑대를 개로, 여자를 남자로" 바꾸려 하는 것과 같다고 생각하였다.[31]

또한, 호소이 하지메는 기자로서 일본이 조선을 통치하고 있는 현 상황을 숙고하는 6단 논문을 『일본과 일본인』에 기고하였다. 그는 처음에는 조선인이 일본의 "동포형제"가 되는 것을 환영하였다고 인정했다. 하지만 그는 3월 1일 항거를 "젊은이 일본"을 반영하는 것으로 보았다. 일본은 조선인의 "형"으로서 책임을 다하지 못해 실패를 자초한 것이었다. 그는 "우리는 그들을 바닥에 있는 것들로 대우하고, 그들을 마치 하인 대하듯 주먹을 휘둘렀고, 그들에게 침을 뱉었고, 지팡이로 그들을 때렸으며, 발로 그들을 찼다. 우리는 자비나 기사도가 아니라

---

31) 赤木亀一 (1920年1月1~15日), 「対鮮私議:同化政策を廃す」、『日本及日本人』.

위박의 모습만 보여주고 있다.

조선인에 대한 일본인의 태도는 마치 "계아근성(繼児根性, 의붓자식을 다루는 것)"과 같다고 설명하였다.[32] 호소이는 일본인들이 더 넓은 마음으로 조선인들을 인정할 역량이 있는지에 의문을 제기하였다. 그는 그렇지 않다고 판단하여 식민지 동화 정책을 철회할 것을 조언하였다.[33] 동화 정책을 오랫동안 지지해온 하라 다카시 총리 또한 그 당시에 일본이 조선에 동화 정책을 펴는 것을 비판하였다.

다만, 그는 그 동화 정책을 제대로 집행할 수 있는 경우에만 지지를 유지한다고 밝혔다. 3월 1일 항거 후에 그가 작성한 의견서에는 일본이 조선인을 바보로 취급하는 한 조선인의 협력을 기대할 수 없다고 진술하였다. 하라는 10년의 기간 동안 일본이 비교적 진보적인 "문화정치(文化政治)"로 조선을 통치하기 시작한 해인 1920년부터 식민지에서 시행된 주요 개혁을 책임지고 진행하였다.[34]

---

32) See 細井肇(1920年10月1日~12月15日), 「朝鮮の統治」, 『日本及日本人』. Quotes from the first installment of October 1, 35頁.

33) 細井肇(October 15, 1920), 「朝鮮の統治」, 27-28頁.

34) 내각총리대신이었던 하라 다카시(Hara Takashi)의 의견은 原敬(1998), 「緖戰の統治私見」, 齋藤誠文書, reel 104, 日本國會図書館 참조. 필자는 이런 개혁들은 조선인을 통제하기 위한 의도가 숨겨져 있다고 주장했다. Mark E. Caprio, "The 1920 Colonial Reforms and the 'June 10(1926) Movement: A Korean Search for Ethnic Space," in *Colonial Rule and Social Change*, Clark Sorensen and Ha Yong-Chool, eds.,(Seattle: University of Washington Press), 175-207 참조.

VI. 식민지지배와 제국주의 통치성

여러 차례 전쟁으로 산업 세계의 상당 부분이 파괴되었고 수천만 명의 사상자가 발생하였을 뿐만 아니라, 수백만 명의 사람들은 식민지 점령군으로부터 인간 이하의 취급을 받아야 했다. 두 차례 세계대전(1914~1918, 1938~1945)의 총력전 경험은 당대의 전쟁 국가들과 맞서 싸우려면 가용한 모든 자원을 전쟁 수행에 쏟아 부어야 한다는 점을 일깨웠다. 이를 위해 정부들은 가용한 구조물, 수송망, 물적 자원, 인적 자원을 전쟁 수행에 투입시켰다.

이 세계 전쟁을 치르는 동안 유럽의 교전국들은 무수한 식민지 국민들을 전장에 투입시켰다. 당대의 일본과 조선의 관계로 인해 일본은 조선인 남성과 여성을 전선으로 보냈을 뿐만 아니라 군인과 노역자("위안부" 포함)로서 조선인들을 제국의 여러 전초기지로 보내면서 집중적인 인권유린을 자행하였다. 식민지로 조선을 점령한 35년 역사 중 상당 기간에 걸쳐 일본인은 조선의 "지원" 노역자를 모집하였다.

이 기간이 끝을 향해 갈 무렵, 극단적인 상황에 처한 일본은 제국 국민으로서 조선인에게 노역자의 임무를 부여하여 조선인들을 징집하였다.35) 일본은 식민국 대열에 합류하여 두 차례 전쟁 동안 식민지 국민에게 노역을 강제하였다.

일본은 1930년대부터 조선에서 급진 동화 정책을 실시하여 일본이

---

35) 전쟁 전 많은 조선인들은 조선에서 일자리를 구하기 힘들거나 좀 더 나은 급여를 받기 위해 노역자로써 삶을 선택한 경우도 있다는 것을 감안할 필요가 있다. 하지만 모든 "자발적인" 노동이 그렇지 않았다는 것도 인지해야 한다. 예를 들어 "모집"이 되어 간 많은 노역자들은 일본인들에게 노동력을 제공하는 제삼자의 의해 속아서 혹은 강제적으로 "자원"하게 된 경우도 허다했다.

직면해 있는 전시 상황에 조선이 협력하도록 하였다. 이 운동은 내선일체(內戰一体, 일본과 조선은 한 몸)로 불렸다. 이 시기에 일본은 1920년에 시작된 개혁들 중 다수를 철회하였다. 예를 들어, 일본은 1920년에 시작한 사설 조선 신문을 금지했고, 학교에서의 조선어 교육을 끝냈으며, 조선인들에게 일본식 이름 체계(예를 들어, 2개의 간지[일본어 한자] 성)를 사용하도록 압박하였다.

조선인은 일본의 기부(돈과 금속) 활동에 함께 참여하고, 건강한 생활습관(주어진 임무를 수행하고 질병을 예방해 소중한 의약품 소비를 방지하기)을 유지하며, 소박한 생활습관(자원 보존하기)을 실천해야 했다. 일본이 직면해 있는 중대 위기 상황에서 반전 활동을 막기 위한 의식 고양도 필요했다.

따라서 조선반도에서 공식적으로 유일하게 허용된 조선어 신문사인 총독부 기관지 <매일신보>는, 그 당시 조선인에게 기대되었던 행동양식을 조언해주기 위해 유명한 조선인들이 작성한 짧은 안내문을 실었다. 총독부는 전생 수행 시에 사람들이 어떻게 협력해야 하는지를 보여주는 일련의 짧은 영상을 제작하여 협력을 강화하였다.[36] 그 당시 일본은 메이지 시대의 은유적 비수를 조선반도에서 휘둘렀으며, 그 비수는 방향을 전환해 중국 본토를 향했다.

총독부가 채택한 전시 조치 중 다수는 1938 내선일체 운동에서 윤곽이 잡혔다. 이 운동에 관한 방대한 문서의 내용을 본 논문에서 완전히 다루지는 못한다.[37] 이 운동은 일본이 북경 외곽 마르코폴로 다리에서

---

36) 이 영화들 중 많은 영화들은 복제되어 선전 되었다. 그 예의 하나가 "지원병"(志願兵, 1941) 이라는 영화이다. 다른 영상들은 한국영상자료원 에 의해 "발굴된 과거"라는 시리즈로 엮어진 단편 영화들이다. 1936년 영화 "미몽"은 가족에 대한 의무를 포기한 주부가 마주하게 되는 고난에 대해 다루고 있다.

중국 군대와 벌였던 1937년 7월 7일 전투(루거우차오 사건)의 1주년을 기념하던 그 시기 즈음에 시작되었다. 이 전투가 발단이 되어 중국에서 계속 잇따른 전투가 발생하였고, 결국에는 대전쟁으로 이어졌다.

일본은 중대한 군사 정세에 맞서 일본 통치가 이루어진 첫 몇십 년보다 훨씬 더 빠른 속도로 조선 동화 정책을 "가능한 최대로 강화"해야 한다고 이 내선일체 운동을 통해 선언하였다. 이러한 취지로 창씨개명(創氏改名)이 시행되었다. 이 정책은 효과적인 정책 결정 시에 과장된 미사여구를 사용하는 일본의 식민지 정책과 많이 닮아 있었으며, 역사적으로 제대로 실현되지 않았다.

미즈노 나오키(水野直樹, Mizuno Naoki)의 연구에 따르면, 조선인을 일본인으로 신속히 통합하려는 이 정책은 조선인의 수동적인 비협조, 그리고 일본 경찰 당국의 강경한 반대와 마주하게 되었다. 후자는 일본인과 조선인을 구별할 수 있어야 한다고 생각했으며, 동화 정책의 성공 시 이러한 구별이 어렵게 될 것을 우려하였다.[38] 경찰 당국의 우려로 인해 이 정책에 대한 타협안이 마련되었다. 조선인들은 일본식 이름을 채택하라는 압박을 받았지만 흔히 사용되는 일본인 이름과 구별되는 이름을 선택해야 했는데, 이 문제는 한자를 선택함으로써 쉽게 해결되었다.[39]

---

37) 朝鮮總督府(1993年),「朝鮮総督府時局対策調査会諮問案参考書」『日帝下支配政策資料集』15巻、辛球柏 (編), 高麗書林, 5-329頁.

38) 일본 경찰들은 조선인을 일본인으로부터 구별하기 위해 조선인의 특징들을 다룬 목록을 만들었다. 목록에는 조선인이 발음하기 어려운 일본어를 시켜보라고 제안하거나 조선인들의 식습관과 음주 습관, 또는 걸으면서 어떻게 짐을 드는지 등에 대한 설명이 포함되어 있었다. 德相(2003),『關東大震災‧虐殺の記憶』, 青兵文化), pp.63-65 참조.

39) 水野直樹(2008),『創氏改名-日本の朝鮮支配の中で』, 岩波書店, 28, 43頁.

전쟁 수행에 참여시키기 위해 조선 제국 국민에 가해진 압박은 당연히 비인간적인 방식으로 인권을 유린하는 지경까지 이르렀으며, 그 이후 일본 정부는 이에 대해 70년 넘게 책임을 지려하지 않고 있다.

Ⅶ. 패전과 조용한 군사력 회복

정도의 차이는 있지만 일본의 영토 확장 필요성은 다른 세계열강들이 직면했던 필요성(즉, "너무 많은" 자국민과 잠재적으로 문제성 인물들을 이주시켜야 할 필요성, 그리고 전시에 노역자와 군인의 인구를 늘려야 할 필요성)과 닮아 있었다. 실제로, 군대는 세 가지 모든 확장 형태(내부, 주변 및 외부)에 속하는 사람들이 발견되는 몇 안 되는 장소 중 하나였다.

이러한 특성은 승리자 또는 피정복자에 상관없이 모든 제국은 아니지만 대부분의 제국에서 발견되는 것이었다. 인도와 버마는 참전을 통해 영국 제국에서 그들의 지위를 향상시킬 수 있을 것이라는 바람으로 상당수의 국민을 영국 군대에 입대시켰다.[40]

1941년 말에 런던을 방문한 버마 총리 우쏘(U Saw)는 그의 국민들이 참전하여 그의 국가가 영국 제국 내에서 영국연방 지위를 얻을 수 있었으면 하는 바람을 『런던 타임즈』에 전달하였다. 그는 "버마는 세계의 자유를 위해 다른 여러 국가들과 싸우면서도 우리의 자유를 위해서도

---

40) 이 이유 때문에 젊은 알제리인들을 이끌던 에미르 칼레드(Emir Khaled)는 세계 1차대전 때 프랑스 군대에 입대해, 자신들은 "좋은 프랑스 국민"임을 증명했으니 "동등한 권리"를 누릴 자격이 있다고 주장했다. John Ruedy(1992), *Modern Algeria: The Origins and Development of a Nation*(Bloomington: University of Indiana Press), 129-31 참조.

싸우고 있다는 것을 확인하고 싶다. 민주주의가 승리하면 버마는 자치 정부가 될 수 있는 것인가?"라고 저술하였다.[41]

일본의 통치가 무기한 계속될 것이라고 확신한 조선인들은 식민지 정복자와 함께 싸우면 일본인들이 그들을 비교적 동등하게 취급해주고, 그들이 호언한 동화의 약속을 지킬 수 있을 것이라고 생각했다. 일본인들은 1930년대 말부터 그들이 말한 동화 정책을 추진하는 과정에서 조선인에게 의무교육과 참정권을 약속함으로써 조선인을 자국 국민으로 여기기 시작한다는 징후를 보여주긴 했지만, 이 약속은 1946년까지 실현되지 않았다. 전쟁 후 조선이 일본 제국에 남아 있었다면 일본인들이 이 약속을 지켰을지는 고려할 가치가 없는 질문이다.

1945년에 일본이 패배하면서 조선은 해방을 맞았지만 독립은 하지 못했다. 그 당시 미국 정부와 소련 정부가 남조선과 북조선을 각각 맡아 관리하게 되었다. 하지만 일본의 약속은 일본이 식민지 미사여구를 식민지 정책과 일치시키기 위해 큰 걸음을 내디딘 것이었으며, 조선을 일본 국가에 통합하고 조선인을 일본 국민에 포함시킬 계획이었다고 오늘날까지 주장하고 있는 일본의 논거에 신뢰를 부여해주는 것이었다. 전쟁이 갑자기 끝나버리면서 일본은 그들이 약속을 지키려 했는지, 아니면 그냥 무시하려 했는지를 입증할 기회를 잃게 되었다. 일본이 남겨놓은 혼란으로 인해 조선은 해방 후에 여러 어려움을 겪었으며, 그 중 상당수는 수십 년 동안 해결되지 않고 현재 한반도에 여전히 남아있다.

---

41) U Saw(October 17, 1941), "Self-Government in Burma, Test of Fitness: Political Record in Peace and War," *The Times of London, Times Digital Archives 1785-2006.* https://www.thetimes.co.uk/archive(검색일 2021.1.7.).

지나고 보니, 메이지 유신 전부터 아시아태평양 전쟁에서 패배할 때까지 일본 역사에 적용된 현실주의 사고는 일본의 "합리적인" 지도자들이 이익선을 과도하게 확장하는 과정에서 일련의 비합리적인 행위를 자행하게 하였다. 바로 이 행동으로 인해, 일본은 경쟁적 위치의 세계열강들의 존중을 얻기도 했지만 나중에는 경멸의 대상이 되기도 했다. 이러한 역사를 기반으로 일본은 이 엘리트 국가의 대열에 다시 빠르게 편입할 수 있었는데, 이 과정은 경제적 발전을 통해 공개적으로, 그리고 군사력 회복을 통해 매우 조용히 진행되었다.[42]

---

42) 일본은 주요 경제 국가들 중에서도 선두자리에 있다는 것은 잘 알려져 있는 사실이지만 일본이 군비(GDP의 약 1%)에 있어서도 높은 순위에 있다는 것은 잘 알려져 있지 않다. Stockholm International Peace Research Institute에 의하면 일본의 군비는 세계 7위로 많으며, 한국보다도 많다(한국 같은 경우438억 달러, 2019년에는 460억 달러를 군비에 썼다). https://www.sipri.org/sites/default/files/Data%20for%20all%20countries%20from%201988%E2%80%932019%20in%20constant%20%282018%25 (검색일 2021. 1. 17).

제3부

'가치 제국주의'의 소환과 활용

제6장
일본 제국주의의 그림자로서
'회랑(回廊) 민족주의'

I. 회랑민족주의의 탄생

한일관계를 '협력 공동체'로서 국민국가 넘기의 실현을 만들어 내자는 논리는, 매력적인 부분이 있어 의견들을 응집시키기도 하지만, 한편으로는 자국의 시선(인식)을 주장하는 '내셔널리즘'이나 국민국가 논리가 오히려 강화되어 평화공동체를 저해하는 현상을 동반하기도 한다.

사실 본 논고에서 사용한 이 '회랑(corridor, 回廊) 민족주의'라는 용어는, 필자가 평화공동체와 국민국가의 자장문제를 고민하고자 만들어낸 말이다. 낯설게 들릴 수도 있지만, '회랑'을 복도라는 의미도 있다. 사전적 의미를 동원하지 않더라도, 이미지로서는 매우 친숙하게 받아들일 수 있는 용어라고 생각한다. 이는 국가 내부의 '지역역과 지역을 연결'하는 길로서 사회연결망이기도 하면서, 더 나아가 역사학이나 지리학 분야에서 '영토가 늘어난다는 원격 복도(廊下)라는 의미에서 보더(border)를 넘는 긴 원격 영토 공동체'를 가리킬 수도 있다. 그리고 내륙으로 연결된 지역이나 국가가 아니라고 해도 '바다'로 연결될 수 있다. 확대해석해 본다면, 자국(본토)에서 떨어진 타 지역의 영토와 연결된다는 의미에서 '개방적'이고 탈경계적인 논리를 내포하고 있지만, 반대로 '타국의 영토를 연결'시키면서, 회랑의 회가 돌아올 회(回)이듯이 자국으로의 회귀한다는 '회귀론'도 담지하는 개념이다.

전자는 '월경(越境)사회화=트랜스 국민국가'를 강조하지만, 그와 정반대인 '원격 정치 공동체로서의 자국영토화'라는 '제국주의' 발상을 함의하기도 한다. 그렇기 때문에 필자는 정반대의 관념 사이에 존재하는 '연관성' 그 자체, 즉 '탈경계와 제국주의'의 '경계'의 내재적 연결/연쇄성을 발견하고, 그 내재성을 이해하는데 일조하고자 한다. 그를 위해서는 이 회랑이 갖는 용어가 일상적이고 상투어가 되어 가면서 만들어내는 '내적' 논리를 알아챘으면 한다. 즉, 회랑 논리가 '공동체로서의 연결'을 가능하게 하지만 반대로 '연결되지 못한 비공동체'를 형성한다는 점이다. 전자를 강조하면서 후자를 가려버리는 '인식 네트워크'를 만들어 내는 것에 대한 경계이다. 동시에 후자적 기능을 통해 전자를 다시 볼 수 있는 각성의 경로 진행 루트를 발견해 낼 수 있는 '자각의 세계'를 읽어내는 역할도 가능하다.

본 논고에서 필자가 초점을 맞추고 있는, 회랑이라는 용어는, 중국의 일본의 아베 신조(安倍晋三) 총리대신이 2016년 8월에 제창한 「자유롭고, 열린 인도태평양(自由で開かれたインド太平洋)」이라는 슬로건의 '구체적 설명' 속에서 사용되었다. 아베 신조의 이 구상은, 중국의 시진핑(習近平) 국가주석이 2013년 9월과 10월 중앙아시아와 동남아시아 국가를 순방하는 동안 일대일로(一帶一路, 실크로드 경제 벨트와 21세기 해상 실크로드)를 건설하자는 제안을 내놓고, 2014년 11월 중국 공산당 중앙재경위원회(中国共产党中央财经委员会) 회의에서 제출되고, 가속을

내면서 동아시아에서 뿐만 아니라 세계적으로 주목을 받은 이후[1]에 아베 신조가 일본에서 내놓은 '슬로건'이다.

필자가 주목한 것은 바로 아베 신조가 제창한 「자유롭고, 열린 인도 태평양」 슬로건이 "최근 2년 반 동안 널리 국제사회에 이해를 받고, 실현을 향한 구체적인 방법을 진전시켜왔다. 아시아태평양에서 인도양을 거쳐 중동, 아프리카에 이르는 광대한 인도태평양지역에서 어떤 나라와도 '구별됨 없이' 안정과 번영을 가져오기 위해서는, 질 높은 인프라 정비에 의해 방대한 인프라 수요에 대응하여 지역의 연결성(連結性)을 높임과 동시에 (중략) 「자유롭고, 열린 인도 태평양」 실현을 향해 여러 나라들과 협력하고 있다"[2]고 밝히고 있다. 일본은 글로벌 경제라는 이름으로 '하나가 된 세계'를 논하면서, '지구 회랑화(地球回廊化)'을 구축하고자 하는 '욕망'을 드러낸 것이다.

---

1) 阿部純一, "内憂外患のなかで活路を求める習近平の世界戰略:「一帯一路」構想の意義をめぐって", 「インテリジェンス·レポート(Intelligence report)」76號 (總合政策研究所, 2015), pp.22-35. 임경한, "중국의 일대일로 전략과 미국의 인도 -태평양 전략 경쟁 하 주변국의 대응전략", 『국제정치연구』 제22집 제4호(동아시아국제정치학회, 2019), pp.81-107.

2) 外務省, 「2018年版 開発協力白書 日本の国際協力」(東京: 日経印刷株式会社, 2019), p.10. 항만, 철도, 도로 등의 정비에 의한 지역 연결성의 향상과 물자와 사람의 흐름을 활발하게 해 경제권을 확대하는 것으로, 지역 전체의 경제 발전에 기여한다. 동남아시아에서는 중핵으로서 미얀마, 타이, 라오스, 캄보디아, 베트남을 연결하는 동서 경제 회랑과 남부 경제 회랑의 정비이다. 일본은 인도양과 태평양을 연결하는 두 개의 회랑 정비를 오랜 기간에 걸쳐 진행해 왔고, 서남아시아에서는 인도에서 일본의 고속철도 기술을 활용한 고속철도 정비에 매진하고 있다. 아프리카 내륙국과 인도양을 연결하는 케냐의 몸바사(Mombasa)항구 개발은 (중략) 항구 개발뿐만 아니라 주변 도로 개발 등도 진행하고 있다. (중략) 이미 호주, 영국, 프랑스, EU 등의 파트너도 연대를 강화해 가는 것으로 일치하고 있으며, 금후 긴밀하게 연휴(連携)하면서 중층적인 협력관계를 구축하여 「자유롭고, 열린 인도 태평양」 실현을 향한 노력을 가속하고 있다.

따라서 필자는 일본이 내세운 「자유롭고, 열린 인도 태평양」이라는 슬로건에 사용된 내부 용어들이 갖는 '의미'에 어떤 것이 부착되어 있는지 그 역사적 의미를 재고하고, '회랑'='탈영토화'가 오히려 '원격 제국화'를 합법화 하려는 그 '속내'를 고찰해 보고자 한다.[3] 유행처럼 나타나는 시대적 포퓰리즘(populism)이나 사조 혹은 패러다임을 어떻게 받아들이고, 해석해야 하는가를 묻는 의미이기도 하다. 다시 말해서 '자유', '열림', '평화', '협력', '제휴', '친선', '국제화' 등 '규범화된(것처럼 보이는)' 문구가 갖는 파괴성이다. 이 용어는 너무도 거대하기 때문에 '자명함=자연적' 선(善)으로 인지되어 그 내부에서 파생되는 '배제/차별'을 식별불가능하게 만들어 버리기 때문이다.

---

3) 羽根次郎, "「一帶一路」構想の地政学的意義の検討", 「現代思想」Vol.45-18(青土社, 2017), pp.98-108.

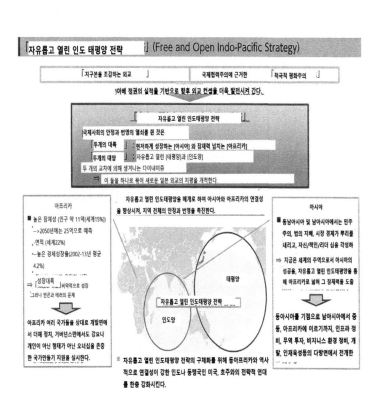

[그림 11]

출처: '일본의 향후 연결성 구상: 회랑(回廊: corridor)론'. 外務省, 『(2017年版 開発協力白書)
日本の国際協力』(東京: 外務省, 2018, p.3에서 인용.

그렇지만 반대로 이러한 용어를 사용하기 때문에 '인지'되는 한계성,
외부성, 문제성을 감지 가능하게 해 주기도 한다. 먼저 본 논고에서는
'회랑 민족주의의 기원'을 메이지기의 「제국국방방침」에서 찾고, 이 논
리들이 시대적 흐름 속에서 어떻게 바뀌면서 '일본 중심주의=국가주의
=제국주의'로서 재현/재편되어 왔는지를 밝히고자 한다. 그를 통해 '자
국 중심주의'의 긍정이 갖는, 부정의 유산을 밝혀내 보고자 한다.

II. 「제국국방방침」의 사상적 배경

메이지기 러일전쟁 종결 후 메이지 정부 국방방침이 제정된 것은
러일전쟁 직후 1907년 4월 4일이다. 그 이전에는 청일전쟁과 러일전쟁
을 치르기 위한 기밀작전을 비롯해 유사시를 대비한 작전계획은 존재
했지만, 평상시에 국방방침이라고 정의한 정부문서는 존재하지 않았
다.[4] 그런 의미에서 국방방침이 1907년 4월 처음으로 제정된 것은 정식
문서로서 그 기원을 갖게 되었다. 이것은 당시 일본의 국가적 독립과
식민지획득이라는 대외적 과제를 달성한 후 일본제국 새로운 국가목표
를 모색하면서 마련한 국방정책의 기본방침을 정했던 것이다.[5]

물론 현재적 해석이기는 하지만, 이 국방방침이 기준이 되면서 '국방
환경'의 변화라는 '자의적' 해석에 의해, 결국 제국국방 방침도 1918년
(6월 29일), 1923년(2월 28일), 1936년(6월 3일) 개정을 거치고, 결국
대동아전쟁으로 나아가게 된 것이다.[6] 그런 의미에서 그 내용의 변모
과정은 일본이 제국주의를 마련하고, 대동아공영권을 부르짖게 되는
'정치사상으로서의 국방방침'의 내적 특성을 분석해 낼 수 있을 것이다.

특히 이 내용들의 표현들은 2016년 아베 신조가 논고한 '자유롭고,
열린 인도 태평양' 선언과 '동형적' 특성을 갖는다는 의미에서, 가장
현재를 이해하고, 그 본질을 파악하는데, 중요한 기원이 된다. 그러한
의미에서 112년 전에 만들어진 과거 일본의 '국방=외교'라고 치부하기
보다는, 현재의 일본모습을 보여주는 가장 '새로운 일본의 국방외교론'

---

4) 黒川雄三,「国家戦略で読み解く日本近現代史」(東京:芙蓉書房出版, 2019), p.56.
5) 朴完, "大正七年帝国国防方針に関する小論",「東京大学日本史学研究室紀要」
   17(東京大学大学院人文社会系研究科·文学部日本史学研究室, 2013), p.33
6) 황병선, 김현승, "태평양 전쟁은 어떻게 시작되었나?: 미국의 오렌지전쟁계획과
   일본의 일본제국국방방침",「合參」제60호(합동참모본부, 2014), p.90.

인 것이다. 그런 의미에서 1907년의 제국국방방침이 동아시아의 패권 경쟁과 어떻게 연동되었는가를 검토해 볼 필요가 있다.

한국 측의 선행연구로서는 조명철[7]의 논고가 대표적이다. 일본 측 원문을 충실하게 검토하면서, 국방방침에 내장된 '정전략(政戰略) 일치'의 등장과 '공세전략'의 핵심개념 등장에 대해 구체적 의견들을 분석하여 검토했다. 특히 국방방침의 성립과정과 책정 과정을 다나카 기이치(田中義一)와 야마가타 아리토모(山縣有朋) 안을 검토하면서 '공세전략'이 나타난 상황을 제시한다.

그리고 가상적국이 육군과 해군의 '군비확장'이라는 입장 차이에 의해 선정된 논리를 규명했다. 그리고 황병선[8]의 논고와 황병선, 김현승[9]의 논고는 '일본제국 국방방침'과 미국의 '오렌지전쟁계획'을 비교 검토했다. 장형익[10]은 「제국국방방침」을 분석한 석사논문과 총력전 구상과 연결시켜 집필한 논고가 있다. 일본에서는, 대표적으로 구로노 다에루(黑野耐)와 구로카와 유조(黑川雄三)의 단행본이 대표적인 성과이다.[11] 그럼에도 불구하고 이러한 논고들이 메이지시기와 전후 일본의 '인도태

---

7) 조명철, "일본의 군사전략과 '국방방침'의 성립", 「日本歷史硏究」제5집(日本歷史硏究會, 1997), pp.87-112.

8) 황병선, "민군관계와 군사전략의 공세성: 1907년 「일본제국국방방침」의 제정을 중심으로", 「한국군사학논집」제70집 2권(육군사관학교, 2014), pp.29-57.

9) 황병선, 김현승, 「태평양 전쟁은 어떻게 시작되었나?: 미국의 오렌지전쟁계획과 일본의 일본제국국방방침」「合參」제60호(합동참모본부, 2014), pp.90-94.

10) 장형익, "일본의 총력전 체제 도입과 전개에 관한 연구: 1920·30년대 「제국국방방침」을 중심으로", 「석사학위논문」(국방대학교 안전보장대학원, 2009). 張炯翼, "근대 일본의 총력전 구상과 「제국국방방침」", 「軍史」제70호(國防部軍史編纂硏究所, 2009), pp.197-229.

11) 黑野耐, 「帝国国防方針の研究」(東京: 総和社, 2000), pp.1-363. 黑川雄三, 「近代日本の軍事戦略概史」(東京: 芙蓉書房出版, 2003), pp.1-306. 黑川雄三, 「国家戦略で読み解く日本近現代史」(東京: 芙蓉書房出版, 2019), pp. 1-294.

평양' 정책으로 연결되는 논리의 '속성'을 분석한 것은 없다고 여겨진다.

본 논고에서는, ① 「국방방침」이 형성된 시대적 배경으로서 '위기의식'과 인식지도 재편, ② 「국방방침」에 내용 변모 확인, ③ 동원되는 보편주의와 무주체적 국민주의의 형성이라는 세 가지 측면을 검토해 보고자 한다. 이를 통해 일본의 국방방침이 갖는 동형적 특성을 밝혀내고, 그 내면에 존재하는 '천황중심주의의 제국주의 욕망'과 '문화적 세계 식민화 의도'가 존재한다는 점을 제시하고자 한다.

[표 16]

「제국국방방침」에서 '회랑 민족주의'로의 변주				
시각	내용	대외적 인식	방법론의 상투어	배경
동형성	제국국방방침	위기의식과 가상적국	러일전쟁, 양육강식, 국민주의	천황제국가
	제1차개정 - 제3차개정		제1차세계대전, 데모크라시	
	기반적방위력 구상		냉전, 조선전쟁, 국제화	
	동적방위력 구상		다국가주의, 다중성, 세계화	

출처 : 「「제국국방방침」에서 '회랑 민족주의'로」 필자 작성.

III. 일본적 「제국국방방침」의 형성과 그 이형성(異形性)

1907년 4월 4일에 책정된 「제국국방방침」은, 1918년 6월 29일[12],

---

12) 1907년, 1923년, 1936년의 제국국방방침은 정식문서가 현존하는데, 1918년의 제국국방방침은 그 전문을 알 수 없다. 朴完, "大正七年帝国国防方針に関する小論", 「東京大学日本史学研究室紀要」第17号(東京大学大学院人文社会系研究科·

1923년 2월 28일, 1936년 6월 3일 개정을 거치면서 '국방의 본의'를 유지했다.[13] 「일본제국의 국방방침」·「국방에 필요한 병력」·「제국군(帝國軍)의 용병강령」[14]을 국방방침이라고 정의했다. 국방방침은 '정치와 군사 양면적 성격과, 국방정책의 대본(大本)'이 되는 것이다. 다시 말해서, 국방방침은 기본방침으로서 정략(政略)을 설정하고, 이에 근거하여 전략을 결정하여, 이 전략을 실행하기 위한 작전용병 방침(용병강령)으로 정하고, 전쟁 수행 상 필요한 병력(소요병력)으로 즉 '정략, 전략, 작전 용병, 소요병력'을 체계화 한 것이다.[15] 일본 최초의 국방방침(현, 「방위계획의 대강<大綱>」[16])이며, 방위계획과 대외 인식을 담지하고 있는 '정전'인 것이다.

그렇다면 이 「제국국방방침」은 어떤 시대적 배경 속에서 책정되었던 것일까. 먼저 당시의 대외적인 상황을 본다면, 러시아가 시베리아 철도를 착공하는데, 이때 위협을 받은 것은 영국과 일본이었다. 야마무로 신이치(山室信一)는 이러한 시대적 상황을 "영국은 해군력으로 유지해 오던 유럽 열강의 주도권이 흔들리게 될 우려를 갖게 되고, 인도의 영국통치에 불안을 조성했다. 기존 권익과 세력 지도를 다시 쓴다는

文学部日本史学研究室, 2013), pp.33-44.

13) 黒川雄三, 「国家戦略で読み解く日本近現代史」(東京: 芙蓉書房出版, 2019), p119. p.150. p.187.

14) 朴完, "大正七年帝国国防方針に関する小論", 「東京大学日本史学研究室紀要」第17号(東京大学大学院人文社会系研究科·文学部日本史学研究室, 2013), p.36.

15) 黒野耐, "「帝国国防方針」政戦略考", 「国際政治」第112号(日本国際政治学会, 1996), p.175.

16) 방위계획 대강은 1957년에 사용하고자 했으나, 의견 분열로 인해 방위력정비계획으로 대신했다. 이후 1976년 「방위 계획의 대강」이 국방회의 및 내각에서 결정되어 논고하게 된다. 黒川雄三, 「近代日本の軍事戦略慨史」(東京: 芙蓉書房出版, 2003), pp.267-268.

의미로 작동하게 되고, 국제 정치 정세에 큰 영향을 미치게 된 것이다. 패권을 위협한다는 의미에서, 국경을 접하는 주변국 즉 중국이나 한국은 말할 것도 없이 일본도 직간접적으로 심대한 위협으로서 심리적으로 압박으로 다가왔던 것"[17]이라며, 국제정세의 변화와 패권 위협을 피할 수 없는 것이라고 분석했다.

실제로 러시아의 남하정책은 만주와 조선에 영향을 주었고, 만주 남단과 요동반도의 여순항을 러시아가 차지하려는 의도에서 삼국간섭이 이루어지고 있었다.[18] 러시아는 동맹국 프랑스를, 대립관계였던 독일을 끌어들인 것이다. 이러한 상황에서 영일동맹은, 1902년 1월 30일에(제1차), 1905년(2차), 1911년(제3차)에 갱신되었다가, 1923년 8월 17일까지 이어졌다. 영일동맹은, 20여 년간 지속되었던 것이다.

특히 1905년 8월 12일 조인된 제2차 영일동맹협약은 매우 중요한 의미를 가졌다. 즉, "러일전쟁 전에 체결된 방수(防守)동맹을 공수(攻守)동맹으로 갱신한 것이다. 제2차 영일동맹 성립 후 1907년에 제정된 「제국국방방침」의 전략 및 작전은 영일협동이 기본"[19]이 바탕이 되었다. 동맹을 통한 국제문제 해결이라는 '세계적 인식=국제정세 활용'이라는 '협력'을 바탕으로 이루어진다는 점이다.

그렇다면, 영일동맹 협약에 내용에 적힌 '방수·공수'라는 문구가 구체적으로 어떻게 「제국국방방침」과 맞닿고 있었을까. 영일동맹의 공수(攻守)동맹화와 국방방침 책정 관련성에 대한 분석이 필요하다.

---

17) 야마무로 신이치(山室信一)저, 정재정역, 「러일전쟁의 세기」(서울: 소화, 2010), pp.65-66.

18) 黒川雄三, 「国家戦略で読み解く日本近現代史」(東京: 芙蓉書房出版, 2019), p.74.

19) 黒野耐, "第二次日英同盟と国防方針", 「防衛研究所紀要」第5巻第3号(防衛研究所, 2003), p.66.

일본에서는 러일전쟁 이전까지만 해도 아니 러일전쟁 직후까지 '육군 연도(年度) 작전계획'에 포함된 내용은, 적군이 일본 본토에 상륙했을 경우를 상정한 '수세 작전 계획'이었다. 이것이 러일전쟁 이후 일본이 동양에서 일본 해군의 지위가 높아지고, 관동주(關東州)를 조차(租借)했다는 '국방환경'의 변화 감지는 작전계획이 '대륙에서의 '공세작전계획''으로 전환되는 계기가 되었다.[20]

일본은 군비의 목적을 '국내진압'으로 상정했고, 메이지 근대국가에서는 국방 군비를 정치의 최우선 과제로 내세우며, '국내 경비(警備)'에서 국토 방위형 군대로 이행했다. 즉 징병제에 의한 국민군대라는 것을 선언하면서, 국민국가의 군대를 갖게 된 것이다. 자국의 국민군대를 양성하면서, 대외 러시아와 청나라에 대해서는 '평화외교'를 기본정책으로 내세웠다. 그것은 청나라 군사력의 규모가 일본을 능가한다고 보았기 때문이며, 청나라를 위협적인 존재로 인식하고 있었다.

그런 이유에서인지, 일본의 근대 메이지 초기 국방전략의 기본방침은, 러시아와 청나라를 방어한다는 명분으로 '이웃 제국주의'를 경계한다는 측면에서의 '국토의 전수방위(專守防衛)'였다. 한마디로 군사전략은, 연안지역 방어에 의한 '수세방어(守勢防禦)였다.[21] 전수방위 즉 고정적 방어라는 색채를 강하게 띠고 있는 것이다.

흔히들 안전보장을 설명하기를, 자국의 영토 내에 침략해 온 적을 자국 내에서 격파하는 것과 자국의 영토 이외 지역에서 즉 자국의 영토를 넘어 기선을 제압하고 격파하는 것으로서, 공통적으로 '외적(外敵)의

---

20) 小林道彦, "「帝国国防方針」再考 : 日露戦後における陸海軍の協調", 「史学雑誌」 98巻4号(公益財団法人 史学会, 1989), p.45

21) 黒川雄三, 「国家戦略で読み解く日本近現代史」(東京: 芙蓉書房出版, 2019), pp.57-58.

군사적 협위를 스스로의 군사력을 통해 제거하는 방법'이라고 보고, 전자를 '수세전략'이라 하고 후자를 '공세전략'이라고 본다.[22]

그렇다면 일본은 처음에는 전수방어, 수세방어(수세전략)를 통한 안전보장을 수립한다고 상정했다. 그런데 러일전쟁 이후 공세전략으로 전환하는데, 그렇다면 어떠한 논리에서 이러한 '인식론·패러다임의 전환'을 고안해냈던 것일까.

일본은 자신들이 겪은 '러일전쟁 경험'을 통해, 일본이 국제정세의 변화를 감지하면서, 나아가야 할 '국가 건설'에 새로운 국가 대계를 결정해야할 터닝 포인트에 놓여 있었다. 구로노 다에루(黑野耐)가 지적하듯이, 일본 정부는 국가전략 방침을 결정하지 못하고 있었고, 눈앞의 조직(육군, 해군) 권리 확보에 경도되어 혼란을 겪고 있었다. 즉 군은 육군과 해군에서 본인들의 조직 확장을 위한 군사적 시점에만 편중되어, 국방방침을 주장하는 '편향적' 방침을 주장하게 되었다.

일본은 열강과 충돌하는 위험을 내포하면서 국가의 방향을 확대시켜 가는 '모순'을 갖게 되어 버렸다. 이는 두 가지로 해석된다. 첫째는 육군과 해군의 '내부적 성(省, 육군성·해군성) 세력 갈등'과 둘째 정부전략과 국방전략의 일원화라는 점이다. 당시 현실에서 해군과 육군의 각각의 '지위 확보'라는 상호경쟁은, 그들의 일방적 입장에 의해 '가상 적국'이 '상정'되고(순위문제 포함), 국방환경 변화 중시라는 시각도 이 견해가 '선결'되며 '군사적 시점'이 편중된다는 특징 속에서 결정되고, 동시에 그 군사적 시점이 바탕이 되어 정부 외교와도 맞물렸다. 군뿐만

---

22) 村中朋之, "明治期日本における国防戦略転換の背景-朝鮮を「利益線」とするに至るまで", 「日本大学大学院総合社会情報研究科紀要」No.5(日本大学大学院総合社会情報研究科, 2005), p.100.

아니라 외교 정치의 관념이 '일원화' 되어버린 것이다. 이것이 가장 잘 나타나는 것이 제국국방방침이었다.

우선, 제국국방방침은 어떻게 '정문(正文)'화 되고, 어떻게 수세전략에서 공세전략으로 전환하게 되는지를 살펴보기로 하자. 잘 알려진 것처럼, 「제국국방방침」은 다나카 기이치(田中義一)의 「제국국방방침안」을 기초로, 야마가타 아리토모(山県有朋)가 면밀하게 수정하여 완성해 갔다. 다나카와 야마가타의 두 안을 비교 분석한 것으로 오야마 아즈사(大山梓)의 논고가 있는데, 이 논고에는 다나카와 야마나카의 차이점과 공통점을 제시해 준다.

먼저 차이점을 본다면, 다나카 기이치는 만주, 시베리아, 청국 북부에 경제적 가치보다는, 청국 남부 경제적 가치를 평가하면서 남부 진출을 주장했다.[23] 다나카 기이치는, 러일전쟁으로 일본이 획득한 남만주의 특수권익을 더욱 강고히 하기 위해 경제기반 확보를 기본으로 하고 있었다. 그리고 중국에서 방생한 반일, 배일감정을 보고, 이를 정화할 필요성을 주장했다. '정신적 우호'관계를 주장하면서, 유럽 선교사들의 박애주의를 보고, 일본의 이미지 변경을 제안했다.

다른 표현으로 '정신적 우호'를 내세웠고, 국익 신장의 도구로서 활용하고자 했다. 즉, '보편적 가치와 인도적 공헌'을 주장했는데, 이는 노골적인 국익추구를 은폐 수단으로서 보편적 가치를 활용하고 있는 것이다.[24] 다나카의 안은 인도 공략도 적고 있었다. 또한 다나카 기이치는 프랑스, 독일에 대한 방침이 있었지만, 야마가타에 의해 삭제되고,

---

23) 黒野耐, "「帝国国防方針」政戦略考", 「国際政治」第112号(日本国際政治学会, 1996), p.179.

24) 藤田賀久, "近代日本の文化事業が目指した理念: 国益の追求か, 普遍的価値の創造か"「紀要」No.3(多摩大学グローバルスタディーズ学部, 2011), pp.34-36.

일본과 밀접한 이해관계를 갖는 러시아와 청나라만으로 결정했다.[25]

물론 기본적으로 다나카 의견 또한 국방상 가장 중요한 '가상적국'은, '가장 중요한 적국은 러시아로서 국리국권의 신장은 우선 청나라를 향해 기도(企圖)해야 할 것으로 상정'한다고 피력했다. 이것은 그대로 야마가타와 일치하게 되고, 주요 적국은 러시아로 상정하게 된다. 러일전쟁 직후의 국방방침은 가상적국은 러시아였고, 국방방침으로서 책안(策案)되었다. 결과적으로 "국방방침은 일본의 국시(國是)와 그것에 기초한 대외정책을 분명히 하고, 그 속에서 군사의 역할과 전략을 정한 다음, 국제정세와 각국의 대외정책·군사력을 분석하여 군비의 기준으로서 가상적국을 열거한 것이다. 가상적국에 대한 작전의 기본방침을 정한 것"[26]이라고 밝히듯이, 국시(國是)와 대외정책 그리고 군사의 역할과 전략이 연쇄적인 입장에서 패러다임을 만들어내고 있었던 것이다.

앞서 정리한 것처럼, 다나카의 의견을 바탕으로 「제국국방장침」 책정에 결정적 역할을 한 야마가타 아리토모를 보면, 국방 논리를 더 분명하게 알 수 있을 것이다. 당시 「제국국방장침」를 책정할 때 야마가타 아리토모는 다른 중신들이나 군인들로부터도 의견서를 받았다.[27] 「제국국방방침」 책정에 관여한 군인 중 마쓰이시 야스하루(松石安治)는 「국방대방침에 관한 의견」(1906년 12월 26일)에 '개국진취(開國進取)의 국시(國是)'라며, '국리민복(國利民福)을 증진하기 위해 해외를 향해 우

25) 大山梓, "山県有朋「帝国国防方針案」", 「国際政治」第19号(日本国際政治学会, 1962), p.171.
26) 朴完, "大正七年帝国国防方針に関する小論", 「東京大学日本史学研究室紀要」第17号(東京大学大学院人文社会系研究科・文学部日本史学研究室, 2013), p.33.
27) 黒川雄三, 「国家戦略で読み解く日本近現代史」(東京: 芙蓉書房出版, 2019), p.56.

리 이권을 확장할 것', '매해 증가하는 과잉 인구의 이식하여 식민지를 획득할 것'이라고 적고 이었다.

특히 후자 쪽 수행을 위해서는 '평화적 수단 이외에 반드시 병력(兵 力)이 수반되지 않으면 안 된다며, "첫째, 시베리아, 만주 및 몽고방면에 대한 팽창과 국시(國是) 수행을 위해서는 '우리에게 위해를 주는 가장 큰 것, 우리에게 가장 위험을 주는 적국'으로서 러시아를 선정하고, 장래 동양문제에 대해 일영동맹에 반대할 공산이 있는 러독동맹을 견 제하자"[28]고 주장했다.

즉, 참모본부 2부장인 마쓰이시는 정략에 관해 이권의 확장은 세계 각 방면으로 실행하고, 상업적 수단을 통해 발전해 갈 것을 취지로 기술한 뒤, 일본이 발전해 갈 방향으로서는 첫째 시베리아, 만주 및 몽고방면, 둘째 필리핀 및 인도 이남의 남양 제도(諸島), 셋째 중앙 및 남아메리카 등 세 지역을 들고 있었다.[29] 남북 병진(竝進)의 논리였다. 물론 가장 위협적인 국가로서 가상적국은 '러시아'였다.

또한 야마가타는, 로렌츠 폰 슈타인(Lorenz von Stein) 이론에 경사된 측면이 있었다. 잘 알려진 것처럼, 슈타인은 권세강역(權勢疆域, Machtsphare)과 이익강역(利益疆域)이라는 개념을 통해 일본 국방 전략 사상에 영향을 주었던 인물이다.[30] 슈타인은 이미 일본은 서구국제질

---

28) 小林道彦, "「帝国国防方針」再考 : 日露戦後における陸海軍の協調", 「史学雑誌」 98卷4号(公益財団法人 史学会, 1989), p.66. 특히 필리핀과 인도 남쪽의 남양제도 (諸島), 중앙 및 남아메리카 등을 열거했는데, 이는 무력행사를 포함한 식민지획 득의 대상지역으로서가 아니라 마쓰이시는, 상업적 즉 평화적으로 권리를 증진하 는 지역으로서 거론했다고 '해석'할 수 있다고 본다. p.68. 黒野耐, "「帝国国防方針」 政戦略考", 「国際政治」第112号(日本国際政治学会, 1996), p.180.

29) 黒野耐, "「帝国国防方針」 政戦略考", 「国際政治」第112号(日本国際政治学会, 1996), p.180.

서라는 근대국제사회에 놓이게 된 이상, 자국의 주권이 미치지 않는 영역이라 하더라도 그 영역의 동향이 자국의 독립에 있어서 협위(脅威)가 되는 경우는, 스스로 그 영역을 '이익강역'으로서 병력을 통해 방위하지 않으면 안 된다는 국방개념을 보여주었다.[31]

야마가타는 '이익선'이라는 말을 상용했는데, 결과적으로 야마가타가 사용한 '이익선' 개념은 슈타인의 이론과 맞물린 것으로, 조선에서의 영향력을 제거한다는 러일전쟁을 치렀고, 조선에서의 권세 확대를 꾀하는 러시아를 가상적으로 하는 '확정적 논리를' 갖게 된 것이다.[32] 또한 다나카나 마쓰이시의 의견도 반영되면서, 야마가타는, 러일 전쟁 종료 후 극동에서 러시아 군인의 위협이 잔존해 있다는 것을 강조했고, 러일 전쟁 이전에 가졌던 수세전략에서 가상적국은 러시아를 재 소환하면서 공세전략으로 전환할 수 있었던 것이다.

즉, '가상적국 러시아' 이론은 일본 국방 정책의 기초가 된 '근거로 작동'하고 있었던 것이다.[33] 그 연장선상에서, 군부의 정치적 요구의

---

30) 瀧井一博, "「日本におけるシュタイン問題」へのアプローチ", 「人文學報」第77 号(京都大学人文科学研究所, 1996), pp.27-62.

31) 村中朋之, "明治期日本における国防戦略転換の背景-朝鮮を「利益線」とする に至るまで", 「日本大学大学院総合社会情報研究科紀要」No.5(日本大学大学院 総合社会情報研究科, 2005), pp.108-109. 일반적으로 국가를 논할 때나 또는 이유 여하를 막론하고 병력을 통해 외적을 막아 보호하는 것의 주권 영역을 권세강역 이라고 말한다. 또한 권세강역의 존망에 관한 외국의 정사(政事) 및 군사상의 경장(景狀)을 가리켜 이익강역이라고 말한다. 그렇기 때문에 군사 조직은 두 개의 기초에 근거하지 않으면 안 된다. 즉 첫째 자국의 독립을 보호하고 자기의 권세강역 내에서 타인의 습격을 배제하는 것이고, 둘째는 위기존망에 만일 어쩔 수 없을 때에는 병력을 통해 자기의 이익강역을 방호(防護)할 준비를 하지 않으면 안 된다. 라고 정의했다. 「斯丁氏意見書」의 내용이다.

32) 平野龍二, "第一次西園寺内閣の国防政策: 軍備拡張の抑制と積極的外交政策", 「法学研究」第92券第1号(慶應義塾大学法学研究会, 2019), pp.279-303.

근간에 「제국국방방침」을 두고, 육해군의 입장 차이를 조율하여 나아가 정계와의 일치성을 통한 '유기체적 국방' 이론을 만들어내고자 했다. 그것은 동양의 평화를 위한 방법으로 필요불가결한 논리였고, 제국 군대의 이상이기도 했다.

> 제국의 국방방침은 종래 수세(守勢)를 본령으로 하고 그 작전 계획도 육해군 각각 책정하였기 때문에 협동일치라는 점에서 유감이 생겼다. (중략) 형세가 일변하여 동양평화를 담보는 실로 폐하의 손안에 존재함에 따라 제국 스스로 권세(權勢)를 위호(衛護)하여 동맹국에 대한 책무를 다하는 국방방침도 퇴쌍(退雙)주의의 답습을 허하지 않고 반드시 공세 작전을 통해 본령으로 하여 그 계획 실시는 육해군의 협동을 기다리지 않을 수 없다. 그리하여 협동은 국방방침에 의해 지도하는 국방방친은 국시를 기초로 하는 정계와 일치하는 것이다. 즉 국방방침은 육해군의 작전계획에 기준을 부여하고 군사 제(諸)경영의 근원을 이루는 것으로 실로 제국군(帝國軍)의 신수(神髓)이다.[34]

야마가타 아리토모는 결과적으로 두 가지를 확정한다. 영토영해의 경계를 주권선이라고 칭하고, 이를 침해하는 외적(外敵)을 배제하는 방책, 둘째는 주권선의 안전에 매우 커다란 관련을 갖는 구역의 외주(外周,

---

33) 大山梓編, 「山縣有朋意見書」(東京: 原書房, 1966), p.196. 국가독립 자위(自衛)의 길은 두 가지가 있다. 하나는 주권선을 수어(守禦)하여 타인의 침해를 허용하지 않는 것이고, 둘째는 이익선을 방호(防護)하여 자기의 형승(形勝)을 잃지 않는 것이다. 무엇을 주권선이라고 말하는가 하면 강토(疆土)가 그것이며, 무엇을 이익선이라고 하는가 하면 인국접촉의 세력이 우리 주권선의 안위와 긴장시키는 것과 상관관계가 있는 구역을 말한다.

34) 大山梓, "山県有朋「帝国国防方針案」", 「国際政治」第19号(日本国際政治学会, 1962), p.173.

바깥 둘레)를 이익선(利益線)으로 하여 침해하는 적을 배제하는 정책이 그것이다.35) 외교 전략으로서 만주지배 집착하면서도 열강과는 협조, 일본의 만주 권익의 국제적 정당성을 확보하고자 하는 논리가 생명선 (生命線)으로서의 이익선이었던 것이다.

결과적으로 메이지정부는 '정권의 유지, 부국강병, 열강에 대항할 수 있는 산업력'이라는 3대 목표를 달성하기 위해 최대한의 경제적 과제는 불안저안 재정을 안정화시키고 재정기반 확립하는 것과 서구화 정책에 기인하는 무역적자의 해소에 있었다. 군사력의 확대나 철도 네트 등 교통인프라 정비와 함께 고정적 방어방식을 탈피하여 적의 상륙지역에 맞추어 기동적으로 이동하여 적을 물리치는 효율적인 '공 세방어'로 전환하게 된다. 전후 자위대의 국토방위전략의 원형(原型)이 기도 하다.36)

물론 공세작전이라고 하더라도 공세방어이며, 국내 수세작전을 위한 네트워크로서 인프라 구축은 지속적으로 발전했는데, 이 인프라를 두 고 수세의 혈액이며, 신경(神經)이라고 논했다. 인프라 그것이 이익선 확대에 공헌하고, 운송과 총후의 지원을 통해 외연을 확장해 나아갈

---

35) 黑川雄三, 「国家戦略で読み解く日本近現代史」(東京: 芙蓉書房出版, 2019), p.59. p.119. 국방의 목적, 군사제도, 군사전략, 군사력과 병참조직·교육조직의 정비, 국방정책의 최우선 등에 대해 천황에게 건의했다. 56 1907년 4월 국방방침이 책정되어 천황의 재가를 받게 된다.

36) 黑川雄三, 「国家戦略で読み解く日本近現代史」(東京: 芙蓉書房出版, 2019), p.58. p.69. 교통인프라나 통신인프라, 교육제도나 지방자치제도 등의 사회인프라를 정 비한다. 육운(陸運, 철도·도로)과 해운(海運, 선박·항만) 등 교통인프라는 산업 화의 중요한 물류 인프라이다. 대영제국 영국의 번영이 대규모의 '해운상선대와 강력한 해군력'에 있었다는 것을 배운 오쿠보 도시미치(大久保利通)는 해운업을 육성하고자 했다. 이 오쿠보의 해운정책에 의해 발전한 것이 미쓰비시(三菱) 주식회사인 것이다.

수 있는 공세적인 것이 가능한 것이라고 보았다. 이는 패권구축의 기반이 되었던 것이다. 그리고 앞에서 인용한 야마가타의 「제국국방방침안」에 나타나듯이, 일본은, 반복해서 자신들을 제국이 동아의 맹주로서 자주적 세력을 유지하고 동양평화의 책임을 완수해야 한다고 주장했다. 상투어적인 선전이며, 반복적 주입이었던 것이다.

즉 "오늘날의 형세에 있어서 세계무대에 서서 그 위치를 요구하는 것인데, 준비하는 나라는 강국이며 평화국이다. (중략) 동양의 평화를 유지하고 세계의 평화에 공헌 할 우리나라의 책무이며 국민의 이상, 복지도 동시에 존재하게 된다. 제국의 국시는 어디까지나 명확하다. 즉 대륙에 확고한 기초를 구축하고, 이를 통해 동양을 호령하는 것뿐이다. 퇴쌍주의, 섬나라 주의는 자멸이다. 침략적이지 않지만 진취적이지 않으면 안 된다. 소일본주의가 아니라 대일본주의여야 한다"[37]고 선전했다.

군사적 정치적 경제적으로 항상 우월한 지보(地步)를 획득하려는 논리였고 결국, 이를 위한 실천 이론으로서의 「제국국방방침」은, 국방환경의 변화를 발 빠르게 파악하는 정세판단, 가상적국, 작전방침, 군비의 정비 목표 등을 '심층적으로 연결'하여 자족적으로 그것을 구성했던 것이다.

이는 앞서 언급한 것처럼, 현대 일본의 '안보전략'과 「방위계획의 대강」을 만들어 내는 연원이 되었다. 특히 강조한 것은 국권의 확장과 국가의 이익과 국민의 복리(國利福民)의 증진이었다. 그것은 국민들에게 군의 능력을 제시하고, 그것은 다시 국민들의 애국심에 대한 자신(自信)을 요구하는 쌍을 이루면서, 국민의 응집은 천황과 국가에의 충성을 의무화하는 '천황 친정형'이라는 군대 특유의 선량(選良)의식을 심어주

---

37) 半沢玉城, 「国防時論」(東京: 上田屋書店, 1913), pp.3-14.

었던 것이다.38) 국가와 국민의 일체성을 '국방'의 논리와 연결하여 만들어 냈고, 아니 오히려 그것에서 찾으려했다. 이러한 기본 방침과 의도는 이후 개정된 「제국국방방침」 속에 여전히 녹아 있었고, 내재적인 특징은 일관되었다.39)

38) 黒川雄三, 「国家戦略で読み解く日本近現代史」(東京: 芙蓉書房出版, 2019), pp.120-123.

39) 朴完, "大正七年帝国国防方針に関する小論", 「東京大学日本史学研究室紀要」第17号(東京大学大学院人文社会系研究科·文学部日本史学研究室, 2013), p.38. ① 국방의 본의(本義), ② 국방의 방침, ③ 정세판단, ④ 상정적국별 위협도 판단, ⑤ 요약이었다. 黒川雄三, 「国家戦略で読み解く日本近現代史」(東京: 芙蓉書房出版, 2019), p.150.

연월일	1907년(4월 4일)	1918년(6월 29일),	1923년(2월 28일),
명칭	국방방침	국방방침	국방방침
	소요병력	소요병력	소용병력
	용병강령	-	용병강령
상정(가상) 적국	러시아, 미국	러시아, 미국, 중국	미국, 소비에트, 중국

「제국국방방침의 구성」을 박완(朴完)의 "대정7년 제국국방방침에 관한 소고(大正七年帝国国防方針に関する小論)"를 참조하여 필자 작성.

[표 17]

「제국 국방방침」 작성자 야마가타 아리토모(山縣有朋)	「제국국방방침」 작성자 참모본부	「제국국방방침」 작성자 참모본부
1907년(4월 4일)	1923년(2월 28일)	1936년(6월 3일)
1. 일본제국군의 국방방침 - 우리 국방의 본령은 육해군 양군의 성실한 협동에 의해 비로서 공세작전을 이룰 수 있다. (중략) 수세적 전비(戰備)를 채용한다. - 이유: 수세작전의 방침을 통해 우리 국권을 옹호하고 영토를 유지하는 것에 적합할 것으로 일영 공수(攻守)동맹의 체결 이래 우리 제국은 대륙적 작전을 이루기 위한 책무를 갖게 된다. (중략) 우리 영토는 사면이 환해(環海)에 위치하고 있어서 고정 방어(固定防禦) 부분에 속하는 것은 해전의 상황 확정될 때까지 본연의 전비를 채용하는 것이 가능하다. (후략)	1. 국방방침: 제국국방의 본의(本義)는 제국의 자주독립을 보장하고 국리국권(国利国権)을 옹호하여, 제국의 국책에 순응하고 국가의 발전과 국민의 복지증진을 꾀하는 데에 있다. 국방의 안고(安固)를 기하기 위해서는 내국 기초를 공고히 하여, 국력의 충실을 국외 열강과의 교의(交誼)을 돈후(敦厚)하게하여, 해외의 발전을 책(策)하여 무비(武備)를 엄중하게 하여 모욕(侮)을 방지하고, 항상 정의공도(正義公道)에 입각한 열국(列国)과 협조하여 분쟁의 화인(禍因)을 제거하여, 전쟁을 미연에 방지기 위해 노력함과 함께 유사시에는 국가의 전력을 다해 적에 신속하게 전쟁의 목적을 달성하는데 용이한 것을 요한다. 二. 제국 국방의 방침은, 국제적 고립을 피하고 제국과 충돌의 기회가 가장 많은 외국에 대해 특히 경계를 엄중하게 하여 적국의 결합을 파괴하여 우리나라의 연맹을 긴밀하게 함으로서 전쟁 수행을 유리하게 하는 것에 노력하여, 완급적인 공세작전을 통해 대응한다. (후략)	1. 제국국방방침: 첫째, 제국국방의 본의는 건국이래(建国以来)의 황모(皇謨), 천황의 치도(治道)·필자)에 근거하여 항상 대의를 본(本)으로 하여, 국위(国威)를 현창(顕彰)하여 국리민복(国利民福)의 증진을 보장하는 데 있다. 둘째, 제국국방의 방침은 제국국방의 본의에 근거하여, 명실공히 동아의 안정 세력으로서 국력, 특히 무(武備)를 갖추어 동시에 외교에 이를 적용하는 것을 통해 국가의 발전을 확보하여, 유사시에는 기선을 제압하고 신속하게 전쟁의 목적을 달성하는데 있다. 그리고 제국은 그 국정(国情)을 감안하여 작전 초동의 위력을 강대하게 하는 것이 특히 긴요(緊要)하다. 더 나아가 장래의 전쟁은 장기에 걸친 커다란 것임을 통해 이를 견뎌야 할 각오와 준비를 필요로 한다. 셋째, 제국의 국방은 제국국방의 본의에 비추어 우리나라와 충돌할 가능성이 크고 강대한 국력 특히 무비(武備)를 가진 미국, 러시아(소비에트) 연방을 가리킨다. (후략)

출처: 朴完, 「大正七年帝国国防方針に関する小論」, 『東京大学日本史学研究室紀要』第17号(東京大学大学院人文社会系研究科·文学部日本史学研究室, 2013), pp.33-44를 참조하여 재구성.

이 연장선상에서 일본은 1943년 11월에 '대동아협동선언'을 논고한다. 메이지 유신 이후 일본의 행로에서 정한론의 이중성-정벌이라는 이름으로 자신의 입장을 공격적으로 제시, 겉으로는 평화 세계구축이라는 논리를 강조한 것처럼, 세계질서를 세계단위로 나누어 관리, 지역의 신개념을 도입, 시장·자본을 통한 세계 지형 흔들기를 시도하며,

신동아질서 구상론을 통해 대동아 공영권으로 나아가고 있었다.

그 표면적 동원 이론은, "공존공영, 자주독립, 경제발전, 인종차별철폐라는 내용"을 담고 있으며, 이는, 자존자위(自存自衛)라는 일본중심의 전쟁목적을 확대한 것이다.[40] 동시에 아시아의 해방이라는 목적을 내세우고 있었다. 그럼에도 불구하고 '대동아전쟁'의 지정학은, 서구적 세계질서를 유지하거나 강화하는 단순한 실증학이 되어서는 안 된다고 비평하며, 그것을 대신하여 '황도(皇道)'나 팔굉일우(八紘一宇)를 주체적 사상 확립이라는 '일본지정학'의 논리였다.[41]

IV. '전후 민주주의' 속 방위론과 파워 효과

일본은 전후, 패전과 미국의 점령 그리고 동서냉전과 조선전쟁을 겪으면서, 미일안보조약을 통한 국방방침 국가전략이 탄생시킨다. 아니 정확하게 말하자면, 미국 산하에서 재군비라는 전후 고유의 체제를 만들고 있었다. 미국의 일본 기지화라는 전략 속에 편입된 것이며, 전후 일본은 이 방침의 수용과 전개 그리고 이를 저지하는 길항관계라는 '전후 미국 점령' 사회를 내면화해 갔던 것이다.[42]

단적으로 중국과 소련, 북한에 대한 반공의 방벽이라며 일본의 전략적 가치를 바꾸고 재인식한 미국은, 일본의 재군비를 시작한 것이다. 구로카와 유조(黒川雄三)가 적절하게 제시하듯이, 이 시기는 경무비(經

---

40) 黒川雄三, 『国家戦略で読み解く日本近現代史』(東京: 芙蓉書房出版, 2019), pp.219-239.
41) 柴田陽一, 「思想戦と「日本地政学」, 「人文学報」第105号(京都大学人文学研究所, 2014), p.70.
42) 磯前順一, 『昭和・平成 精神史』(東京: 講談社, 2019), p.33.

武備), 경제성장 우선, 미일안보 기축(基軸)을 내세우고 있었다.

1946년에 시작되는 동서냉전의 격화와 조선전쟁, 미국의 일본 재군비 요구를 가속화시킨다. 1953년 안보대를 자위대로 바꾸고, 직접침략에도 대항할 수 있도록 증강하는 것, 장기 방위계획을 확립하는 것에 합의했다.[43]

이는 일본 전후 사회의 사회적 인식과 맞물려 움직이고 있었다. 일본은, 전후 30년 일본의 경제대국화를 성취하면서, 일본 내부에서는 '평화와 민주주의'를 향유하게 되었다. 일본 사회에서 사상조류나 개혁을 일괄적으로 '전후 민주주의'라는 총칭이 급속하게 일반화 되었다던 것이다.[44] 전후 세대가 증가하고, 일본이 경제대국으로 성장하면서, 평화 넌센스, 민주주의 넌센스라는 말도 함께 탄생했다.

결국 그러한 민주주의에 익숙해진 평화의 시대밖에는 모르는 세대가, 즉 그것이 민주주의라고 믿는 '민주주의' 속에서 '민주주의 비판'이 생겨나는 상황이 발생하게 된 것이다. 그것은 곧 미국 민주주의가 무엇을 감추고 있으며, 미국 민주주의에 의해 만들어진 '고유의 일본 상황'이라는 점을 각성하지 못한 채 전개되었다는 점이다. 주체가 역사적 문맥 속에서 내재적으로 분절화 되거나 효과가 발생한다고 한다는 점을 감안한다면, 일본 내에서 '만연된 무주체적 국민의 주체'는 이러한 시대적 상화 속에서 발현되었던 것이다.

이러한 점을 감안한다 하더라도, 일본은 '전후 민주주의'를 경험하면

---

43) 자위대 방위청설치법 성립, 방위임무가 명확하게 할 필요가 있어 방위출동도 법제화되었다. 그러나 유사시 작전행동을 자유롭게 보장하고, 물자 동원을 보장하는 '유사법제'나 '장기 방위계획'은 합의에 이르지 못했다. 黒川雄三, 『国家戦略で読み解く日本近現代史』(東京: 芙蓉書房出版, 2019), p.247.
44) 小熊英二, 『＜民主＞と＜愛国＞』(東京: 新曜社, 2003), pp.551-655.

서(주어진 것이라 하더라도), 1956년에 '국방 기본방침'이 결정되었다. 그 내용은 국제연합 중심주의로서 민정(民政)의 안정, 필요최소한의 자위력의 보유, 일미안보 의존이었다. 전후 1954년은 '전수방위(專守防衛)'가 선언되었다. '전수방위'를 국방의 기본방침으로 명언했다. 외부의 적기지 공격이나 선제공격의 금지 규정이 존재한다.[45] 전전의 수세방위였던 것이다.

그 후 정부에 의해 제정된 「국방 기본 방침(国防の基本方針)」의 원칙으로 정비되면서 논의되어 왔다. 전전의 용어를 빌리자면, '소요 방위력'의 정비가 중심을 이루고 전개되었던 것이다. 1970년대에 들어서면서 일본 정부는 방위의 기본 정책으로서 '국가를 지키는 국민의 의사, 방위력, 안보조약'을 세 축으로 내걸었고, 미일안보에 대해서는 '일본에의 침략방지, 아시아의 안정을 위해 불가결하기 때문에 견지한다'는 방침으로서 냉전기의 방위정책 즉 「기반적 방위력 구상(基盤的防衛力構想)」을 내놓았던 것이다.[46] 이후 일본 정부는 2010년 12월 17일, 방위력 정비의 새로운 방침이 된 「2011년도 이후에 관련된 방위계획의 대강」및 「중기방위력정비계획」을 안전보장회의와 각의에서 결정했다. 「기

---

45) 2013년 「국가안전보장전략」 책정 때까지 67년간 유지되었다. 그러나 군비반대 여론에 의해 구체적인 국가안전보장 방침이나 방위전략은 제시하지 않았다. 국방방침의 내용으로서 필요불가결한 정세판단이나 위협의 실태, 국가 목표, 방위 목표, 기대하는 방위력의 역할, 침략의 억제나 대처 전략 등의 방위전략의 기본이 제시되지 않고, 방위정책의 기본, 즉 종합적인 중·장기적 방위정책이나 전략의 기본이 명시되지 않았다. 종합적 정책이나 전략은 국방의 기본방침책정 후 20년 전후 31년이 지난 1976년 11월이 되어 '방위계획의 대강'으로 처음으로 명시되게 된다. 재해구조의 태세가 추가된다. 黒川雄三, 『国家戦略で読み解く日本近現代史』(東京: 芙蓉書房出版, 2019), pp.247-252.

46) 栗田昌之, 基盤的防衛力構想」の策定とその意義―'70年代の防衛行政における政策と戦略」, 『公共政策志林』第4号(法政大学公共政策研究科, 2016), pp.43-44.

반적 방위력 구상」에서 「동적방위력(動的防衛力)」으로 전환, 기능의 선택과 집중, 인건비의 억제, 남서제도의 방위 등에 관한 내용을 담고 있다.

대강(大綱)에서는 일본의 안전보장 목표로서 ① 협위(脅威)의 방지와 배제, ② 협위발생의 예방, ③ 세계의 평화와 안정 및 인간의 안전보장의 확보 등 세 개를 들고, 이 목표를 달성하기 위해서 ⓐ 일본 자신의 노력, ⓑ 동맹국의 협력, ⓒ 국제사회의 다층적인 안전보장 협력을 통합적으로 추진하는 것에 있다. 일본은 헌법상 전수방위(專守防衛)에 철저함을 기하고 타국에 위협을 주는 군사대국이 되지 않기 위한 기본 이념에 따라 문민통제를 확보하고, 비핵삼원칙을 지키면서, 절도 있는 방위력을 정비한다는 일본의 방위 기본 방침을 지속적으로 견지함과 동시에 비전통적인 안전보장 문제에(비전통적인 안전보장문제란 국제연합형화유지활동, 인도지원·재해지원, 해적 대처 등을 가리킨다)의 대응을 포함한 국제평화협력 활동에 보다 적극적으로 다루어갈 것으로 했다.[47]

이후 '다자간협조'와 '자국우선주의'가 대두되고, 2006년, 2011년 신보수주의 아베신조가 등장한다. 자립국가로서 일본, 아름다운 나라 일본을 목표로 내걸고 있으며, 탈전후를 주창하고 있다. 2015년 9월에 안보관련법 개정이 이루어지고, 일본의 국가 존립이 위협받을 경우에 한정하지만, 동맹국에 대한 무력공격에 공동대처할 수 있다는 '제한적 집단자위권' 행사를 용인하게 된다. 2017년 '인도·태평양 전략'을 제안하고, 세계규모의 다국적 경제, 안보협력 구상이라는 세계전략을 내놓

---

47) 岡留康文·今井和昌,「基盤的防衛力構想から動的防衛力へ」,『立法と調査』313 号(参議院事務局, 2011), p.64.

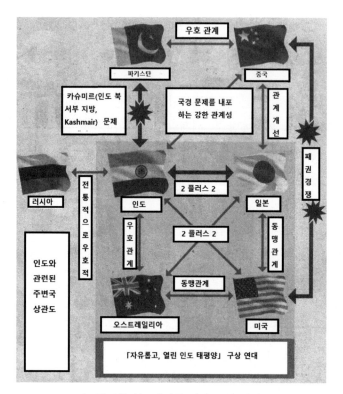

[그림 12] 인도태평양 전략 구상 연대

게 된 것이다.

'국가의 생존과 번영을 위한 길'을 위해 국제정세를 판단했고, 포괄적이고 다층적인 관계 구축을 중시한다는 논리가 그 대안이라고 본 것이다. 이 논리의 내적 특성을 이해하기 위해서는, "보더(border)를 국경이라고 해석하지 않고, 외교상 지켜야 할 주권국가의 영역을 확정하는 선을 의미한다"[48]고 주장하는 '지정학 재편' 논리의 내심을 파악

48) 森本真樹,「<国家としての日本と世界>日本の資源外交ボーダーを越えた生

할 필요가 있다. 이것의 주축이 되는 것이 대사관이나 총영사관, 재외 공관은 자원외교의 거점이며 중요한 역할이 존재한다고 보았다. 이는 무엇을 의미하는 것일까. 과연 일본이 주장하는 인도(人道), 개발, 평화 연대 추진은 소프트 파워의 창출로서 평화 공존의 공헌인가 아니면 제국의식의 부활인가 묻지 않을 수 없다.

일본은 새로운 지형론으로서 대외 정책을 내놓았다. 즉「두 개의 대륙」과「두 개의 대양(大洋)」이 갖는 다이내미즘론이었다.49) 두 개의 대륙이란 아시아와 아프리카를 가리키며, 아시아 태평양에서 인도양을 거쳐 중동, 아프리카에 이르는 인도태평양 지역이다. 이는 해상안보능력 구축 논리의 창출이며, 이를「방위계획 대강(大綱)」(2018년 12월 18일 내각 통과)을 담고 있다. 즉, 지속가능한 개발 목표(SDGs: Sustainable Development Goals)와 이를 위한 타킷을 설정하고 있다.

이것은 "세계는 민주주의화, 시장경제화를 향해 수렴되어 가는데, 동시에 정보, 운송수단의 고도화가 급속도로 진행되고 있다. 국경을 넘는 자본, 정보, 사람의 이동 규모가 확대되고, 상호의존이면서 동시에 경쟁이 심해지면서 개개의 국가권력이 이에 대응하는 방식이 국가를 넘어 광역적이고 불안정성을 띠게 되었다. 지역레벨에서 동시에 글로벌 레벨에서 새롭게 접근해야 할 필요성이 요구되어 지는 시기"50)와 링크되는 논리였다.

命線の獲得」,『公共空間』Vol.14(京都大学公共政策大学院「公共空間」編集委員会, 2015), p.27.

49) 이 다이내미즘론은 결국, '규칙과 룰'을 강조하면서도, '힘'의 글로벌 전국시대를 의미하는 것이기도 하다. 鈴木明彦,「ルールより力のグローバル戦国時代」,『2019年日本はこうなる』(東京: 東洋経済新聞社, 2018), pp.23-35.

50) 小川伸一,「安保対話, 日米同盟とアジア太平洋諸国」,『防衛研究所紀要』1巻1号(防衛研究所, 1998), p.82.

동시에 중국의 '일대일로'를 통한 해양진출을 경계해야 한다는 논리로서, "국제정치 구조변동 속에서 태평양 섬나라들(도서국, 島嶼国)이 가진 전략적인 가치에 변화가 생기기 시작했다. 중국의 대두가 그 배경의 하나이다. 오스트레일리아의 최신의 국방백서에서도 동남아시아 해양안전 보장 및 남태평양 여러 나라의 안전 확립, 강화라는 근린지역의 안전보장은 자국의 안전보장 다음으로 중요한 전략적 이익"[51]을 가진 지역으로 재설정되어진 것이다. 그리고 메콩강 지역 제국(諸國)이라고 불리는 베트남, 라오스, 캄보디아, 태국, 미얀마를 새로운 회랑지역으로 주목을 받았다. 동남아시아의 국경들이 서로 걸쳐져 있다는 측면에서 '크로스 보더'의 비즈니스 환경이 크기 변해간다는 점에 주목한 것이다.

왜냐하면 동남아시아 제국(諸國)에 '동남아시아'라는 지리적 개념이나 국민국가로서의 의식이 생겨난 것은 서구의 식민지배와 일본군의 지배, 전후 냉전시기 미국이 관여해서 '만들어 낸 것'이기 때문에 역사적 경험이 다른 국가들이라는 점을 활용하여, 새로운 동남아시아와 일본의 회랑을 교통로로 활용하고, 신(新)지도를 만들어 내기 위한 전략이었던 것이다.[52]

그리고 중국이 투자 중인 아프리카에 진출함으로서 일본은 대양을

---

51) 松井佳子,「転換期の南太平洋地域におけるオーストラリア外交」,『教職課程センター紀要』2号(大東文化大学教職課程センター事務室, 2017), p.259.
52) 小林守,「南部経済回廊(ベトナム~カンボジア)のビジネス環境」,『専修商学論集』第105号(専修大学学会, 2017), p.64. 남부경제회랑의 주요한 최종 조립은 베트남의 호치밍 시와 그 주변, 태국 방콕 그리고 렘 차방(Laem Chabang) 항구, 미얀마의 다웨이 디스트릭트(Dawei District)이다. 세계시장의 제품을 발신하는 허브가 될 가능성이 갖고 있는 지역이다. 세계시장에의 후방지원(logistics)의 관점에서 베트남 호치밍 시로부터는 동남아시아 및 태평양방면, 미얀마의 다웨이에서 인도 방면 및 중동, 아프리카 방면이 시장으로서 전개된다.

통해 나아갈 대륙을 아프리카로 정하고 있었다. 동아프리카에는 연안으로서 케냐의 몸바사(Mombasa)항을 연결하고 있는데, 이곳을 기점으로 북부회랑을 통해 내륙과 접속하게 되었다. 내륙으로는 크로스 보더 (cross border) 회랑을 이용할 수 있어서 북부 회랑으로 명명되고 활용된다.[53] 국경이나 크로스 보더 회랑 등 복수(複數)의 국가들에 걸쳐서 일본은 교통인프라 정비를 전개하고 있다.

V. 지정학적 공간관리로서 회랑주의

일본은 '서구와의 조우'를 통해, 당시대의 글로벌화를 인지하게 되고, 그 글로벌화는 국제정세 파악을 통해 이루어진다고 보고 있었다. 즉, 러일전쟁을 통해 국제사회의 '일원'이 되고, 세계 제국의 하나로 등극했다고 간주하면서 글로벌화 세계에 들어갔다고 여긴 것이다.

먼저 러일전쟁 이후 일본에서 책정한 「제국국방방침」은 야마가타의 주도 속에서 이루어지게 되었다. 그것은 일본 내부의 유식자들의 의견들이 모아지는 한편, 구미열강의 이론인 슈타인의 '이론'을 내면화 하면서 확정되었다. '야마가타'식 국방방침이 완성되는 과정에서는 슈타인의 권세영역과 이익강역 이론도 영향을 미치고 있었다. 이러한 이론을 근거로 「제국국방방침」은, 북수, 방세, 수세에서 북진, 공세로 나아가는 적극적이며 공격적 입장으로 전환을 시도했던 것이다. 러일동맹을 근

---

53) 동아프리카 지역은 케냐, 탄자니아 그리고 내륙국으로서 우간다, 르완다, 부룬디 (Burundi), 콩고가 있고, 케냐의 몸바사 항구를 기점으로 북부회랑을 통해 접속된다. 花岡伸也, 川崎智也, 「東アフリカにおけるクロスボーダー回廊の貨物輸送実態と課題」, 『交通学研究』第60号(交通史学会, 2017), p.79.

거로 세계적 패권 경쟁이 '지형도'를 변화시킨다는 논법에 따라 '새로운 지도'를 상상케 했고, 인식론적 근거는 '국제정세-위기위식', '가상적국(상정적국)', '평화(동양의 평화)라는 보편논리'라는 삼종의 멍에 속에서 성립시켜갔다. 그리고 메이지천황을 중심에 둔 '친정'을 근거로 '광망(光芒)'을 확장하고자 했던 것이다. '생존권 이데올로기'가 완성되었던 것이다. 그후 제국국방방침은 세 번의 개정 과정을 거치면서 결국「국방방침」은 대동아공영권으로 확대되고, 전쟁 수행을 감행했던 것이다. 그 논리는, 타국 억지와 지배를 전제로 하는 일본중심주의 논리로서 핵심은 변하지 않았다.

　마찬가지로 전후 일본은 서구 미국에 의해 '만들어진' 아니 주어진 '민주주의와 평화'에 의해 출발하게 된다. 일본은 미일안보조약의 우산 아래에서 「방위계획」을 만들어 간다. 그것은, 처음에는 '전수(專守)'로서, 전전의 '국내 방위'논리와 일맥상통하는 '수세방위'였다. 그렇지만, 2010년 이후에 '동적(動的)방위력'으로 전환을 시도했고, 적극적이며 공격적인 논리로 패러다임을 바꾸게 된 것이다. 가상적국으로서는 중국, 북한, 러시아가 상정되어, 이 가상국가를 포위하기 위한 전략을 세우고 있는 것이다. 전전과 전후의 패러다임 변용 과정에 동형(同型)성이 감지된다. 공통분모의 지향점이 보인다는 의미이다. 그것은 현재 내걸고 있는 퍼블릭 디플로머의 「자유롭고 열린 인도 태평양」의 '회랑'논리가 그 도달점이며, 필자가 보기에 그것은 「제국국방방침」 다시쓰기와 재편을 통한 '글로벌화=회랑 제국주의화'의 논리로 보인다. 지정학적 공간관리 정책(Raum-Management)이며, 「제국국방방침」에 기원을 둔 변주인 것이다. 오히려 그때에 반영되지 못했던 논리들이 110년 후에 '상투어'를 바꾸어 실현하고자 하는 욕망을 드러낸 것이다. 국내외의 형세 파악, 지도 재편(보더라인의 재구성) 그와 동시에 '보편주의'를

동원하는 '동형'적 방식이기도 하다. 그리고 새로운 천황을 통해 일본
중심주의의 '전통=새로움'을 결합하여, '회랑 권역(圈域)' 재편을 통한
이형(異形)적 일본중심주의가 '보편주의'라는 '가면' 속에 존재하고 있
는 것이다.

제7장
일본 문화국가의 정치성

I. 전전과 전후의 '잠재적 제국주의'

1. 전전과 전후의 연속성 '잠재적 제국주의'의 문제

전후 일본은 '평화국가·전후민주주의 국가'를 슬로건으로 내걸고 '아시아의 일원'임을 강조하며 독립국가로서의 지위를 획득했다. 현재까지 이어지는 이 평화국가론이나 전후민주주의 개념은 패전 후 제안된 '중간성' 논리를 내속적으로 유지하면서 계승되어오고 있었다.

즉 문화국가론과 독립국가로서의 '국민국가'의 애국심 정당화에는 '중간성' 개념을 통과하면서 구축된 것이었다. 전후 평화론이나 민주주의 국가 혹은 문화국가론에 내재된 내셔널리즘을 은폐하면서 평화론과 민주주의를 편향적으로 중첩시켜 보편화했다는 점이다. 이는 단순하게 내셔널리즘의 은폐가 문제가 아니라 전후 일본은 현재까지도 국민국가적 내셔널리즘에 대해 자기객관화의 논리를 갖지 못하게 되었고, 오히려 내셔널리즘 창출에 정당성을 창출하는 방향으로 나아가고 있다.

물론 전후 일본의 평화국가론, 민주주의, 문화국가론 등에 대한 반성이 없는 것은 아니다. 전후 일본의 사상적 수맥(水脈)을 짚어내는 논점을 <근대화>와 연결하여 일본적 세계사 인식의 방향성 문제를 비판적으로 다룬 연구가 있다. 대표적인 논자로서 나루세 오사무(成瀬治)의 논고가 있는데, 나루세는 「일본자본주의 논쟁」(1927-1936년) 과정에서 형성된 강좌파(講座派)적 시각이 높은 권위를 차지하게 되면서 전후 일본을 주도한 과정을 규명해냈다. 특히 "평화라는 것이 자명한 전제성을 갖게 되고 '황국일본(皇國日本)의 부정'으로서 '민주주의'와 '군국(軍國)일본'의 부정으로서 '문화국가'가 기본적 이념으로 등장"[1]했음을 보여주었다. 나루세 오사무의 지적처럼 전후 일본에서 전전의 부정으로서 '민주주의'를 강조하고, 문화국가 이론을 제창한 것 그리고 전전의 마르크스주의 강좌파 흐름이 주류를 이루게 되었다는 주장은 매우 시사적이다.[2]

그럼에도 불구하고 이러한 '단선적 흐름'만으로는 '다양한 입장'들의 경합을 구체화하지 못하는 것의 문제이다. 즉 이 흐름에서 보면 일본은 전전의 파시즘에 대해서는 부정적이었고 미국식 민주주의도 '부르주아적 이데올로기=부여된 개념'이라고 다루면서 '일본적 주체성'을 재구성하는 논리에 강좌파가 주축이 되었다는 시각에 갇히게 되어 '이 둘을 돌파하기 위해 제시된 다른 시각'을 닫아버리게 된다. 물론 강좌파적 마르크스주의의 입장이 이론적 주도권을 쥐게 되었다는 논점도 중요하지만, 실제 전후 상황들을 보면 강좌파 이론뿐만 아니라 노농파의 의견도 상당한 영향력을 미치고 있었다. 따라서 전후 사상적 흐름에서 중요한 것은 강좌파이든 노농파이든 '마르크스주의 이론'이 재활용되고 있

---

1) 成瀬治, 『世界史の意識と理論』, 岩波書店, 1977年, pp.3-5. 高内俊一, 『現代日本資本主義論争』, 三一書房, 1961年, p.19.
2) 平子友長, 「日本におけるマルクス主義受容の特殊性と主体性論争の意義」, 『日本の哲学』16, 昭和堂, 2015年, pp.81-96.

었다는 점, 그중에서도 '계급투쟁'이론이나 역사 발전단계론에 근거를 두는 '해석'을 전범(典範)으로 하거나 그것을 하나의 공식(公式)처럼 추종한다는 인식들을 재고할 필요가 있다.

물론 선행연구로서 조관자의 '시대 및 담론의 변화를 분석하고 해석'하는 입장도 제언되고, 전쟁 전의 일본 자본주의논쟁(1927-1937)과 그 네트워크를 통한 논쟁 확산 및 재생산에 대해 고찰한 논고도 있다.[3] 그리고 박진우는 「일본 '전후역사학'의 전개와 변용」에서 전후 일본 역사학이 강좌파 마르크스주의 역사학과 마루야마 마사오(丸山真男)와 오쓰카 히사오(大塚久雄)로 대표되는 흐름을 주장하는 것 그리고 패전 상황에서 새로운 주도적인 역할을 담당했던 강좌파 마르크스주의 역사학의 구체적 전개 방식과 변용을 고찰했다.[4] 김태경 문학 영역에서 '형식주의문학 논쟁'과 '일본 자본주의 논쟁'이 정치경제 영역 내부의 문제로 다루어진 틀을 깨고 영역을 넘어 둘 사이의 구조 분석을 시도했다. 그 과정에서 일본 자본주의 논쟁을 다루며 강좌파와 노농파의 대립을 문학에서 나타난 '형식주의 논쟁'의 대립과의 차이성을 규명해냈다.[5]

이와 같은 선행연구들은 물론 강좌파와 노농파의 내용, 그리고 전후 주류파로 등장한 강좌파의 흐름 및 네트워크를 파악하는데 유용한 자료들이다. 그렇지만 본 글에서는 기존 선행연구와는 달리 새로운 '시각'

---

3) 조관자, 「'사회과학·혁명논쟁'의 네트워크」, 『한림일본학』17, 2010年, 한림대학교일본학연구소, pp.41-61.

4) 박진우, 「일본 '전후역사학'의 전개와 변용」, 『日本思想』21輯 한국일본사상사학회 2011年, pp.3-46.

5) 김태경, 「横光利一文芸理論の同時代性-形式主義文学論争と日本資本主義論争との交錯」, 『일본문화연구』41, 동아시아일본학회, 2012년, pp.101-121.

으로서 '중간성'의 문제와 문화국가론의 편향적 방향성이 출현하는 논점을 제시하여 그것을 보충하고자 한다.

따라서 본 글에서는 일반론으로 논의되는 파시즘 대 민주주의, 군국주의 대 문화국가, '강좌파'의 주류화의 논점과는 달리 평화와 민주주의 개념을 재구성하기 위해 등장한 중간성 개념의 논리, 그리고 문화국가의 접속이 이루어지는지를 살펴보고, 그 과정에서 애국심 개념을 재구성하는지를 파악하여 '문화국가론'과 '전후 애국심=잠재적 제국주의'를 연결시키는지를 규명해보고자 한다.

2. '중간'개념의 다양성과 애국심 그리고 '전후 영속화'

1950년대를 '중간국가'론의 등장으로 기술한 대표적 저자로서 가토 노리히로(加藤 典洋)와 이가라시 요시쿠니(五十嵐惠邦)가 있다. 그러나 이 둘의 입장은 대조적이었다. 가토 노리히로는 무사상, 잡종, 사이, 중간파라는 말들이 중간성 혹은 제3항의 개념으로 변이되어 1960년대 중립국가로 집약되어가는 프로세스를 논했다.[6] 그 과정에서 맥아더의 중립국가론이나 미일안보조약의 산하에 들어가서 독립론을 갖지 못하고 친미와 반공이라는 우리(籠) 안에 갇히게 되었는가를 물었고, 일본이 만들어내려고 했던 공간의 문제점, 즉 서구적 개념으로는 이해하지 못하는 공간으로 동시에 영세국외중립 공간[7]도 서구의 개념과 대응되

---

6) 加藤典洋, 『日本という身体』, 講談社, 1994年, p.252. 생장하는 빵 효모는 대립을 내포하는 것인데 일본은 생장을 정지하고 일본사회는 중간을 도출해낸다. 이것은 임달부가 논하듯이 '새장 속에 갇힌 것'을 발견하는 작업이기도 한데 그것은 오에 겐자부로의 등장이었다. 감금의 상태, 벽에 갇혀 사는 상태를 생각하는 것이 주제였다.

7) 石本泰雄, 「『中立』の法律的基礎」, 『中央公論』74(9), 中央公論新社, 1959年, p.253. p.63.

는 이미지가 아니었다고 논한다. 즉 전전의 대동아공영권이라는 거대 자폐 공간이 확대되고 전후에 다시 동양의 스위스=중간국가로의 이행적 표착이 갖는 문제점을 지적했다. 그러면서 가토는 이를 자각하여 구속 장소가 아니라 이들을 극복하는 피난소로 바꾸는 방법을 찾고자 했다.[8]

이에 반해 이가라시 구니오는 전후 일본의 정치적 담론 속에도 '중'이라는 개념이 활용되었던 배경에는 강화(講和)를 반대해온 많은 리버럴 지식인에게 특히 중립은 매력적인 것이었다는 점을 지적했다. 중립은 냉전 하 두 개의 대립 진영에 의해 위협받고 있는 일본에게 평화를 가져오기 위한 필요조건으로 간주되었다. 일본이 미국으로부터도 소련으로부터도 거리를 유지하지 않으면 안 된다는 주장은 부흥을 위해 미국 쪽에만 의존하지 않는다는 것을 의미했다. 그렇지만 이 중립 지향은 1950년대의 문화적 담론으로 수렴되어, 일본의 불리한 역사를 은폐하는 이데올로기적 도구의 역할을 했다고 비판했다. 즉 중간성과 잡종성 개념은 일본문화와 일본의 특수한 입장을 확인하기 위해 활용되고 일본은 이항대립을 초월하는 제3항으로서 조정된다. 이러한 특수성의 강조는 전후 일본의 좌절감을 완화시키는 작용을 했다. 더 나아가 중간성 개념은 일본을 동양에서 떼어내어 아시아의 맹주가 되려고 했던 전시기의 야망을 은폐하는 것에 손을 빌려주었다고 논한다.[9]

이러한 논점에 시사를 받으면서도 그렇다면 전후에 어떠한 논리로서 전전의 야망이 은폐되었던 것인가를 규명하고자 한다. 즉 본 논고에서는 양자의 차이를 규명하는 것이 아니라 전후 1950년 초기에 나타난

---

8) 加藤典洋, 『日本という身体』, 講談社, 1994年, p.255.
9) 五十嵐惠邦, 『敗戰の記憶』, 中央公論新社, 2007年, p.130. pp.122-123.

무사상(無思想), 동과서의 사이, 냉전 하 미국과 소련 두 나라 혹은 이데올로기로부터 거리두기가 다시 어떻게 제3항적 개념으로 단초를 제공하게 되었는지를 고찰해보고자 한다. 무사상, 사이, 중간 개념이 전후 1950년대의 프리즘으로 통과되는지를 드러내 보이고자 한다. 어떤 의미로 사용되어지는지 그 통과방식을 살펴보는 것은 전후의 방산(放散)을 이해할 수 있기 때문이다. 이는 특히 현재도 진행 중인 전쟁책임에 대한 논의가 어떤 방식으로 일어났는가와도 자연스럽게 연결될 수 있을 것이다.

사실 중간국가는 애매모호한 개념이었다. 그럼에도 불구하고 이 중간국가는 문화국가론과도 맞물려서 등장했다. 전전의 파시즘이나 경찰국가를 부정하는 의미에서 문화국가론이 등장했다. 그것은 평화와 민주주의에 맞는 문화 중시의 문화공동체론으로서 문화국가론이었다. 이는 일본이 1945년 이후 전후 민주주의나 자유도 GHQ에 의해 '부여받은' 민주주의적 자유라는 점을 각성하고 있었다. 그것은 전전 메이지기(明治期)를 되돌아보면서 일본의 사상적 유래도 실은 서구에서 빌려온 '박래품, 수입품'으로 만든 '근대'였다는 점을 반성하는 문맥과 접속되고 있었다.

이는 패전을 통해 미국에 의한 미국식 민주주의라는 '근대'로 전후가 시작되었다는 것과 동형적 성격으로서 일본의 <근대>였다는 점이다. 따라서 이를 극복하는 방식으로 '평화국가'와 민주국가의 '외부자 인식'에 근거하는 것이 아닌 새로운 입장에서 제시한 것은 문화국가론이었다. 이것은 근대적-주체 혹은 주체성의 문제로 연결시킨 것이다. 즉 전전의 메이지기 서구사상의 수입은 비주체적 국민을 양산해냈고 결국 파시즘으로 나아가게 되었던 역사적 경험은 '비주체'를 실감나게 해주었다. 이 실감을 통해 비주체성의 문제를 재고하여 주체적으로 각성된 인식의 문제를 제시하게 되는데 그것이 바로 문화국가론의 구축이었다.

일본은 전전 서양열강들이 아시아침략에 대해 일본이 아시아를 보호한다는 명분으로 내세운 대동아공영권의 창출이 일본인뿐만 아니라 아시아인의 헌신을 강요한 '이데올로기'였다는 점이 백일하에 드러났기 때문이다. 그것은 '도의=윤리'나 '오카미사마(お上様, 천황)'를 위해 봉사하겠다는 가치체계에 문제성이 존재했다는 점을 각성하게 된 것이다. 그런데 문제는 이와 대조를 이루는 '국민여러분(国民の皆さま)'이라는 말도 오카미사마의 반대 문맥으로서 국민여러분을 균질적인 국가-국민으로 개념화하게 된 점을 깨닫지 못하게 했다.

미국 민주주의 체제 속에서 자유를 '국민여러분'에게 갖게 해주겠다는 논리가 마치 새로운 것처럼 보이지만, 결국 하나의 사상으로서 개인에게 자유를 부여하고자 했으며 국민으로서 대중들에게 민주적 자유를 계몽시켰다. 이것 역시 '민주주의와 자유'를 개인에게 주입시켜 내면화하는, 즉 천황제 파시즘을 주입했던 것과 동일한 방식의 '인식론적 식민지지배'의 반복이었다. 이를 극복하는 것은 다시 '주체적으로 인민천황'을 주장하는 역설이 작동하게 된다. 그 방식은 '중간 문화국가론'이었다.

그런데 이 문화국가론이나 중간론 개념은 이미 전전에 축적된 것들이 다시 전후에 호명되어 재-분절화 되는 논리로 나타나게 된 것이다. 전전 체험의 전후 사상화라는 표현으로, 전전에 징후가 있었고 그 내부에서 추동된 '구축물'이 전후로 내속되었던 것이다. 새로운 주체 자체가 내부에서 추동한 전후가 다시 스스로를 통제하는 세계관을 창출해냈고 다시 '끊임없는 일상 내부' 속에서 갇히면서 구축해낸 말 그대로 일본적 아이덴티티였던 것이다. 전전의 전후 체험과 전후의 아이덴티티가 내재적으로 중첩되면서 중간기로 1951년을 통과하면서 동일 주체의 반복으로써 전후가 재현되었다. 바로 이점을 볼 수 있는 것은 이 역사적 경위에서 어떤 징후가 있었고, 어떤 개념들로 수렴되면서 창시되었는지를 보여주는 시기인 것이다.[10]

특히 앞서 언급한 것처럼 먼저 문화국가 이론이 어떻게 형성되면서 전후의 중간성이론이 만나게 되는지를 살펴볼 것이다. 그리고 이 중간성 개념이 결국 일본이 전쟁책임을 피해가고 일본 '내셔널리즘'을 재구성하는 프로세스를 보여줄 것이다. 그 이론적 틀은 근대국가가 봉건적 혹은 열등적 존재를 단순하게 해체하는 것이 아니라, 오히려 봉건적/열등적 요소들을 구체적으로 내장하면서 발전한다는 마르크스주의 이름 아래 '전형' 혹은 기준을 갖고 있었다. 서구적 구조에 대한 이해로서 서구에 대한 대립에서 아시아 혹은 동양, 사회적 특질에 대한 태도, 아시아에 대한 침략 문제를 재구성하는데 활용되었다.

특히 친미(親米)인가 반미(反米)인가의 논점이 다시 새로운 애국심 논의로 이동하고, 애국자의 길을 모색하게 된다. 이것은 단순히 일본의 '향토애적' 애국심이 아니라, 조국과 계급의 의미를 상정하면서 인류애적인 의미로 승화되는 점을 강조하는 '내셔널리즘 은폐'의 국민 만들기로 치환되었다. 이러한 문제점은 결국 시라이 사토시(白井聰)가 전후 일본국가와 사회의 본질을 '영속 패전 레짐'이라고 명명한 것과

10) 見城悌治,「三宅雪嶺主筆『日本及日本人』誌にみる「明治維新五〇年/大正一〇年」認識」,『日本思想史研究会会報』37, 日本思想史研究会, 2021年, pp.1-13. 石川德幸,「戦前期日本の「南洋」認識とメディア言説:『日本及日本人』の「南洋」関連記事を題材として」,『政経研究』第56巻第2号, 日本大学法学会, 2019年, pp.443-468, 筑瀨重喜,「大正期と現代におけるマスメディア批判の構造的類似性:1925年刊『日本及日本人新聞雑誌批判号』を読む」,『情報化社会・メディア研究』8, 放送大学, 2011年, pp.9-19.

만나게 된다. 여기서 시라이 사토시가 "본질이란 전후 일본은 민주주의와 평화를 표면적 간판으로 내세워왔지만, 그 실태는 전후의 책임을 애매하게 함으로써 전전, 전중의 지배자층/권력구조가 근본적으로 온존된 국가, 사회였다는 사실을 가리킨다"[11]는 본질적 문제제기에 접속된다. 이는 앞서 나루세가 지적한 부분을 상기하면 전후 일본에서 강좌파 마르크스주의자들이 이 근본구조를 봉건유제라 부르는 것으로 문제가 사라진 것은 아니었다. 그 반대로 대동아전쟁에 의해 국가를 파멸로 몰아간 엘리트들의 행동양식이 재구성되는 곳에 문제가 있었다. 그 중심은 '형편이 안 좋은 것은 부인'하는 것에 있는 것이다. 패전은 전후로 주도면밀하게 바꾸어 말해지고 실제 평화와 번영의 실현으로 그 나름대로 리얼리티를 수미일관 획득했다. 이를 통해 패전의 부인을 중핵으로 하는 영속패전 레짐은 전후의 국체로서 통용되어 왔다.[12] 그 주도면밀한 치환 방식을 꿰뚫어보아야 한다는 점이다.

결과적으로 '전후 레짐으로부터의 탈각' 실현이 대미 종속의 예종(隷從)으로 전화(轉化)되었고, 이 전후 레짐의 탈각이 전후를 의미하게 된 것이다. 기존의 전후론과는 질적으로 다른 전후를 논하게 되는 시점을 갖게 되는 것이다. 즉 이 전후 레짐은 무엇이었는가라는 물음 속에 은폐된 그 본질을 정확하게 파악하고 전후 레짐의 미탈각을 규명하는 것이 중요하다. 따라서 본 논고에서는 전후 평화론, 민주주의론이 문화국가론으로 변형되고, 다시 그 문화국가론 논리 속에 중간 개념이 '은폐 속으로' 녹아들어 가는지 드러내 보이고자 한다. 그것은 전후 일본의

---

11) 白井聡, 「「戦後レジーム／永続敗戦レジーム」からの脱却」, 『現代思想』 vol.41-17, 青土社, 2013年, p.63.

12) 白井聡, 위의 잡지, p.64. 白井聡, 『永続敗戦論』, 講談社, 2021年, pp.53-55.

문화국가론의 형상화 과정이며 마르크스주의 논리적 틀을 돌파하면서 종속된 상황에서 만들어낸 '애국 문화국가론=전후 내셔널리즘의 출발' 이었음이 규명될 것이다.

II. 문화국가론의 생성에서 교차적 병존론으로

1. '문화국가' 이론의 등장

전후 초기 일본은 신생국가로서 재생하기 위해 국가의 이념, 국가 목표를 민주국가, 평화국가 그리고 문화국가를 내걸게 된다. 1947년 3월 31일 공포된 교육기본법의 전문, 일본국헌법을 확정하고 민주적이고 문화적 국가를 건설하여 세계의 평화와 인류의 복지에 공헌하려는 결의라고 기술하며 민주적·문화적 국가의 건설을 읊었다. '천황칙어'에서도 문화국가라는 말을 사용했다. 1946년 11월 3일 천황은 일본국 헌법공포에서도 "짐은 국민과 함께 전력을 다해 서로 협력하여 헌법을 올바르게 운용하고 절도와 책임을 중시하여 자유와 평화를 사랑하는 문화국가를 건설하려고 노력하겠다"[13]고 천명했다. 교육칙어와 일본국 헌법에서 사용한 문화국가라는 말은 그 구체적 내용에 대한 설명이 없이 곧바로 '자유와 평화로 연결'시킨 것이다. 이를 고지식하게 해석한 것은 1차적인 차원의 문화국가론이었다. 중요한 것은 같은 용어인 문화국가에 대한 해석의 차이이다. 특히 법철학자로 일컬어지는 쓰네토 교(恒藤恭) 등은 평화국가, 민주국가 그리고 문화국가를 내세우며 국민적 노력의 지도이념에 어울리는 이념이었다고 논했다. 과도한 국가주

---

13) 黒田勝弘他, 『天皇語録』, 講談社, 1986年, p.229.

의, 즉 전전의 파시즘에 대한 반성, 평화적 국가건설 그중에서도 문화국가를 내세우게 된다. 그렇지만 여기서 쓰네토 교가 주장한 문화국가란 '사람들은 그것이 어떠한 것인지를 문제시하지 않고 그것을 무조건적으로 수용하는 태도'에 대한 비판을 위해 '문화국가 개념'이 사용되어야 한다고 논했다.

> 문화의 본질이라는 부분이 있다. 문화의 본질을 사회집단과의 관계에서 파악하는 관점에서 정신적 문화와 물질적 문화의 구별과 통일, 문화와 집단과의 근본적 관계 등에 대해 이론적으로 고찰하고자 한다. 문화와 문화형상의 상위 관계의 통찰이 필요하다. 문화형상이란 언어, 예술, 학문, 종교, 법률, 정치조직, 관습, 경제, 기술 등이다.[14]

쓰네토 교는 문화국가를 설명하기 이전에 문화에 대한 개념을 새로이 정리했다. 즉 쓰네토는 문화형상이라는 용어를 만들어내고 이 문화형상이라는 것이 문화의 구성요소라고 보았다. 문화형상 그것 자체가 그대로 문화가 되는 것은 아니라고 보았다. 즉 쓰네토는 문화형상이 일정한 질서에 따라 상호간에 결합하고 통일적/전체적 구조를 형태지어야만 문화로 성립한다고 보고 그 '구조화'의 근거를 설명하는 것이 중요하다고 보았다. 문화가 존재하는 것은 문화형상이 질서를 통해 그 형상들 사이에 결합이 일어나서 하나의 통일적인 구조를 갖추게 되어야만 문화로서 성립된다고 보면서 그 문화의 구조화 근거를 찾아내야 한다는 의미에서 '문화'의 의의를 찾았다. 그런 의미에서 문화국가라는 말이 단순하게 경찰국가나 법치국가와 구별되는 것으로 간주되었

---

14) 恒藤恭, 『知性の視野』, 有恒社, 1948年, pp.262-264.

고, 그 반대의 순화적 의미로서 문화국가라고 표현한 칙어와는 다른 의미에서의 문화국가론이었다.

앞서 언급한 것처럼 전후 일본에서 문화국가란 일본의 재건을 위해 경찰국가나 법치국가의 반대 의미뿐만 아니라 '문화'의 재건에 필요한 '새로운 질서' 형상을 만들어야 한다는 시각에서 접근하고 있었다. 즉 문화국가란 문화를 만드는 뒷심으로서 '교양국가'를 가리키는 것이었다. 즉 히로가와 사다히데(広川禎秀)가 논하듯이 그동안 서구주의나 서구 중심주의가 실천 가능했던 것은 서구에서 인류의 휴머니즘 사상이 발전했고 그 서구적 근대국가가 모델이 되어 지구상의 역사를 주도해 왔으며 일정한 역할을 이루었다는 점을 인정했다. 그러나 그것이 일본의 '부르주아 계급'의 군국주의자가 일본문화의 문화적 국가 발전을 방해했다고 분석했다. 그리하여 신생 일본이 목표로 하는 문화국가는 기존의 방식을 따르던 관례인 서구 근대국가를 모델로 하는 것이 아니라, 전쟁을 수행하지 않는다는 기본조건 위에서 독자적 성격을 갖는 문화국가를 구상하지 않으면 안 된다[15)는 점에 초점이 맞추어졌고 그것은 서구 근대국가와의 차별성을 강조하게 된다.

그리고 문화국가와 평화국가론을 접목시키는 방법에는 민주국가론이 매개가 되었다. 그렇지만 이 민주국가론도 미국식 민주주의에 종속되는 개념이 아니라 독자성을 담보해야 한다는 의미를 강조하는 쪽이었다. 서구 근대국가가 휴머니즘을 변질시킨 것은 물질문명 중심주의였고 그것을 통해 일본이 일본문화를 물질문명화에 경도하게 되었던 점을 반성하는 문화국가론은 민주국가론도 미국식 문명화에의 경도라

---

15) 広川禎秀, 「戦後初期における恒藤恭の文化国家・文化都市論」, 『都市文化研究』2 号, 都市文化研究センター, 2003年, p.94.

고 보고, 이를 중첩시켜 일본 전후의 모습을 반성하고 새롭게 구축되어야 할 일본은 문화국가로서 새로운 이념을 만들어내지 않으면 안 된다고 보았다. 그런데 그 방향성은 패전으로 짓눌린 자신감의 회복으로 연결되었고 이를 위한 실체적 '문화'가 존재하는가에 대한 의문에 해답을 찾고자 하는 논의가 일어났다. 자신의 회복, 자기반성, 자기비판, 냉정한 객관적·과학적 비판이 새로운 시각으로서 링크되고 있었다. 즉 근거 있는 자신감을 획득할 필요가 있었다. 문화국가의 이념을 보여주는 것이지 않으면 안 된다.[16) 그런데 이것은 전전과 전후를 새롭게 잇는 변환기로 나타난다.[17)

물론 전후 일본에 정치·사상 방면에서의 문화국가론이 권세를 갖고 등장했는데 사실 문화국가론은 이미 전전에도 있었다. 그 대표적인 것으로서 다카야마 이와오(高山岩男)가 1930년대에 제시한 논리가 있다.[18) 다카야마 이와오는 교토학파의 근대의 초극론에 동참하는 입장을 취하면서 세계사적 철학의 시선으로 대동아전쟁을 추인하는, 즉

---

16) 長田新, 「文化国家の理念」, 『学校教育』374, 広島大学附属小学校学校教育研究会, 1949年, pp.2-15. 前田陽一, 「文化国家の忘れ物」, 『中央公論』64(6), 中央公論新社, 1949年, pp.44-49. 土山久平, 「文化国家とは」, 『弁証法研究』1, 双流社, 1950年, pp.125-127. 長田新, 「文化国家」, 『教育科学』8, 広島大学教育学部教育学教室, 1950年, pp.5-26. 松尾邦之助, 「文化国家論」, 『政治経済』4(6), 政治経済研究会, 1951年, pp.18-19. 亀井勝一郎, 「文化国家の行方」, 『東京朝日新聞』, 1952年 4月28日. 赤松克麿, 「東洋の文化国家主義」, 『日本及日本人』, 1952年, pp.8-18.

17) 橋川文三, 「転形期の自我-文学は「政治」に包囲されている」, 『文學界』12(12), 1958年. 大沢正道, 『転形期の革命思想 論争』3(2), 1961年. 犬丸義一, 「羽仁五郎「転形期の歴史学」」, 『歴史評論』203, 1967年, pp.55-62.

18) 中村美帆, 「戦後日本の「文化国家」概念の特徴-歴史的展開をふまえて」, 『文化政策研究』7号, 日本文化政策学会, 2014年. 梅原宏司, 「日本国家の歴史における「文化」という記号の変容―「文化」が指し示すものはどのように変化したか」, 『Social design review』4호, 21世紀社会デザイン研究学会 2012年, pp.32-46.

세계사에서 일본의 대동아공영권이라는 새로운 문화구축의 가능성을 인정하고 있었다. 다카야마의 저서인 『세계사의 철학』 속에 「문화철학」을 마련하여 내적 자연의 속박으로부터 인간을 해방하는 것을 문화라고 보고, 국가의 형태나 정치의 형식이 서구풍으로 획일화되어 민족문화의 개성이 희박해졌다고 논하고, 저항의지가 사라질 때는 세계문화가 사막화한다고 기술했다. 여기서 저항 의지라는 것을 문화 의지로 해석했고, 정신혁명을 이곳에서 찾아야 한다고 주장했다.[19] 정신혁명의 하나로서 문화의지라는 추상적인 개념은 세계사를 재구성하는 논리로 동양과 서양을 포괄하는 문화로서 세계사를 찾는 것이야말로 세계사의 대전환으로 간주했고, 그것을 추동하는 것이 문화의지로서 정신혁명을 제시한다.

이것은 오쿠무라 유토(奧村勇斗)가 분석했듯이 '통일된 세계의 창조'로서 동양의 재구성이었는데 이는 동양과 서양이라는 문제 구성의 전제로 작동한 것이 세계 일원화의 인식이었고 제1차 세계대전 이후 일본의 사상 속에서 자리를 잡았다. 세계사적 문명비판을 근거로 정신과학을 설명하는 방식으로 동양과 서양을 대비시켰고, 유럽 중심주의와 동양의 독자성을 대조하면서 문화유형의 차이로서 일본정신을 내세우며 세계적 공헌을 주장한 것이다. 대동아공영권이 민족정신의 실현이라고 주장하며 이것을 세계사적 사명이라고 합리화했다. 그 논리의 특성은 "일본인을 전형적인 동양인으로 간주하고 일본인에게 전형적인 세계인의 지위를 부여"[20]한 점에 있었다.

---

19) 多田真鋤, 「「近代の超克」の思想 : 高山岩男教授の所説をめぐって」, 『横浜商大論集』第25巻第1・2合併号, 横浜商大学学術研究会, pp.3-23.

20) 奥村勇斗, 「「統一された世界」における「東洋」の想像」, 『三田学会雑誌』vol.106 No1, 慶應義塾経済学会, 2013年, pp.69-93.

또한 전전 니시다 기타로(西田幾多郎)의 영향을 받았다가 전후 1950년을 전후로 마르크스주의자로 전환한다고 공언하며 오야마 아리오(大山郁夫) 등과 함께 한 야나기다 겐쥬로(柳田謙十郎)는 「문화국가에의 길」에서 문화국가 성립의 필연적 제약으로서 민주주의 정신이 가진 역사적 창조적 의의를 제시했다. 즉 지식적 분석개념으로서 민주주의가 아니라 인격적 정신의 하나이며 사회를 위해 사적(私的)인 것을 버리는 것이 중요한데 이를 주체적 갱생이라고 보았다. 야나기 겐쥬로가 사용한 용어로는 '환귀(還歸)'였는데, 이 환귀는 일본정신과 연결되었다. 즉 과거로 회귀하는 것이 아니라 과거를 찢고 그것을 외부적 요소를 조화 혹은 융합하여 새로움을 창조하는 것이라고 보았다. 그를 위해서는 한 번은 자신의 주체에 대해 '부정'을 시도하고, 다시 그것을 만들어가는 자세를 강조했다. 그것이 바로 일본이 가족공동체에 얽매여서 개인의 주체성을 잃었다는 '열등적 아시아성을 부정'하는 것과 연결시킨다. 가족공동체의 공간적 확장이 국가공동체의 체현이라고 하는 기존 관념을 부정하는 것으로, 마르크스주의적 '발전단계론'을 긍정하면서 일본이 가진 '봉건주의를 부정'하는 방식을 제시하면서 이를 부정하는 것은 비애국자도 아니라며 애국자의 입장을 재구성해냈다.[21]

야나기다 겐쥬로는 인간사회를 원시공동체적 미개사회에서 역사적으로 발전하는 형태의 하나로서 문화적 사회를 구성한다는 점에 기초를 두고 있었다. 야나기다 겐쥬로는 마르크스의 역사 발전론의 의미를 원시공동체에서 문화공동체 사회로의 변화를 추종하는 입장이었다. 그리하여 일본도 봉건군주의 전제적 폭압과 착취에 대해 민중의 봉기한 것을 예로 들며 일본민족이 굴종의 존재가 아니라 저항적/투쟁적 존재

---

21) 柳田謙十郎, 『日本精神と世界精神』, 弘文堂書房, 1942年, pp.49-64.

로서 세계적인 인격을 갖춘 의식이나 인간적 자유의 자각이 존재했음을 피력했다. 또한 문화는 단순한 모방의 세계가 아니라 자국이 전통과 서양문화의 통합을 통해 새로운 근대국가로 나아가야한다는 '통합'의 논리로 해석되었다. 이러한 일반론을 극복하는 것으로서 '이기심'과 '주관적 개인주의'의 극복이었다.[22] 즉 야나기다는 문화국가를 새로 구축하는 방식에는 서구적 휴머니즘이라는 보편성 그 자체에 있는 것이 아니라, 그것을 파시즘적 문화국가의 방식으로 건설하려 했던 대동아공영권에 내재된 '일본 중심적 이기심'과 일본인을 동양의 대표로서 세계주의자로 자리매김했던 주관적 개인주의를 극복하는 입장이었다.

이러한 문화국가론이 갖는 일본적 특징을 지적한 일본사학자인 해리 하루투니언(Harry Harootunian)의 논리, 즉 "메이지(明治)국가는 서로 뒤엉킨 문화와 정치의 아포리아를 해소하는 것에 전력을 기울이고 제2차 세계대전 후의 파시스트들이 문화국가라고 부르게 되는 것을 창출해냈다. 일본의 근대사는 이러한 아포리아적 관계를 결정적으로 해결하고, 최종적으로는 문화가 단순한 정치나 불안정하고 동요하는 정치적 실권의 역사를 항상 극복하는 듯한 영구적으로 고정된 문화적 사회편성을 도출하려는 욕망과 구별하기 어려운 것이 되었고,"[23] 이는 2000년대까지도 이어져오는 문화국가 이데올로기였다.[24] 이처럼 문화국가 이론은 하나의 이데올로기로 작동하게 되었고 그것이 중간성 이론과 접속되면서 '문화적 사회편성과 욕망' 사이를 애매하게 만드는 계기가 되었다.

22) 柳田謙十郎, 「文化国家への道」, 『人間』第1巻 第2号, 鎌倉文庫, 1946年, p.10.
23) ハリー・ハルトゥーニアン, 『日本はどこへ行くのか』, 講談社, 201年, pp.288-289.
24) 杉村隆, 「「文化国家」と言う言葉をもう一度呼び戻そう」, 『東京醫科大學雜誌』 60(3), 2002年, pp.179-180.

특히 여기서 제시되는 문화는 일본문화가 아니라 국제문화를 의미하는 것이었고 '문화국가=평화'의 길이라는 보편성을 지향하는 것이었다. 그 대표적 상징은 민주국가=문화국가라는 슬로건이었다.[25] 즉 군국주의를 모두 소거한 도의적(道義的) 문화국을 의미하는 것이었다. 문화는 평화와 민주를 상징하기도 했으며 그것을 근거 짓는 도의, 즉 윤리 혹은 서구적 보편성에서 출발한 휴머니즘의 부흥이었다.[26] 이것이 바로 일본의 과거를 찢고 서구를 새로 재구성하는 중간성 개념이었다. 패전 후 일본이 내세운 문화국가의 의미는 이중성을 갖고 있었고 그 이중성/중간성 속에서 새로운 것을 끄집어내는 논리로서 문화국가론을 활용하고 있었다.

2. '문화국가' 이론의 이데올로기적 재해석

　그리고 문화국가를 '중립주의=평화'와도 연결시켰다. 즉 중립은 전쟁 혹은 적대하는 사이를 전제로 하여 성립하는 개념으로 공평한 입장이라는 의미에서 전쟁의 권외에 서는 입장이다. 그러나 중립주의는 전쟁을 긍정하는 중립이 아니라 전쟁을 부정하는 평화 요소로서의 중립이다. 이를 가장 잘 분석한 것은 우치야마 마사쿠마(內山正熊)였는데, 우치야마는 "세력균형에 대한 기회주의적 중립주의도 아니며 평화 공존을 위한 평화를 지지하는 입장의 중립주의이다. 중립은 동서 양 진영의 어느 쪽에도 들어가지 않고 전쟁이 일어나지 않도록 하는 적극적인 평화를 갈망하는 쪽의 중심에 있는 것[27]"이었다. 이러한 논의를 보충하

---

25)　亀井勝一郎,「文化国家の行方」『亀井勝一郎全集 補巻2』講談社, 1973年, pp.21-22.
26)　藤岡洋保,「朝田十太「文化会館」の系譜」,『日本建築学会計画系論文報告集』第 524号, 日本建築学会, pp.311-318.

여 더 구체적으로 설명한 구라토 도시아키(倉頭甫明)는 중립의 유형을 논하며, 일본의 위치에 대해 논했다. 사실 중립에도 영세중립, 국제법상의 중립, 국제정치상의 중립이 있었다. 구라토가 분석했듯이, 국제사회가 자유주의와 공산주의에 의해 분열되면서 중립의 개념이 탄생한 것이고, 중립은 독립과 구별되는 용어인데 일본은 미점령군이 일본을 독립국으로 하는 의미 쪽에 무게를 둔 중립이었다. 이처럼 일본의 중립국론은 전쟁의 패전으로 불안한 상태에서 일본인의 심리에 자극을 준 '커다란 구제 이론'이었다. 맥아더는 일본을 극동의 스위스처럼 해야 한다고 주장했고, 이에 매력을 느낀 일본은 스위스가 중립을 이루었던 것과 마찬가지로 중립을 선택해야 한다고 동의했고, 평화국가를 선택할 수 있는 길은 중립 이외에는 없다고 동조하게 된다.[28] 일본은 맥아더의 논리에 의해 형성된 중립의 의미를 받아들인 것이다.[29] 바로 이점에서 전후 헌법9조가 주체성 논의와 맞물려 재조정 논리가 출현하게 된 계기가 되었다.

앞서 언급한 것처럼 전전의 대동아공영권은 일본적 개인주의를 앞세웠다는 점에서 도의적 논리에 한계가 있었는데, 평화를 지향하는 의미의 중립국가론을 제시하고 다시 평화중립국가는 제국주의와 반식민지주의를 주창하며 독립국가를 실현하는 아시아와 아프리카의 중립론으로 연결된다. 이는 아시아, 아프리카지역의 신흥 국가들에 의해 나타난 현상으로, 냉전의 기원으로서 자본주의와 사회주의 체제의 영속성이기

---

27) 内山正熊, 「「日本における中立主義の成長」について」, 『法学研究 : 法律・政治・社会』Vol.44, No.4, 慶應義塾大学法学研究会, pp.54-55.

28) 倉頭甫明, 「国際的中立の一考察」, 『研究論集』4, 広島経済大学, 1971年, p.233-234.

29) 田畑忍, 「日本の永世中立について-日本国憲法第9条の平和規定と永世中立主義の問題」, 『同志社法学』13(2), 同志社法學會, 1961年, pp.2-3.

도 했다. 이를 극복하는 논리로서 중립주의라는 이름으로 제국주의와 반식민지주의의 지향으로 아시아, 아프리카의 중립론은 등장했고 동시에 일본의 중립론이 강조되었다.[30] 그런데 이 평화를 적극적으로 주창하는 독립국가의 지원이라는 '도의성=평화=독립의 논리'는 일본이 전전에 주창했던 제국주의적, 식민주의적 논점을 떨쳐버릴 수 있는 논리를 함의하고 있었다. 여기에는 윤리나 도덕에 대한 재해석이 동반되고 있었다. 즉 전전의 파시즘을 반성하는 윤리와 반제국주의나 반식민주의를 극복하고 독립하려는 민족국가의 입장을 '지원=이해'하는 약소민족의 지원이라는 윤리성이 획득되었기 때문이다. 이 양측의 윤리성은 일본 도덕 그리고 더 큰 의미의 도의(道義) 세계를 내세우는 방향으로 나아가게 된다. 제국주의와 식민주의의 비판으로서 문화국가론이기도 하면서 동시에 약소국의 독립을 정당화하면서 일본도 미국 제국주의로부터 탈피하는 윤리학의 정립을 기반으로 한 신생 일본의 평화국가=문화국가=민주국가로서의 세계화될 가능성이 중첩되고 있었다. 이 둘을 극복하는 시각은 이데올로기에 대한 각성이 그 초석이 되었다.

국가가 충군애국이나 국체 등에 대해 도그마를 국정적(國定的)으로 정립하고 이것을 절대불가침이라고 하여 관리가 그것을 기준으로 국민사상과 신조를 판단하여 통제하는 능력을 가질 수 있다고 하여 그 권한을 법적으로 부여한 구일본의 반민주주의적 제도는 시대착오적인 것이다. 그런데 이 봉건적 전통이 아직도 뿌리 깊게 남아 있고, 오늘날의 헌법 아래에서도 이러한 제도, 관습을 당연하다고 여기고 이것이 없으면 국가 생활 질서가 이루어지지 못하여

---

30) 平井友義, 「中立主義の現実と論理 : 現代国際政治の基本問題」, 『国際政治』25, 日本国際政治学会, 1964年, pp.43-53.

공공의 안녕은 유지될 수 없다고 생각하는 사람이 있다. 일본인은 오랫동안 화를 불러왔던 이 사고방식 자체를 충분히 청산하지 않으면 헌법에서 자유보장의 의의를 이해하지 못하게 된다.[31]

이것은 하나의 '이론'이 논쟁을 통해 확산되고, 재생산되면서 파퓰리즘 이론으로 성립되는 동시에 다시 그곳에 내재하는 모순이 첨예화된다. 이를 보편화과정이라고 한다면 이 보편화과정은 일정한 단계를 거치면서 이론화, 제도화, 정책화를 띠게 되는데, 이 배경에 공통적으로 작동하는 프로세스는 분리와 대립 그리고 절충이 따른다. 이것은 기계적 반발의 의미가 아니라 필연적으로 이 과정을 거치면서 하나로 통일된다는 이상론을 세우게 된다. 흔히 말하는 변증법적 통일로서 개념화/총체화라고 부르는 것이었다. 이렇게 생각해본다면 유물론, 사회주의, 자본주의, 자유주의, 민주주의 그리고 그 안에 내재된 평등, 독립, 독자성도 이 과정을 거치면서 의미를 획득한 것에 불과한 것이었음을 깨닫게 해주었다.[32]

이러한 논의를 이데올로기의 의미와 연결하여 재해석하는 것도 유의미하다. 이데올로기론이 진부할지도 모르지만, 구체적으로 이데올로기의 의미를 따져 보면, 그 특징을 새롭게 접근하는 시각을 찾을 수도 있다. 이데올로기의 사전적 의미를 보면 ① 이데올로기를 그대로 추종

---

31) 鈴木安蔵,「思想·学術等の自由」,『日本及日本人』, 1951年, pp.8-16.
32) 예를 들면 자유주의 사상이나 자유주의 의식은 본래의 연원이 경제적 자유주의 내에서 사용된 의미였음에도 불구하고 사상으로서 직접적인 원천을 정치적 민주주의 속에 갖고 있다고 해석했다. 그렇지만 자유주의 사상은 결코 민주주의라는 관념 내용에 시종일관하는 것도 아니다. 그리고 반대로 광범위한 관념을 내포하고 있기 때문에 바로 이점에서 자유주의 사상에는 모든 내용이 받아들일 수가 있다는 논리가 된다. 戸坂潤,『日本イデオロギー論』, 岩波文庫, 1977年, pp.17-19.

하는 것, ② 이데올로기를 비판적으로 보는 것, ③ 그것을 재구성해서 제국주의를 다시 만드는 것, ④ 이데올로기의 이데올로기성을 파악하여 그것을 상대화하는 의미에서 이데올로기 연구라는 방향이다. ①과 ②는 본질주의에 가깝다. 그러나 ②쪽이 더 탈본질주의적인 성격을 띠지만 이데올로기를 비판하는 것으로 만족하는 점에서는 본질주의의 연속선상에 있다. 반본질주의적인 것처럼 보이지만 양가성, 즉 이데올로기 비판의 방향성이 보이지 않는다. ③과 ④는 역사주의적 시점이다. 그러나 ③의 경우는 다시 이데올로기로 회귀하는 위험성이 존재한다. 본질주의와 다시 만날 수 있는데 이는 전제주의와 전체주의의 경험이다. ④는 자아와 타자 또는 내부와 외부의 대칭성이나 이원성을 끊임없이 와해하고 이데올로기를 복종하는 노예가 아니라, 그 노예성 극복을 위해 촉발하는 기존의 권력적 담론(식민성)과 거리를 두었을 때 발생하는 자기소외와 자기분열을 통해 권위 담론의 재구성 혹은 내파로 이어지는 입장[33]이라고 보기 때문이다.

여기서 제시된 이데올로기 개념은 노예성이라는 식민담론 분석뿐만 아니라 탈노예성의 문제를 분석하는 데에도 유효한 시각을 제공한다. 그러면서 동시에 이는 수정과 변형을 노출시켰고 다시 이데올로기로서 새로운 의미화로 나타났다는 점이다. 이러한 과정은 이데올로기를 재해석하는 탈노예적 시각을 찾는데 의의를 제공해준다. 무엇을 억압하고 은폐하면서 이데올로기는 형성되는가를 결과론적으로 되돌아보게 해준다.

이데올로기는 세계관이라는 개념으로 치환해도 될 정도로 매우 유사

---

33) テリー・イーグルトン, 大橋洋一訳, 『イデオロギーとは何か』, 平凡社, 1996年, pp.34-63.

하다. 그렇지만 이데올로기는 특정 집단의 상징적인 자기표현의 일종이라고만 보아서는 이데올로기 해체에 충분한 접근이론으로서 타당성을 확보하기 어렵다. 왜냐하면 마르크스주의에서 논의된 공식에서 지배자 계급과 피지배자 계급에는 투쟁이 존재하듯이 투쟁의 관점에서 이데올로기가 해체된다는 시각은 타당성을 가질 수 있지만, 투쟁적 관점에서만 보는 것은 문제가 있기 때문이다. 그것은 투쟁의 입장에서도 이데올로기가 작동하고 있는 것은 마찬가지인 것이다. 이데올로기가 지배자의 입장을 정당화하기도 하지만, 이러한 이데올로기의 또 다른 이해관계 속에서 피억압자의 분파 촉진과 다시 그 억압/피억압 논리의 정당화가 강조되기 때문에 동시적인 것으로 여겨야 한다. 여기에는 지배적 이데올로기가 지배적 현상에 맞추는 방식으로 사회구성체를 통일하는 것이라고 보는 측면뿐만 아니라, 이데올로기는 위로부터 강요된 관념이라는 측면에서 피지배 계급도 마찬가지인 것이다. 결국 지배자와 피지배자를 공범관계로 휘감게 된다[34]는 점을 깨달아야 한다. 바로 이것이 이데올로기의 객관화였다.

일본에서는 이를 객관화하기 위해 이데올로기 이론 속에 다시 중립성을 대입했다. 즉 테리 이글턴(Terry Eagleton)이 주장하듯이 "이데올로기란 그 근저에 있는 이성의 문제가 아니라는 주장과 이데올로기가 합리적인 고찰에 전혀 익숙하지 않는다고 결론짓는 것은 같은 것이 아니다. 지금 이성이라고 말했다. 이성의 이름에 어울리는 것은 지배로부터 가능한 한 자유로운 상황 속에서 가능한 한 많은 사람들이 이데올로기적인 것에 대한 논의에 적극적으로 참가할 때 그곳에서 생겨나는 담론"[35]이라는 지적이다. 담론의 확정이 아니라 담론에 참가하는 것을

---

34) テリー・イーグルトン, 大橋洋一訳, 앞의 책, p.67.

통해 지배자 이데올로기와 피지배 이데올로기의 논의 속에서 역으로 이데올로기가 아닌 부분을 도출하는 과정에서 발견하는 것이 중간성 개념인 것이다. 그런데 일본 지식인들이 상정한 것은 '이데올로기에 대한 반성'과 이데올로기에 대한 각성은 편향주의적 '입장'으로서 중간 개념이 중시되었다.

아카마쓰 가쓰마로(赤松克麿)는 전전의 경험을 이데올로기로 보면서 그에 대한 반성을 주장했다. 그리고 이데올로기 극복이라는 입장에서 자기혁명이라는 이데올로기를 새로 구성해냈다. 즉 담론에 참여했지만 그것은 전전의 경험 위에서 발견한 반대의 이데올로기의 담론 구축으로서 중간성 이론이었다.

> 현대의 일본인은 전쟁의 참해(慘害)를 몸소 체험했기 때문에 전쟁 반대 감정이 강하지만 만약 공리적 국가주의를 개선하지 않는다면 전쟁의 참해를 체험하지 않은 장래의 일본인이 인구과잉과 자원결핍을 타개하기 위해 다시 제국주의 방향으로 전환하지 않는다고 단언할 수 없다. 따라서 봉건일본에서 민주 일본으로 전향하는 것으로 문제는 해결되지 않는다. 중요한 것은 공리(公利) 일본에서 도의 (道義) 일본으로 전향하지 않으면 안 된다. 그리하여 비로소 평화 일본이 생겨나는 것이다. (중략) 진정한 평화 일본을 건설하려면 국민적 성격의 혁명을 필요로 한다. 자기 혁명에서 출발한 것이 아니면 진정한 평화주의가 아니다. (중략) 이 높은 정신을 파악하기 위해 우리들의 조상의 혼의 고향인 고대 동양의 위대한 정신을 되돌 아볼 시기가 온 것이다.[36]

---

35) テリー・イーグルトン, 大橋洋一訳, 위의 책, p.68.
36) 赤松克麿,「東洋への回帰-友への手紙」,『日本及日本人』2(11), 日本及日本人社, 1951年, pp.8-16.

이처럼 아카마쓰 가쓰마로는 전쟁의 참혹함을 겪은 일본인으로서 평화를 갈구하는 것이 서양 민주주의적 인식에 서는 것이 아니라 그것보다 더 높은 차원의 민주주의적 인식론, 즉 각성된 자기혁명을 통해서만 만들어지는 것이라고 보았다. 그것은 미국이나 서구 식민지를 극복하는 방식이고 이데올로기를 각성하는 길이었다. 그런데 그것은 과거 일본의 순수함이라고 간주되는 것, 그것을 각성하는 것이 자기혁명이었다. 서양 민주주의에 혼종된 일본의 민주주의가 아니라 그 혼종화가 연출되기 이전의 동양을 도출해내는 것을 강조했다. 그것은 전후 일본에 등장한 문화담론과의 접속에서 재구성된 것이었다. 패전국 일본은 문화개념을 통해 문화국가라는 신국가론을 접목시키면서 극적인 변화를 만들어내고자 했다. 특히 일본문화로서 중시된 것은 바로 잡종성과 중간성이었다. 동시에 중간성은 혼돈이나 카오스를 통해 다시 그 혼돈과 카오스를 넘고자 하는 '이중 전환'을 의미/내포하고 있었다.

결과적으로 이러한 분석은 결국 일본이 새로운 애국자의 길을 찾는 것을 분석하는 시점을 획득하게 된다. 단 도쿠자부로(淡德三郎)는 전후이 애국심을 두 가지로 구분해서 논했다. 즉 애국심이라는 말은 그 말 자체가 근대적인 것으로 일본에서는 이를 잘 표현해주는 것으로 '충군애국'이 있었다고 그 예를 들었다. 이 충군애국은 일본 국민의 도덕적 생활의 기초를 이루는 것으로 교육칙어 이후에 사용된 것임을 확인했다. '충군'은 '애국'이고 '애국'은 '충군'이라는 의미에서 충군애국이 사용되었는데, 이 통유(通有) 관념을 다시 들여다본다. 즉 애국이라는 말이 왜 붙여졌을까 라고 의문을 던지며 충군은 애국의 다른 개념이며 이들이 억지로 결합되는 논리를 설명한다.

봉건시대에는 애국의 대상인 국민이라는 것이 존재하지 않았다.

언어, 풍습, 문화를 공통으로 하는 일본민족은 있었지만 그것은 단
일 통일적인 경제를 형성하고 있지 않았고 따라서 아직 국민을 형성
하고 있지 않았다. (중략) 시대로 말하자면 1868년 메이지유신(明治
維新) 이후이다. 국민이 형성되기 시작하여 국민적 자각이 생겨났다.
그러나 메이지유신의 위정자는 국민의식을 국민의식으로 성장시킨
것이 아니라 천황에 대한 충성 즉 충군의식으로 바꿔치기했다.[37]

단 도쿠자부로는 충군애국이라는 말 자체가 모순을 갖는다고 논한
다. 즉 충군은 봉건시대에 군주와 가신 사이의 도덕이고 애국이란 근대
적 국가에 대한 국민의식의 표현인데, 이 개념이 하나로 결합된 것
자체가 모순이라고 주장했다. 이 양자는 서로 받아들이지 못하는 개념
인데, 이 말이 부르주아적 지배자들이 배포한 선전적 마술 효과에 속아
서 순수한 애국의식의 입장에서 천황을 숭배하게 되었다고 보았다.
그렇기 때문에 '천황에 맹종하는 자는 애국자'이고 인민의 평화와 자유
·행복을 위해 투쟁하는 자는 '비애국자'라는 변형된 관념이 생겨나고
일본인들의 머릿속에 주류 메모리로서 저장하게 되었다고 분석했다.[38]
따라서 일본에서 충군사상이 애국과 연결되는 시점에서 '건전한 애
국심'의 논리가 방해를 받게 되었다고 보았다. 국민의 건전한 애국심을
충군사상으로 바꾼 것은 애국심의 왜곡이며 천황 정부의 왜곡된 애국
사상을 '애국사상의 통속적인 것'으로 간주하게 되었다고 분석했다.
따라서 건전한 애국정신을 갖기 국민의 애국심 고양에 공헌해야 한다
고 보았다. 일본의 애국심은 전전의 충군 논리에 의해 왜곡된 것으로
이를 극복하여 근대적 애국심=국민을 위한 인민의 평화에서 보아야

---

37) 淡德三郎, 「新愛国主義のために」, 『思索』第11号, 思索社, 1948年, p.29.
38) 淡德三郎, 「新愛国主義のために」, 앞의 잡지, p.30.

한다고 주장한 것이다.

III. '재등장'하는 동서문화 교차론과 그 변주

1. '내셔널리즘=기성품'의 극복 논리에서 중간적 주체성으로

일본에서 메이지기부터 사용하던 '내셔널리즘'이라는 개념은 서양으로부터 수입된 모방적인 것으로 해석했다. 다시 말해서 내셔널리즘이 사욕(邪慾)적 차원에서 마치 종교적인 것처럼 무자각적으로 받아들인 것이라고 보았다. 한마디로 말하면 '메이지기의 기성품 수입'론[39]이었다. 이는 가와카미 데쓰타로(河上徹太郎)가 자유 개념도 외부로부터 배급받은 것이라고 논하는 문맥과 맞닿아 있었다.[40] 배급품을 소화하여 자신의 것으로 수육화해야 한다는 논리, 즉 주체적 시좌를 필요로 했다.

이를 위한 실천으로 이즈카 고지(飯塚浩二)는 일본의 내셔널리즘을 수용하는 과정에서 문제가 생긴 것은 '부르주아적 성격'을 벗어나지 못했었기 때문이라는 점을 들었다. 따라서 이 내셔널리즘이 '일본 내셔널리즘'으로 변용되어 마치 그것이 진정한 내셔널리즘으로 간주되는 과정을 재해석해야 한다고 보았다. 즉 이즈카 고지는 일본 내셔널리즘의 형식과 그 내적 동태론(動態論)은 다른 아시아와 다른 특수한 예외적 성격을 가진 것이라고 논했다. 다른 아시아민족의 경우 내셔널리즘은 반식민지투쟁 속에서 저항정신으로 나타난 것으로, 외부의 제국주의

---

39) 飯塚浩二, 『アジアのなかの日本』, 中央公論社, 1960年, p.136.
40) 河上徹太郎, 「配給された自由」, 『戦後日本の思想水脈 3巻』, 岩波書店, 2016年, pp.6-9.

세력에 저항하고 동시에 내부 속에서도 그것과 제휴한 국내 봉건세력에 저항하는 양쪽 투쟁 과정에서 형성된 것이었다고 보았다. 이러한 내셔널리즘은 고래(古來)의 사회제도나 정체체제 개혁과도 접속되어 발현되었다. 그런데 일본의 메이지헌법 하에 서구로부터 받아들인 일본 내셔널리즘은 제국주의적 팽창정책을 지지하는 방향으로 나아갔고, 그 방향은 '국민감정의 발로'를 일원화했다는 '문제'를 갖고 있었다. 즉 그 일색이란 '어떻게 하면 나라를 사랑하는 길인가'에 답하는 것으로 '오카미(お上)'를 받들고 오카미의 지도를 따르는 논리였다. 다시 말해서 그것은 저항이 아니라 시대의 정치권력에 봉사하고 그에게 잘 보이려는 욕망적인 것이었다. 이는 결국 만들어진 오카미의 위광을 믿고 그것을 추종하는 종속화의 길이었다. 그렇기 때문에 일본적 내셔널리즘은 피식민지의 입장에서 아래로부터 추동하는 저항의 원리와는 원칙적으로 융합하지 못하는 성질을 내장하고 말았다고 '비판적'으로 보았다.[41]

그럼에도 불구하고 일본은 이 일본적 내셔널리즘 속에서 유럽의 근대에 나타난 아시아에 대한 시선, 즉 '아시아를 진보와 정체(停滯)'의 논조 속에서도 민주주의와 군주전제 체제가 대조적으로 보이는 시각을 볼 수 있는 일본의 내셔널리즘 문제를 제기한다. 이를 이해하기위해서는 식민지 제국주의의 문제를 재고해야 한다고 논했다.[42] 이즈카 고지는 우선 마르크스주의적 시각을 수용하면서 '군주권력', 즉 절대군주적인 독재가 '아시아의 특색'이라고 간주되어 하나로 묶어진 논리를 재구성했다. 그것은 특히 마르크스주의의 발전 단계론에 속한 '봉건제'라는

---

41) 飯塚浩二, 앞의 책, p.28.
42) 飯塚浩二, 위의 책, p.149.

시대가 아시아적 또는 동양적이라는 논리로 아시아가 묶어지는 경향에 대한 의구심이었다. 바로 이 부분을 전후 일본에서는 서구적 식견에 의해 규정된 지리적인 규범이며 아시아적 정체성 인식으로 일본을 보는 것에 대한 오해를 풀고자 했다. 이즈카 고지는 "아시아적, 동양적이라는 것은 아시아적 생산양식 또는 오리엔트의 사치품이라는 것과 마찬가지로, 멋진 역사적 규정이거나 지리적으로 아시아나 동양에 한정된 현상이라는 의미가 아니었다"[43]며 새로운 사태와 새로운 용어 해석으로 간주하고 선진국과 저개발국의 문제, 독립 후 일본사회에 초점을 맞춰 서구적 개념이 갖는 문제를 새롭게 구성하고자 했다. 그리고 그 전제조건이 되는 것은 '일본은 아시아의 일원'[44]이라는 규정이었다.

앞서 언급한 것처럼 그것은 '오카미'를 받드는 내셔널리즘이 아니라, 마르크스가 아시아적/동양적 생산양식 혹은 봉건적 정체성으로 표현한 것에 대한 저항으로서 우월성과 열등성의 동시적 극복으로서 내셔널리즘이었다. 마르크스적 시각으로 본 일본의 폐쇄를 극복하기 위해 마르크스주의적 시각을 다시 논한 것이다. 그러나 그 봉건성이나 정체성에 대한 '실체'는 보이지 않았다. 어쩌면 보이지 않은 것이 아니라 느낄 수 없는 것으로 상정되었다. 따라서 전후 일본은 '나라는 개인도 공동체 전체도 아닌' 다른 차원의 '우리'를 만들어가는 의미에서 등장한 것이 세대론으로서[45] 내셔널리즘이었다.

이를 위해서 사이토 쇼는 의식의 지배성 문제를 논했다. 의식을 지배하는 것은 천성적인 것과 시대에 의해 만들어 지는 것 두 가지가 중첩된

---

43) 飯塚浩二, 위의 책, p.149.

44) 飯塚浩二, 위의 책, p.205.

45) 趙星銀, 「戦後日本の世代論: 1950年代を中心に」, 『国際学研究』57, 明治学院大学国際学部, 2020年, pp.49-68, p.57.

다는 점을 제시한다. 사이토 쇼는 무비판적으로 기성 개념을 받아들이는 것 자체가 이미 사유가 뒤틀려서 기성품의 염가물에 포섭된 것이라고 간주했다. 개념의 재해석을 주장하고 있었다.

> 자주 이데올로기를 철학이라고 부르는 경우도 있다. 이데올로기가 철학상 한 학설을 무기로 채용하여 그것에 의해 엄중한 체계를 꾸미는 경우도 있다. 개개의 논의는 철학상 개개의 논의와 상이한 것이 없는 경우가 있다. 그러나 엄밀하게 말하면 이데올로기는 철학이 아니다. 이데올로기는 정치상의 일정한 주의를 지탱하는 이론 구성을 가리키는 것이다. 철학이라는 학문을 다루는 직업에 종사하는 것은 반드시 철학하는 인간이라는 것은 아니다. (중략) 어떤 인식이 본래 어디에서 부여된 것이든지, 즉 그것이 직접의 경험인가 이야기인가, 혹은 보통 지식의 교시인가 어떤 것에 의해 부여된 것이든 인식의 소유자가 다른 것으로부터 부여받은 정도에 따라 그것만을 인식하는 경우에 그 인식은 역사적인 것이다.[46]

이처럼 사이토 쇼는 철학 체계조차도 어떤 '형식'이나 '철학의 체계'일 수 있다고 논한다. 사이토 쇼에 의하면 모든 인간이 갖는 인식은 이성에 유래하는 것이 아니라 이성 인식의 하나라는 점이며 객관적이라 하더라도 그것은 동시에 주관적으로는 역사적인 것임을 각성해야 한다고 논한다. 단순하게 철학자를 잘 학습하여 그것을 완벽하게 파악했다는 지식은 바꾸어 말하자면 잘 학습한 것에 불과했다는 점을 간과해서는 안 된다는 주장이다. 사이토 쇼는 의식조차도 역사적인 것에 의해 형성되었다는 점을 제시했다.

---

46) 斎藤晌, 「道德低下の現象について」『日本及日本人』3(3), 日本及日本人社, 1952年, pp.18-29.

이를 극복하는 방법으로 등장하는 것이 무사상이라는 개념이었다. 무사상 논자로서 대표적인 연구자로는 오야 소이치(大宅壯一)가 있다. 오야 소이치는 『「무사상인」선언』이라는 논고에서 무사상의 의미를 정의하면서 자신의 무사상론을 전개했다. 오야는 우선 무사상인(無思想人)이란 우익도 좌익도 아닌 입장에 선 사람으로서 중간인(中間人)의 별칭이라고 논했다. 그런데 이 오야의 출발은 자기 자신을 기존의 자신과 떼어내는 방식을 도입했다. 즉 오야는 '나는 사루토리테쓰(猿取哲)라는 필명으로 글을 썼다. 사루토리테쓰는 세상에서 통용되고 있는 '주의 주장'을 결코 갖지 않는다. 엄정적인 중립, 부편부당(不偏不党), 철저한 시시비비주의로 관철한다. 글을 쓰는 것은 오야 소이치이지만, 글을 쓰는 것은 오야 소이치에서 독립해야 하는 것으로 거리낌 없이 말하는 입장에 서는 것'이라고 논했다. 자기 자신을 기존의 주의나 주장으로부터 거리를 두고 그것으로부터의 독립을 주창했다.

> 요즘 일본에서는 '주의'라는 명칭이 붙은 사상의 라벨이 횡행한다. 살아있는 인간이라기보다는 라벨이 말을 하는 것이 많았다. 무사상인(무사상가라고 하면 무사상이라는 사상을 갖고 있는 것처럼 오해할 소지가 있다)이라는 것을 선언한다. 그럼 사상이란 무엇인가. 전전에는 지식인의 분류 중에 사상가라는 것이 있었다. 사색의 전문가라기보다는 외국의 여러 사상을 수입하거나 해설하기도 하고 조술(祖述)하거나 받아 옮기는 사람을 가리키는 것이다.47)

오야 소이치는 세계의 모든 사상이 진열품(陳烈品)처럼 간주되고 그를 피상적으로 받아들이는 '주의주장'을 박래사상으로 간주했다. 그것

---

47) 大宅壯一, 『「無思想人」宣言』, 『大宅壯一全集』第6巻, 蒼洋社, 1981年, pp.6-8.

이 군국주의와 파시즘으로 나타난 것이고, 전후에는 미국이 와서 미국 데모크라시가 배급되었던 것으로 이것은 모두가 '주의'라는 명칭이 붙은 진열품이고 통속적인 것이라고 간주했다. 일본은 데모크라시 혹은 사회주의도 실은 모두 <외부로부터 보급>받았으며, 그렇기 때문에 마르크스레닌주의나 데모크라시 중 어느 한쪽을 추종한다면 그것은 '두 세계 중 한쪽을 지배하는 외부의 논리에 빠진 것'밖에 아니라고 보았다.

이것은 전전에 문화국가론을 주창했던 다카야마 이와오는 전후에 『두 세계에 저항하여』라는 저서를 통해 유럽적 세계사, 즉 유럽 중심의 세계사에서 다중적/개별적 세계사가 파생되는 과정을 설명했다. 그러면서 현재야말로 '유럽 중심주의적 세계사'가 개별로 구성되는 '세계사적 세계사'가 등장했다고 보았다. 구체적으로 본다면 유럽 이데올로기가 처음에 발생했고, 그것이 변형되어 미국과 소련이 등장한 것으로 민주주의와 공산주의가 두 세계를 구축하게 된 것이라고 보았다. 일본은 패전을 통해 이 세계사의 흐름에서 일단 탈락했지만 미국과 소련의 대립으로 인해 '아시아 내셔널리즘'이 세력을 갖게 되었고, 그것에 세계적 다중성의 등장이라고 보았다.[48] 그것은 민주주의나 공산주의가 이데올로기인데, 이를 하나의 '바이블' 혹은 '코란'과 같이 받아들이는 것은 종교 조직과 유사하다고 보았다. 따라서 민주주의나 공산주의 그 어느 하나를 받아들이는 것은 사상을 선택하는 것이며 그 부분적 역할을 담당하는 것이기 때문에 이데올로기의 편향자가 되는 것이라고 보았다.

소련적 마르크스 레닌주의는 물론이거니와 미국적 데모크라시

---

48) 高山岩男『二つの世界に抗して』中央公論社、1954年, pp.8-9.

도 현실 권력과 연결하여 그것에 의해 조직화 되고 있다는 점에서 일치한다. 단순한 사상이 아니라 종교가 연기한 것과 동일한 역할을 연기하려고 현실에서 연기하고 있는 것이다. 무사상이고 싶다. 인류의 대부분은 일부 사상업자가 생각하는 만큼 사상에 구애받고 있지 않다. 그것이 공존의 기반이 되는 것이다.[49]

이처럼 오야 소이치는 소련적 마르크스레닌주의는 소련식 문화 속에서 잉태된 것이고 반대의 미국 데모크라시라는 것이고 미국문화 속에서 형성된 것이라고 보았다. 그렇기 때문에 이러한 사상을 수용·추종하는 것은 '동일성을 연기'하는 것으로 기계적인 수용에 불과했던 것이다. 따라서 오야가 주장하고자 한 것은 이 둘을 상대화하고 극복하는 위치를 찾기 위한 노력이었다. 이는 다카야마 이와오의 논리 즉 서양의 몰락이었고 서양의 몰락은 세계사의 몰락으로 연결되는 논리와 만나는 것이었다.

그것은 다시 서구 대 동양을 대립구도로만 보는 것이 아닌 제3의 정신적 문명의 중요성을 깨닫고, 이 정신 문명을 새로운 세계문명으로 만들어갈 담당자를 제시하는 것을 강조하는 논조로 나아가게 된다. 이를 마르크스가 말하는 혁명적 이행이 이루어지는 상황으로 간주하며 이데올로기의 대립을 건국 이데올로기를 재구성할 필요성으로 연결시켰다. 민주주의 이데올로기와 공산주의 이데올로기의 자기반성에서 찾아야만 한다고 주장한다.[50] 오야는 가메이 가쓰타로(亀井勝太郎)를 이러한 입장에서 분석했다. 그리고 일본의 대표적 만화가인 곤도 히데조(近藤日出造)를 오야는 자신이 기술한 것 같은 '무사상의 대표적 인물'이라

---

49) 大宅壮一, 「『無思想人』宣言」, 앞의 책, p.17.
50) 高山岩男, 『二つの世界に抗して』, 中央公論社, 1954年, p.227, p.230.

고 간주하며 재소환했다. 즉 사상가란 "두 개의 세계는 마르크스레닌주의인가 데모크라시인가 어느 한쪽의 신자(信者)가 되는 것으로 이를 극복하기 위해서는 무사상이 필요하다. 무사상이란 무개성이나 무인격이라는 것이 아니다. 오히려 지금과 같은 사회에서는 무사상으로 살기 위해서는 매우 강한 개성과 인격을 필요로 하는 것이다. 그렇지 않으면 강한 사상에 끌려 들어가 그 속에 빠지게 된다"[51]고 경고했다. 이처럼 오야는 모든 사상으로부터 중간에 서는 입장을 중시했지만 그와 동시에 이를 근거로 자신의 내면을 각성하는 사상=중간성 이론을 사상화했다.

2. '시민=자유'라는 중간'층'과 문화종속론의 페티시(fetish)

본 글의 시작 부분에서 일본의 전후는 강좌파의 이론이 주류를 이루게 되었다고 논했다. 즉 스가 히데미(絓秀実)가 지적한 것처럼 강좌파 이론의 요체 중 하나는 천황제를 묻지 않는 것으로 가능했던 것이라는 문제인데, 그 원인을 강좌파 조류의 시민사회의 개념에서 찾는 논리로 변용된 점이다.[52] 물론 강좌파도 하나의 시각이 아니라 강좌파 사이에서도 착종된 담론이 존재했다.[53] 동시에 강좌파적인 논리를 활용하며 강좌파와 노농파의 논리를 동시에 비평하는 논리가 중간성이라는 말로 표현되며 나타났다. 대표적으로 비평가인 나카무라 미쓰오(中村光夫)는 중간소설론의 주창자였는데, 이 중간소설론 또한 독창성을 갖고 있었다. 이 나카무라는 일견 강좌파적 성향을 가진 비평가로 알려져 있는데,

---

51) 大宅壮一, 「『無思想人』宣言」, 앞의 책, p.21.
52) 中村光夫, 「中間小説論」, 『文学』VOL 25, 岩波書店, 1957年, pp.1-6. 絓秀実, 『天皇制の隠語』, 航思社, 2014年, pp.39-131.
53) 木村政樹, 「一九三五年における中村光夫の文学史観」, 『昭和文学研究』76, 昭和文学会, 2018年, pp.160

강좌파는 일본사회의 봉건적 성격을 강조하는 것으로 일괄된다. 그러
나 강좌파의 논리가 강좌파적 개념으로 완성되는 것이 아니라 강좌파
를 비판하는 노농파의 무카이사카 이쓰로(向坂逸郎)의 논리를 빌려오면
일본은 강좌파든 노농파든 '일본의 독점자본주의는 봉건적 유제'를 필
요로 했다고 보는 관점에서 공통적이었다. 나카무라가 보기에 노농파
와 강좌파의 쟁점은 자본주의의 구조적, 역사적인 파악과 혁명 전략에
관계된 것이었다. 나카무라는 봉건시대와 별반 다름없는 상황을 드러
내는 동양적 전제조건이 포함되어 있기는 하지만, 나카무라는 강좌파
이론처럼 일본의 봉건적 성격을 중시하면서 부르주아문학의 부재가
설명된다는 전제로서 이러한 논리 위에 자신의 비평을 전개하는 방식
을 취했다.[54] 즉 봉건주의에 대한 부르주아의 투쟁이 존재했으며 이를
보면 일본 또한 세계사적인 시각에서 자본주의 국가가 된 것이라고
보는 시각이 나타났다. 즉 '자연주의문학'이 그 하나인데, 자연주의문학
은 자본주의 아래에서 자본주의를 위한 영위로서 부르주아문학의 한계
를 비판할 수 있었다. 이 시기 강좌파의 특징인 것이다.[55]

　이러한 상황에 대해 데라데 미치오(寺出道雄)가 분석한 것은 나카무
라 미쓰오를 프롤레타리아문학을 위장한 부르주아문학의 입장이라고
해석하지만 강좌파 이론을 시니컬한 아이러니로서 자연주의문학론, 즉
마르크스주의 문학론으로 전환해간 것인데, 이 나카무라의 문학사관은
강좌파 이론을 채용하면서 말 그대로 그 이론 내부에서 프롤레타리아
문학을 비판하는 아이러니컬한 실천이었다.[56]

---

54) 木村政樹,「一九三五年における中村光夫の文学史観」,『昭和文学研究』76, 昭和
　　文学会, 2018年, pp.160-166.
55) 平野謙,『昭和文学私論』, 毎日新聞社, 1977年, p.19.
56) 寺出道雄,『知の前衛たちー近代日本におけるマルクス主義の衝撃』,

이처럼 전후 일본에서 전개된 마르크스주의적 논의는 강좌파든 노농파든 두 이론을 통해 시대를 극복해 가는 비평이론으로 나아간 점이다. 특히 이러한 조류는 1950년대의 문화적 담론으로 잡종성, 혹은 중간성이 강조된 시기와 맞물리고 있었다. 중간이라는 용어는 나카무라 미쓰오의 표현처럼 중간소설이라는 말로도 표현되었고, 1948년에 사용하기 시작했는데, 나카무라가 정의하기를 "중간소설이라는 것은 순수문학과 대중소설의 사이에 존재하는 소설을 가리키는 것이었다. 유동적이고 의미의 윤곽이 확실하지 않은 대신에 '살아있는 시대성'을 갖고 있었다"[57]고 하듯이, 앞서 제시되었던 오야 소이치의 '무사상'의 하나로서 종속적인 것에 대한 비판이었다.

나카무라 미쓰오 역시 현대사회는 서구적이지 않은 것이 없다고 보았다. 자유 역시 서구적 개념으로 일본에 주어진 개념인데, 이를 인정하면서 그 위에서 자유를 어떻게 받아들일 것인가에 대해 문제제기를 한다. 특히 무슨무슨 '주의'에 영합하는 것은 무기력한 영합주의라고 비판하고 그것으로부터 자립해야 됨을 강조했다. 나카무라 미쓰오는 이를 정치가 아니라 문화에서 찾았다. 나카무라 미쓰오는 문화에 초점을 두고 이 문화 속에서 일본이 잃어버린 혹은 짓눌린 전후의 자신감과 긍지의 상실을 되찾고자 했다. 나카무라 미쓰오는 '시세'라는 말을 내세워 일본문화를 논했다. 나카무라 미쓰오가 키워드로 제시한 '시세'라는 것은 사람들의 마음을 지배하는 지배력으로서 이것은 피상적인 흐름이라고 보았다. 구체적으로 일본문화는 메이지기(明治期) 이래 끊임없이 시세의 전이(轉移) 속에서 형성되어왔는데, 일본의 신문화를 담당해온

ミネルヴァ書房, 2008年, pp.225-22
57) 中村光夫, 「中間小説論」, 『文学』Vol 25, 岩波書店, p.1.

사람들은 모두 시간의 흐름 속에서 희생자라고 간주한다. 바로 여기서 일본이 갖게 된 '특이한 근대'의 문제를 고찰해야 하며 이것을 응시하는 것이 본질적인 문제에 접속하는 길이라고 보았다. 즉 시대의 흐름에 의해 메이지기보다는 다이쇼기(大正期)가 기교상 진보가 있는 것처럼 보일지 모르지만, 오히려 시세의 흐름에 표면적으로 영합한 것은 보편적인 의미에서 예술가의 의미가 상실되는 길이었다고 보았다. 나카무라 미쓰오는 이를 자유의 논리와 연결하여 다음과 같이 논한다.

> 종전의 결과로서 우리들은 자유를 부여받았다. 그러나 이 새로운 시대의 지도정신이라고 간주된 자유주의도 현재의 상태로는 적어도 문화면에서는 이전의 좌익이론이나 일본주의와 마찬가지로 아무런 열매를 맺지 못하는 쓸데없는 관념의 범람이다. 현대의 문물제도 속에서 근본을 보면 서양으로부터 빌려온 것이 아닌 것은 아마 하나도 없기 때문이다. 자유주의라는 말이 단순하게 새로운 도그마로서 다년 전제에 길들여져 스스로의 것을 생각하는 습관을 잃어버린 국민의 두뇌에 지금까지의 지배사상에 대신하는 지위를 차지하는 것만으로 형용하고 싶어 하는 현재의 신문잡지의 모습을 보면 지식계급이 그러한 무기력한 영합주의에서 자립하지 못하는 한 우리나라 문화의 장래는 암흑이라고 생각한다. 문화란 결국 국민의 생활에 스스로가 기울인 품위일 것이다. 그리고 자신과 긍지가 상실된 곳에 예술이 잉태될 리가 없기 때문이다.[58]

나카무라 미쓰오 역시 자유라는 개념을 빌려온 것으로 간주하고 그것에 길들여지는 것에 대한 각성을 촉구했다. 그리고 시대의 조류나 유행을 추종하는 것은 지배사상에 종속되는 논리로서 이와 대결할 것

---

58) 中村光夫,「時勢について」,『世界』, 岩波書店, 1946年, pp.93-95.

을 주장한다. 그것이 문화로 나타나는 것이기도 하면서 문화에는 국민 생활의 품위와 관련되는 것이라고 보고 이곳에 자신감과 긍지를 찾아야 한다고 본 것이다. 그렇다면 문화 속에서 어떻게 자신감과 자긍심을 회복해야만 할까. 이를 위해서는 먼저 일본이 서구적 개념들 혹은 서구 우월주의에 대한 상대화 작업이 필요했다. 이를 잘 보여주는 논점으로 가메이 가쓰이치로(龜井勝一郎)가 제시한「역사의 눈(歷史の眼)」이라는 글이다.

가메이 가쓰이치로는 일본문화의 특징 중 하나가 '동서 문명의 교차점'이라는 논점이었다. 물론 전전에도 존재했던 이 동서 문명의 교차지역으로서 일본의 강조 논리와 같은 표현이었다. 그러나 전전은 군국주의에 의한 '제국주의로서 동서 문명의 교차점'이라는 편향적 입장이었지만, 전후에는 이러한 편향이 아니라 문화적 특징으로서 '제국주의적 파시즘'의 색채를 희석하는 쪽으로 제안된다. 일본과 서구는 이제 대결적인 구도가 아니라 서구와 일본이 동일한 '보편성'을 갖고 있다는 시각이다. 서구와 일본의 공통점, 즉 '인간성의 실체'라는 매개물을 가져옴으로써 서구와 일본을 동시에 상대화하는 방식을 취한다.

가메이 가쓰이치로는 무상관(無常観)을 레토릭으로 가져온다. 즉 무상관이란 마음속에 존재하는 하나의 관념 혹은 감각인데 이는 서구의 자연주의나 리얼리즘이 사상과 만나는 것으로 동서양의 '보편적' 특징이라고 보았다. 이것은 다른 말로 표현하면 사상문제와도 연결되는데, 사상이라고 하면 모두가 서양사상을 사상이라고 한정하여 보는 점이 문제라고 지적하게 된다. 이것이 바로 사상을 보는 시각의 편향성이라고 보고 한쪽만의 판단으로 전체라고 볼 수 없듯이 이를 상대화하기 위해서는 동양 고유의 사상을 재음미해야 한다고 주장한다. 그것을 위해서는 일본에 초점을 맞추어야 하는데 그 이유는 일본이 동서 문명

의 교차점이었기 때문에 이곳에 모든 새로운 에너지가 발생할 수 있다
는 '문화적 특징'을 설명했다.

> 일본은 특이한 나라이다. 지리상 위치로 보아도 아시아를 통해
> 대륙 문명을 받아들이고 태평양을 통해 근대 유럽의 문명을 받아들
> 였는데 말하자면 동서 문명의 교차점이었다. 이것이 일본의 운명이
> 다. 모든 혼란도 비극도 희극도 근본적으로는 여기서 발생하고 있다
> 고 말해도 좋다. 여기에 일본민족의 지적 에너지가 실증적으로 나타
> 난다.[59]

서구 중심주의적 사고의 편향성이나 서구 절대주의를 중화시키기
위해 동서양의 문명교류가 집중한 장소로서 일본을 제시한 것이다.
어느 한쪽에서 영향을 받았다는 편향적 해석을 극복하고 동시에 동서
양을 병렬에 놓고 서술하기 위한 '중첩 지대로서 중간'이라는 공간을
관념화했다. 그리고 그 다음은 시간의 중첩을 통해 '시대와 각성'의
문제를 풀어내고자 했다. 전전과 전후의 역사를 전체적으로 재구성하
기 위해 시간성의 중첩을 가져온 것이다. 일본이 전환기를 맞이하면서
새로운 변화를 만들어온 역사를 제시한다. 대략적이긴 하지만 세 개의
시대 구분을 통해 일본이 맞이한 전형기를 그려내고 일본 역사의 분기
점 속에서 찾아낸 가능성을 모색하고자 했다. 가메이 가쓰이치로의
논점을 더욱 구체화한 것은 아카마쓰 가쓰마로(赤松克麿)였다. 아카마
쓰는 전후의 현대성 문제를 설명하고 메이지기와 전후 민주주의 문화
에 대해 동질성과 차이성을 설명한다.

---

59) 亀井勝一郎, 「歷史の眼」 『日本及日本人』, 1951年, p.42.

현대를 제2의 문명개화 시대라고 생각한다. 첫 번째, 문명개화 시대는 메이지기이고 두 번째 문명개화 시대는 패전 이후의 민주주의 시대이다. 메이지기의 문명개화는 외형적으로는 놀랄만한 변화를 일본에 가져왔지만 내면적으로는 그다지 강한 영향을 주지 못했다. 메이지기의 지도자들은 어릴 때부터 동양적 교양을 쌓고 그 동양적 성격을 바꾸지 않고 서양문명을 흡수한 것이다. 즉 화혼양재(和魂洋才)의 세기였다. (중략) 현대는 미국식의 신제도를 받아들임과 동시에 정신을 받아들이고 있다. 일본인의 사상적 중핵에 민주주의를 받아들였다. (중략) 메이지기 지도자들의 태도에는 서양문명의 섭취방식에서 자주적인 측면이 있었다. 그들은 강요받아 어쩔 수 없이 받아들인 것이 아니다. 조국의 독립을 유지하기 위해 스스로 받아들인 것이다.[60]

전전적인 것을 동원하면서 서양문명을 수용하는 방식이 가졌던 전후의 문제를 제시한 것이다. 전후에 받아들인 서양문명의 수용은 비자발적인 측면을 각성시키기 위해 전전의 주체적인 수용을 소환한 것이다. 전전 메이지기의 일본문화를 구성한 주체적 각성을 제시하면서 전후에 민주주의를 받아들이는 무주체적 태도를 극복하고자 했다. 그런데 여기서 중요한 것은 이러한 일본문화에 내재한 양가성을 대립적으로 부각시키면서 동시에 이 둘을 극복하는 논점으로 '중간성'을 동원한 점이다. 즉 문명이나 문화의 섭취방식에서 나타난 차이성과 동질성은 결국 세계사의 일부로서 나타난 것이기 때문에 전후 일본 역사는 일본 역사의 일부이면서 동시에 세계사를 담지하고 있었다고 '중성화'시킨 것이다.

그리하여 그 중성성을 완성하는 것이 자유개념이었다. 가네모리 도

---

60) 亀井勝一郎, 「歷史の眼」, 위의 잡지, p.41.

쿠지로(金森徳次郞)는 「인간들이여 당신은 자유인인가」라는 논고에서 '자유와 평등'의 의미를 제시했다. 가네모리가 자유와 평등을 이야기하지만 그것은 자유의 정의나 평등의 정의를 사전적으로 설명하는 '자유와 평등론'이 아니라, 자유와 평등이라는 말을 피상적이고 무의식적으로 수용하여 자유와 평등이라는 말을 '무턱대고 사용하는 사람들'을 비판하는 레토릭이었다. 특히 자유와 평등을 각성하기 위해서는 혁명이라는 논리가 필요한데, 이 혁명이라는 것은 '과거의 사상과 절연'하는 것이라고 주장하기도 하고, 그 단절을 통해 '민주적인 자유'가 출현했다고 보는 논점에 대한 비판이었다. 즉 가네모리 도쿠지로가 보기에 이러한 혁명론도 결국 기존사회와의 투쟁을 통해 새로운 사회를 만든다는 '인식론의 수행결과'로서 출현한 이론이라고 보았다. 이에 대해 비판적인 가네모리 도쿠지로에 의하면 혁명은 시간상 이쪽에서 저쪽으로 가면서 출현하는 논리가 아니라, 과거에도 현재에도 혁명은 진행되고 있으며 그것은 심화되는 것이지 본질이 전동(轉動) 변화하는 것으로서 새로움이나 혁명이 나타나는 것은 아니라고 주장했다.[61]

그것이 구체적으로 어떤 맥락에서 상통하는가는 제시되고 있지 않지만, 시대적 상황이 갖는 동시성을 제시하고 있는 것으로 여겨진다. 이것은 국내적 상황이 반복되어 나타나는 시점이기도 하는데, 동시에 닌토쿠 천황과 링컨의 '인민을 위한 인정(仁政)'도 사실은 동서양이 다른 것이 아니라 공통부분을 갖고 있다는 의미로 제시한 것이다. 하나의 사회가 갖는 내부적 연속성으로 시대인식의 문제 그리고 동서양에 공통으로 존재하는 보편적 '인간'의 문제가 '총체화'된 것이다. 일본에서 전개된 농민봉기 또한 표현을 달리하면 봉건제에서 자본주의사회로의

---

61) 金森徳次郞, 「人々よ汝は自由人であるか」, 『日本及日本人』 1951年, pp.8-9.

투쟁 모습이고 인권문제 등으로 연결되는 민주주의 개념이기도 했다. 일본 내부의 역사에서 존재하는 혁명 방식을 설명해냈고, 일본의 인민과 '인간성'의 본질에 맞닿는 점을 제시함으로써 '일본인'은 보편성을 지닌 일본 내부의 혁명 주체라는 '마르크스주의적 투쟁'의 당사자로서 '일본인=일본국민'이 재확인되는 순간이었다.

그것은 과거와의 단절이나 새로운 이론에 의해 구축되는 것이 아니라 이미 사회 내부에 기원적으로 갖고 있으며 그 과거가 현재로 이행되어오는 과정에서 '외부적 사상'으로 여겨졌던 비주체적 사상들에 의해 변형되기도 했지만, 일본사회의 현재 모습으로 체현된 것은 '본질적인 인본(人本) 문화'의 발로라고 설명한다. 그렇기 때문에 실은 전후 민주주의가 미국으로부터 부여받은 자유와 평등이기도 했지만, 이것은 이미 일본 내부에서 과거부터 내재한 것으로써 과거의 민주주의의 체현과도 맞물리게 되었다. 그것은 서구사상으로서 자유나 민주주의의 논리들을 중간성이라는 새로운 시공간으로 밀어 넣는 방식을 통해 그 시공간을 재구성하고 동시에 기존 서사를 재구성하야 일본이 가진 세계성을 중간성 속에서 꺼내어 세계적 보편성으로 전경화하는 일본 문화공동체를 창출해 낸 것이다.

이는 국민-사회-국가를 연결하면서 하나의 문화국가론=일본의 창출이었으며 중간성의 재생산이었다. 이는 가장 형편이 좋은 평화와 민주주의를 재현시키는 '문화적 평화국가'의 역할로서 일본 문화국가론이 완성되는 프로세스였다. 그 결과 마르크스가 논한 계급의 희석되고, 개인은 계층으로 뒤바뀌면서 모든 계층은 국민으로서의 지위를 획득하게 되고 '국가=조국'을 상상하는 '문화적 애국심'=균질한 속성에 완전히 종속하게 만들 수 있었다.

IV. 문화국민국가론의 레토릭

본 글의 출발점은 전후 일본이 어떠한 담론 속에서 '문화 국민국가'를 만들어내는가에 대한 궁금증이었다. 기존 논고들은 전전의 마르크스주의 강좌파가 주류로 등장하는 동시에 일본 내부의 인적 네트워크가 형성되면서 재생산된 논점으로 전후를 분석했다. 그러나 필자는 이러한 논점을 중시하면서도 연대기적인 의미에서 단선적 변용으로서 전후 일본의 형성이 아니라 어떻게 해서 패전과 미국의 점령을 극복했는가에 있었다. 그것은 결국 일본이 주장하는 평화국가, 민주주의 국가를 만들어내는 전제조건이 과연 무엇이었기에 가능했는가라는 의문이 들었다.

이러한 의문점들을 풀어내기 위해 필자가 주목한 것은 문화국가론, 중간국가론이라는 개념들이었다. 이것은 전전의 마르크스주의 이론으로 대립된 강좌파와 노농파를 넘어 전후에는 중간국가론이 등장하고, 전전의 파시즘을 부인하는 입장에서 평화와 민주국가론이 유착해가는 프로세스와 연결되는 논점들을 드러내 보이고자 했다. 특히 미국 민주주의를 그대로 수용하는 것이 아니라 미국식 민주주의가 '부여된 것'이라는 시점을 통해 일본적 주체성을 재구성하려는 시도가 이루어졌다. 이때 등장한 것이 전전의 충군애국 논리가 갖는 반성적 태도와 중간성에 나타난 '동서양의 상대화' 그리고 마르크스주의 이론들이 갖는 이데올로기성을 모두 '상대화'하는 방향으로 나아가는 특징을 제시했다.

그렇지만 그것은 마르크스가 논한 조국이나 애국심과는 다른 방향이었으며 일본은 봉건적 투쟁을 통한 새로운 혁명을 과거와 연속선상에서 찾는다는 이론으로 변형하여 받아들인 점이다. 그리하여 새로운 조국의 구축 그리고 새로운 애국심을 고취하는 '일본문화의 세계성'을 찾는데 주력해야 한다는 논점이 부상했음을 발견했다. 이를 통해 기존의 파시즘적=부르주아적 내셔널리즘은 반성하면서도 아시아 피억압 민족의 반제국주의와 반식민지주의에 동조하는 동시에 일본도 인민을 중심으로 하는 독립국가론이 문화국가론으로 편향되는 논점을 갖게 되었다.

결국 시세라는 논점을 동원하여 서구적 개념들이나 일본이 잊고 있던 순수한 전통 그리고 동서 문명의 교차점으로서 일본을 전전의 논점으로 중첩시키고 다시 파시즘이라는 부분을 소거하는 형식으로 주체적 인민론을 재소환하면서 중간층을 형성하는 '혁명 노동자', '민주주의적 투쟁을 시도한 농민' 등의 대중을 표상하면서 일본의 군국주의자나 천황에 종속하지 않는 '국민여러분'의 국민을 형성하는 근거로 등장했음을 밝혀냈다. 그러나 전후에는, 국민은 천황에 종속하지 않았던 비국민을 역으로 국민화하고 과거와의 연속선상에서 일본 내부의 자유와 평등을 '상대화'하는 프로세스로서 중간성을 동원하여 그 내부에서 동질감을 새로 만들어내고 있었다. 계급이 아니라 '층'이라는 개념으로 새로이 '국민층'이 형성되고, 국민이라는 공감대를 형성하는 논리로 문화를 접속시키면서 '애국심'의 재구성을 시도했음을 밝혀냈다.

제8장
'냉전공영권'의 탈종속화와 일본 전후론

I. 문화사관의 발명

패전 직후 일본은 '전형기'를 마주한 일본이라는 수식어를 강조하며 '평화, 민주주의 국가'를 재창출했다. 이 전형기라는 표현 속에는 '모순적으로 공존하는 공간'을 의미했고 동시에 '서구적 르네상스로서 동양적 근세에 내재한 근대'의 의미를 내포하고 있었다. 이 레토릭을 통해 패전 후 일본은 민주주의와 공산주의·사회주의를 동시에 극복하고, 피안적 세계로서 일본문화를 재구성하면서 <새로운 전후>를 위한 '전전의 부흥'을 중첩시키면서 재구성해 냈다. 특히 메이지기의 일본주의 그리고 마르크스주의의 재해석을 재소환하면서 역사 발전을 '직선'이 아니라 내부에서 '중첩의 동심원적 나선형' 속에서 다시 새로움을 발견한다는 논리가 활용되었다.

이러한 논리가 의식의 객관적 입장이라고 보고, 그 형태로서 문화부흥을 조형해 냈다. 그 내적 특징으로는 서구적 근대의 논리인 르네상스가 자리를 잡고 있으며, 그것은 인간의 도덕과 인식해방이었고, 일본이 이를 각성하여 지속적 구조로 부흥시켜야 한다는 논리를 생산하게 되었고, 그것이 바로 일본 국민의 공공심의 발현을 연결시켰다. 바로 이 논리 과정을 밝히고자 하는 것이 본 논고의 목적이다.

일본에서 패전후 전형기 이론을 견인한 것은 하나다 기요테루(花田清輝)였었다. 하나다 기요테루는 패전 후를 '부흥기'와 '전형기'를 연결하며 '르네상스'라는 레토릭을 가져왔다. 즉 '전형기=르네상스=부흥'이라는 논리를 전개했다. 전형기가 부흥과 연결되는 논리인데, 하나다 기요테루의 표현을 빌리자면 그것은 '형해(形骸)'를 거치는 동시에 이전의 상태와 구조적으로 복잡화되면서 다시 살아나는 조직적인 힘을 보여주는 것[1]이었다. 바로 이 논리가 절합(節合, articulation), 즉 완전한 통일성을 만들어내기 어려운 상황으로 내부에 모순을 내포하면서도 동시에 자연스럽게 인식의 교체를 형성해가는 과정 혹은 수순이었다. 이러한 복잡성을 간단하게 정리하면 '전형기란 상호 간에 반발하는 이질적인 입장이 말 그대로 자기모순으로서 공존하지 않을 수 없는 상황, 대립이 대립하는 채로 통일된 상태'를 가리키는 것으로, 이는 1950년대를 표현하고 있었다. 그것은 단순한 과도기가 아니라 반드시 전형기라고 표현해야 했던 이유가 여기에 존재하는 것이었다.[2] 그러니까 이 전형기라는 말은 모순적 갈등이 지속되면서도 '하나의 이행기'라는 의미를 갖고 있고 동시에 그 내부에는 형해화되면서도 이전의 상태와 다시 만나고 구조적으로 복합되는 의미에서 시간과 시기의 공존성을 보여주고, 그것을 부흥의 수순으로 옮겨가는 것을 담지하고 있었다.

---

1) 花田清輝(1946) 『復興期の精神』, 真善美社, pp.138-154.
2) 安智史(2020) 「鳥羽耕史・山本直樹編転形期のmedeliオロジー: 一九五〇年代日本の芸術とメディアの再編成」, 『昭和文学研究』81, 昭和文学会, p.258. 茂木謙之介(2020) 「鳥羽耕史・山本直樹編 『転形期のメディオロジー: 一九五〇年代日本の芸術とメディアの再編成」, 『日本近代文学』102, 日本近代文学会, p.162.

이것은 아시아에 대한 침략의 일익을 담당했던 일본이 반파시즘의 전승국인 미국의 점령하에서 민주주의를 수행하게 되고, 천황제 국가로 재탄생하는 수순과 중첩되고 있었다. 전후 미국식 민주주의의 유입은 일본 내의 전근대 사회의 해방으로 주창되고, 전제주의와 군국주의를 비판하며 세계적 해방으로서 평화국가를 논하게 된다. 바로 그 근간을 관통하는 논리로서 자기변혁의 논리를 만들어내고자 했다. 그것은 평화를 전제로 전전의 황국 일본을 부정하면서 민주주의를, 군국일본을 부정하면서 문화국가를 내걸고 이 양자를 '근대'로 전환시키면서 전형기를 개념화 하는 논리와 만나게 되었다.[3]

이렇게 보면 패전을 경험한 일본이 1950년대를 지나면서부터는 전전의 파시즘과 군국주의에 대한 반성을 진행하면서 일본 내부에서 새로운 전후적 근대를 재구성하는 논리가, 사상적 상황으로 등장하고 있었다. 부흥기, 전형기로 표현되면서, 서구적 역사관의 대입으로서 일본역사관이 아니라 '마르크스주의적 발전단계론'을 수용하면서 다시 동양적 발전단계론을 재구성하면서 일본의 역사학적 인식을 변형시키고 있었다. 그곳에는 근세에 내재한 근대적 요소, 그리고 서구사를 기준으로 하는 세계사의 동양적 세계사로의 전환이라는 새로운 영역을 성립시켜갔다. 그 진화 방식을 설명한 것이 '문화사관'으로 변형되어 나타났고, 근대의 진화로서 마르크스주의적 중첩이 문화로서 형태화 되었다. 이는 현재 논의되는 일국주의나 국민국가 사관, 유럽중심주의 사관을 극복하는 논리가 이미 1950년대에 존재했고, 서구적 세계관의 수용과 동시에 그로부터의 탈각을 시도했다. 따라서 본 글에서는 첫째 일본이 전전의 제국주의를 극복하기 위해 아시아의 개념을 쇄신하고 그를 통

---

3) 成瀬治(1977) 『世界史の意識と理論』, 岩波書店, pp.10-11.

해 일본이 독립국가로서 아시아로 회귀하면서 만들어낸 시점 속에 '절합의 새로운 시도'로서 동서양의 세계사적 근대를 만들어내고 있었다는 점을 제시하고자 한다. 둘째는 동서문화의 융합과 근세 속에 존재하는 근대적 요소의 도출을 시도할 경우 전전(戰前)에 존재했던 마르크스주의 이론이나 개념을 어떤 의미에서 전제로 했고, 재창출의 논리로 새로운 뉘앙스로서 활용하고 있었는지를 규명해 낼 것이다. 이 두 시각을 통해 전후 '전형기'의 모습을 '인간 부흥론'으로 재탄생시키는 논리를 재검토하여 그 사상성의 문제를 규명해내고자 한다.

II. '전형기 = 부흥'의 발견과 '근대'의 부흥

1950년대를 지배하는 새로운 '전형기=부흥' 개념이 대두되는데, 때마침 미야자키 이치사다(宮崎市定)는 『동양적 근세』라는 저서를 간행했다. 이 저서에서는 서양사를 서양 이외의 지역에 '대입하는 것'에 대해 의문을 던졌다. 즉 세계 전체를 놓고 보면 유럽도 그 일부분에 속하는 특수지역인데, 그 특수 지역에서 발생한 역사발전 형태를 '그대로' 비유럽 지역에 적용하는 것은 잘못된 것이라고 지적했다.[4] 야나기다 세쓰코(柳田節子)가 이 논리 속에 중국사 자체 구조 내부의 내적 발전 사항을 충분하게 고려하고 있지 않다는 한계점을 비판 받지만[5] 미야자키 이치

---

4) 宮崎市定(1950) 『東洋的近世』, 中公文庫, p.10. 역사학의 임무는 이미 존재하는 공식에 사실을 '대입하는 것'이 아니라 새로운 공식을 탐구해 가지 않으면 안된다고 보았다. 그를 위해서는 대상으로서 즉 서양과 동양 둘 사이의 공통적인 지반을 찾지 않으면 안된다고 논하며 도시국가나 고대의 제국 그리고 봉건 제후에 관한 시각이 계급구성이나 사회조직이라는 시각만으로는 결코 설명되지 않는 부분이 존재한다고 논했다.

사다와 야나기타 세쓰코가 공통적으로 나이토 고난(內藤湖南)이 일본에 고대와 근세를 도입한 관점에 주목했다. 즉 미야자키 이치사다가 제시한 동양적 근세의 의미에 담겨진 시대 구분으로서 고대와 근세는, 서구의 역사를 기준으로 삼아서는 이해할 수 없는 시대론을 가져온 것이다. 즉 김봉진이 제시한 것처럼 '근세'란 나이토 코난(內藤湖南)이 만든 용어로 화제한어(和製漢語)였다. 나이토 고난이 제시한 근세는 영어로는 'early modern period' 즉 '전기(초기) 근대'의 본뜻인데, 이 안에 '근대(modern period)'가 들어있어 '근세'는 '근대'를 내포하는 개념이라는 점이다. 이것이 '근대'의 범주에도 속하고 '근세' 안에 '근대'가 자취를 감추어 버린 것은 아닌가라고 지적하면서 '근세'란 애매모호한 개념을 내재하고 있으며 '전기 근대'와 '후기 근대'로 구분할 수 있는데 이것이 '서양의 등장'으로 인해 전기 근대와 후기 근대 사이에는 연속과 단절이 있고 동시에 이종교배(hybridization)가 이루어졌다고 주장하며, '후기 근대'는 '하이브리드 근대'라고 명명했다.[6]

다시 말해서 나이토 고난이 제시한 '근세'라는 특수한 시대적 용어를 미야자키 이치사다는 서구를 상대화하는 새로운 역사 용어로 사용했다. 즉 서구적 역사 발전 이론을 비서구에 대입하는 것에 대해 1차적으로 문제를 제기했고, 동시에 일본 내의 근세가 서구적 근대의 논리와 또 다른 차원에서 근대를 내포한 근세라는 이중성과 새로운 시간성과 공간성을 가져왔다. 다시 말해서 일본의 근세에 이미 근대가 내장되어 있었고, 그것은 서구적 근대와 다른 차원의 발전 단계론이며, 동양 근세

---

5) 柳田節子(1995)「宮崎史学と近世論」,『宋元社会経済史研究』, 創文社, pp.381-390.
6) 김봉진(2018)「동아시아 '근세'의 '유교적 근대'와 '병학적 근대'」,『退溪學論叢』第32輯, 퇴계학부산연구원, p.46.

역사의 독창성이면서 일본의 독창성으로 연결되어, 서구적 역사관과는 다른 의미의 전형기를 주장했다. 사실 미야자키 이치사다(宮崎市定)의 방법론에는 마르크스의 역사이론에 바탕을 두고 있었다. 사회의 발전 양상을 고대 → 중세 → 근세의 형태로 구분하는 것에 대해 비평을 가하지만, 이 발달적 단계론을 따르고 있었다. 즉 중세적 분열과 할거나 생긴 것은 각 지역 상호간의 충돌이 빚어지고, 지배계급은 상호 간에 유지하던 봉건제도를 유지하기 위해 더욱 극화되어 가면서 다른 세력이 발흥하게 되면서 기존 논리들로부터 해방하려는 각성들이 나타나게 되는데 그것이 르네상스로 나타났다고 해석했다. 바로 이 시기의 유럽 지역을 근세사 단계로 설정되는 것이 서구사의 탄생이었다. 미야자키 이치사다는 바로 이 시기를 '국민주의의 발현'이며 출발이라고 보았고 '근세'시기에 봉건제도 파괴가 시작되고 국민적 통일이 이루어지는 것으로 그 내용을 상정했다.

즉 근세란 국민적 통일이 내부에서 전개된 시기이며, 이때 중심 역할을 담당하는 중간적 세력이 바로 국민을 재구성하게 된다고 여긴 것이다. 국민적 통일을 위해 소수 세력이 함께 용해되는 방식으로 설명했다. 특히 민족적 자각이 중시되면서 종래의 민족 관념을 통합하는 형식으로 대국민을 형성해 가는 과정이 '근세적 세계=통일'로의 발전 과정이라고 보았다. 이러한 내용은 동양에서도 일어났으며 특히 분열적 할거의 동양 중세에는 이미 통일시대가 출현하는 움직임이 있었다고 주장했다. 즉 천하통일이 이루어지고 동양 중세와 근세 시기에 도시가 발달하고 르네상스와 종교개혁을 이루었고 과학사상도 발전했으면 인간성의 각성도 일어났다고 보았다. 그와 동시에 국민적 각성도 일어났는데, 이 근세가 바로 물론 중국에서 일어난 일이긴 하지만, 동양 속에 존재하는 일본적 근세의 이중성을 교차시켰다.[7]

동양적 근대는 이러한 중세와 근세의 이중성 속에서 형성되었고, 전후 근대를 이해하기 위해서는 이 동양적 근세 내부에 내재하는 유럽적 보편사의 공통성을 이해하는 것에서 출발해야 한다고 주장한 것이다. 근세의 근(近)과 근대의 근(近)은 동일한 뿌리에서 나온 것으로 이것을 통해 동양적 근대를 이해하고 동시에 일본의 근대를 찾아내야 한다고 보았다. 미야자키 이치사다의 이러한 해석은 서구적 인식을 기반으로 하면서도 동시에 동양 내부의 근세에 내재하는 근대의 논리에서 찾는 것이었다. 그리고 주장한 르네상스는 서구 역사의 근대보다 일본의 근세에서 이미 존재했다고 보았다.

이는 서구적 근대를 기준으로 일본적 근대를 발견하는 것이 아니라, 이미 일본 내부에 존재하는 근대적 개념을 찾아야 한다는 논리로 이어졌다. 그리하여 이를 찾기 위해서는 민주주의의 시작이라고 일컬어지는 전후 표상에 내재된 일본의 내재적 일본을 찾는 논리로 전개된다. 강좌파 마르크스주의자로 분류되는 다카시마 젠야(高島善哉)는 「변모하는 전후 일본의 사회의식」이라는 논고에서 이를 잘 보여주었다. 전후 일본이 마주한 1945년 8월 15일은 '일본인의 역사인식이나 사회의식'을 새롭게 생각하게 하는 상황을 만난 것이며, '패전이나 종전'이라는 표현을 사용하지 않고 '전형기의 새로운 일본'이라고 보았다.[8] 다카시마 젠야의 전형기 논리는 '새로운 일본' 쪽에 중심을 두고, 새로운 일본의 이면에 존재하는 '패전-전전의 제국주의'라는 시간과 '종전-민주주의와 공산주의의 대립'이라는 공간을 재구축하고자 하는 의미에서 사용되었다.

---

7) 宮崎市定(1950) 『東洋的近世』, 中公文庫, pp.21-23.
8) 高島善哉(1951) 「変貌する戦後日本の社会意識」, 『日本及日本人』, 日本新聞社, p.59.

III. '의식형태'로서 체제, 민족, 계급 그리고 인간

다카시마 젠야는 '전체주의나 민주주의' 양쪽 모두에게 존재하는 '인식 이데올로기'에 대한 거부와 일본적인 것과 일본의 고유성을 상실하게 했던 이유에 대해 비합리적인 이물질성(異物質性)을 다시 되돌아보는 계기가 되었다고 논한다. 즉 다카시마 젠야는 전후 일본이 '전체주의에서 민주주의로 대전환'이 이루어지면서 비약이 생겼는데, 그것은 '일본인이 의식적으로 만들어낸 것이 아니라 어쩔 수 없이 받아들인 것으로 외부로부터 강요된 것'으로 이것을 어떻게 해결해야 하는가라는 문제에 초점을 두었다. 특히 일본인들이 일반적으로 생각하는 '민주주의의 복음(福音)으로써 자유'를 재고하지 않으면 안된다고 논한다. 그리하여 다카시마 젠야는 자유 개념에 내재한 의미가 무엇인가를 파헤쳤다. 즉 자유의 개념에는 봉건적 노예성의 연속으로서 '부여받은 것'을 그대로 자유로 받아들이는 것이 갖는 문제와 독재에 대한 종속과도 같은 차원으로서 부여받은 민주주의 개념에 종속되는 것이라며 '자유 속에 내재하는 종속의 동질성' 논리를 문제 삼았다. 자유는 주체의 일부이기는 하지만, 자유 중에서도 부여받은 자유는 종속의 세계를 강요한 비자유라는 이중의 세계를 동시에 담지하고 있으며 이를 동시에 보여주는 전략으로서 자유 개념의 제시였다.

이것은 '자본주의인가 사회주의'인가 혹은 '자유주의인가 공산주의인가'라는 슬로건 추종 논리에도 대입되는 것이었다. 즉 단순하게 자본주의나 사회주의, 자유주의 혹은 공산주의라는 슬로건을 추종하는 것은 노예적 종속적 해결에 그치는 것으로 보았기 때문이다. 이것이야말로 단순한 이데올로기의 보급이나 선전에 '종속'되는 사안이었다. 따라서 다카시마 젠야가 제시하고자 한 것은 기존의 자본주의나 사회주의,

자유주의와 공산주의라는 선행의 논리들 속에 내재하는 개념이 어떻게 '사회의식'으로 '의식되었는가'를 '이해해야 한다'고 보았다. 즉 다카시마 젠야는 민주주의와 자유의 개념을 이해하기 위해서는 '사회의식의 형태'로서 이를 해석해야 함을 강조하고, 동시에 그것을 바탕으로 다시 총체적 '사회의식의 형태'를 구상해 내야 하는데 그것이야 말로 '민주화이고 독립'이라고 보았다.

> 사회의식의 형태로 일본의 민주화와 일본의 독립을 염두에 두는 데 세 가지 문제점을 보여주고 있다. 그것은 체제 그리고 민족과 계급의 문제이다. 체제의 문제는 자본주의 체제인가 사회주의 체제인가이며, 민족 문제란 일본민족의 독립 문제이다. 마지막으로 계급의 문제란 원리적으로는 자본가와 근로자의 문제이다. 체제의 문제는 계급의 문제와 표리일체적 관계에 있는 듯이 보이는 것에 비해 민족의 문제는 일단 체제나 계급으로부터 독립한 매우 델리케이트 (delicate)한 심리와 의식에 관한 문제인 듯하다.9)

자유주의나 공산주의라고 간주되는 '대표적인 사회의식'은 두 체제와 두 계급의 관계 변화에 따라 체현되었으며 동시에 다시 내용이 변모하는 것을 피할 수 없기 때문에 이를 잘 파악해야 한다고 논한 것이다. 체제와 민족과 계급을 전체적으로 파악하고 이를 총체적으로 생각하는 것이 일본의 민주화의 길을 만들 수 있다고 보았다. 이는 전후 일본의 사회의식을 문제로 하지 않으면 안 되는 궁극적인 이유이기도 했다. 그렇기 때문에 무엇보다도 체제와 민족, 계급을 통합하는 '입장'에서 민주주의 일본적 형태를 구축해야 하는데, 이를 위한 첫 번째 임무가

---

9) 高島善哉(1951)「変貌する戦後日本の社会意識」,『日本及日本人』2(4), 日本新聞社, pp.60-61.

바로 체제로서 자본주의 혹은 사회주의, 그리고 자유주의와 공산주의에는 민족과 계급의 문제가 어떻게 다루어졌는가를 파악하는 일이었다. 체제나 민족 그리고 계급의 문제를 알기 위해서는 그 역사적 기원을 찾음으로써 그 논리를 객관화 할 수 있다고 보았다.

다카시마 젠야가 이러한 논리 즉 사회의식의 기원에 근거성을 두면서 그것들이 어떠한 역사성 속에서 권위를 갖게 되었는가를 파악해야 한다는 주장은 시대적 인식으로 등장하게 되었다. 즉 이를 통해 사회의식으로 간주되는 '체제, 민족, 계급'은 모두 부여받은 것이 되며, 그것으로부터의 탈피를 꾀하는 것이 객체화이기도 하면서 주체화라고 인지하게 되었다. 그것은 현재적 의미를 갖기도 하면서 새로운 의미를 찾는 전후의 출발이었다. 이를 위해서는 기원적인 것을 찾기도 하지만, 반대로 새로운 세계를 만들어가야 하는 논점을 강조하여 기원의 변형 속에서 '비합리적이라는 부분을 보이지 않는 것'으로 삭제하면서 동시에 그것을 의미화하는 과정으로서 전후의 출발이었다. 구체적으로는 두 가지 차원에서의 의미화였다.

우선 사회의식의 기원을 되돌아보며 이물질을 객관화하는 논리로서 호리 마코토(堀眞琴)의 「'두 세계'의 대립에 대해」에서 자본주의 체제와 사회주의 체제라는 '두 종류의 이데올로기'를 재검토할 것을 주장했다. 호리 마코토는 자본주의 체제와 사회주의 체제는 상호 대립적인 관계에 놓여 있고, 그 대립이 심화되고 있지만, 실은 양측 모두 '세계평화를 위한 노력의 일환'을 주장하고 있다고 보았다. 그런데 역설적으로 이 두 세계의 대립 때문에 '국제문제' 발생하고, 두 세계의 대립이 장애가 되고 있다고 보았다.

그렇다면 호리 마코토는 '두 세계'의 역사성에 대해 어떤 견해를 갖고 있었을까. 호리 마코는 '세계 역사'를 총체적으로 보는 견지를 강조하며, 인류의 역사로서 세계사를 보아야 한다는 관점을 제시했다. 특히 자본주의 체제나 사회주의 체제는 실은 '인간이 만들어온 것'으로 이 두 세계는 조정이 가능하다고 보았다. 그 조정의 근거에 대해 호리 마코토는 자본주의 체제와 사회주의 체제로 나누어진 이유는 이데올로기적으로 혹은 제도적으로 그러한 사회를 구축했기 때문이라고 분석했다.[10] 민주주의나 공산주의 모두가 평화를 논하면서 대립한다. 물론 그 체제의 차이가 대립적이고 대항적이라고 하는 기존 논리는 한계점을 갖는다고 보았다.

호리 마코토는 1945년 이후에는 자본주의 체제=자유주의나 사회주의 체제=공산주의라는 것으로 이해했다. 전전 교토학파(京都学派)의 중심 멤버이며 전후 마르크스주의자라고 자신을 내세운 다카야마 이와오(高山岩男)는 더 구체적으로 이를 설명했다. 실은 유럽이 세계사의 중심에 있었지만, 이 유럽에 대항하는 형식으로 미국, 소련, 동아시아가 등장하게 된 것으로 보았다. 이는 한편으로는 세계사 즉 유럽 중심 세계사 '유럽적 세계사'로부터 다원적 중심인 개별 구성 세계사로 '세계적 세계사'로 이행하는 시기로 간주했다. 이러한 역사적 추세는 2차 세계대전을 계기로 대변환이 일어나게 되는데, 그것은 바로 유럽의 세력이 약해지고 미국, 소련의 세력이 증가하게 되면서 자본주의와 공산주의가 새로운 대항을 세력으로 등장했다고 보았다. 즉 세계가

---

10) 堀真琴(1951)「「二つの世界」の対立について」,『日本及日本人』2(2), 日本新聞社, pp.42-48. 두 세계의 대립이라고 한다면 그것은 말할 것도 없이 하나는 자본주의 체제이고, 다른 하나는 사회주의 체제로서 이는 이데올로기상으로 또한 현실 제도상으로도 나타나는 대립을 의미하고 있는 것은 잘 알려진 바이다. (중략) 자본주의 혹은 자유주의라 하거나 사회주의 혹은 공산주의라 해도 각각의 이데올로기에 서 있는 것이다.

두 개로 나누어진 것11)으로 이는 유럽에서 파생된 새로운 세력 즉 미국과 소련의 대결이었다. 그렇기 때문에 다카야마 이와오가 주장하는 것은 이 두 세계 내부는 양쪽 다 자기모순과 문제점이 내재되어 있다고 보았다. 실은 이 두 세계는 하나로 통합되어야 세계평화가 가능한데, 그렇지 못한 이유에 대해 비판한다. 다카야마 이와오는 호리 마코토와 마찬가지로 자본주의의 민주주의나 공산주의의 평화주의 양쪽 모두 문제 삼았다. 즉 폭력을 동반하는 문제점이다. 호리 마코토가 주장하는 것은 두 체제 즉 자본주의 체제와 사회주의 체제에 내재된 폭력을 극복하여 '평화운동'을 구축해 갈 필요성을 어필한다. 따라서 이러한 자본주의 체제와 사회주의 체제를 극복하고 평화세계를 구축하는데 장애가 되는 것은 '인간의 입장'을 중시하고, 인간성을 회복하는 방법이 중요하다고 논한다. 기존에 서구의 과학 기술이 지배하는 문명사회는 기계 기술적 분업, 대량생산에 의한 대중 지배, 기구의 전제성(專制性)은 인간성을 해체시켰으며 이것이야말로 인간사회의 '어둠'이었다. 만약 마르크스가 주장한 것처럼 자본주의의 질서에서 사회주의의 질서로 변화시켰다고 해서 근본적으로 이 어둠이 제거(除去)되는 것이 아니라는 점에 주목한다.12)

바로 그렇기 때문에 자본주의도 사회주의도 양쪽 모두 '근대가 낳은 아이'로, 이들 모두 근대적인 것이기 때문에 근본적으로 동일한 문제가 존재하게된 것이라고 논한다. 그리하여 자본주의든 사회주의든 현대 문명에 감춰진 어둠 부분을 제거하지 않으면 아니 이러한 문제를 각성

---

11) 高山岩男(1954) 『二つの世界に抗して-文明の破局と人類の対決』, 中央公論社, p.9.
12) 堀真琴(1951), 앞의 잡지, pp.42-48.

하지 않으면 미래의 위험은 사라지지 않는다고 주장했다. 이들을 객관적으로 비판하는 혜광(惠光)이 중요하고, 그 문제는 인간성 해체를 둘러싼 근대의 문제를 해결해야 하는 논의로 이어졌다.[13]

다시 말해서 전후 논의되는 평화주의는 자본주의 체제와 사회주의 체제의 용인이나 추종이 아니라, 이러한 시대적 인식은 <근대가 잉태한 것>으로 평화주의로 나아가기 위해서는 결국 체제, 계급, 민족을 극복하는 인간 자체의 인간성 문제로 수렴하고 이를 더 근원적으로 고찰해야 한다고 논한다. 즉 인간 의식의 형태로 출현한 자본주의 체제와 사회주의 체제는 계급과 민족의 차이를 체현해냈고, 그 차이들이 결국 인간성의 문제도 만들어 냈다고 보았기 때문이다. 그것을 깨닫고 인간 본연의 인간성을 회복하여 평화주의 세상을 만드는 것을 어필하게 된다.

이때 인간성은 도덕성이나 정신성을 가리키는 것인데, 그것 또한 인간의 의식형태를 객관화해야 하는 것으로 '주관적 도덕력'에 갇히지 않는 인간성을 찾아야 한다고 보았다. 자본주의 체제나 사회주의 체제의 어느 쪽으로도 전화되지 않는 각성의 세계였다. 의식의 형태적 발현으로서 체제와 계급 그리고 민족을 객관화하여 인간성 회복의 객관적 세계는 주관적 도덕적 이상주의로 달려가지 않고 그것이 오히려 유해할 수 있다는 정신적 태도를 가지려고 노력하는 것 그 태도를 직시하고 냉정한 철학적 인식을 통해 인간성 해체의 폐를 막는 것에 중심을 두어야 한다는 논리였다.

---

13) 高山岩男(1954), 앞의 책, p.74.

IV. 피안으로서 일본: '세계사 = 일본주의'의 재소환

호리 마코토는 정신적 태도를 위한 방법으로 다카야마 초규(高山樗牛)와 시가 시게타카(志賀重昂)를 가져온다. 잘 알려진 것처럼 다카야마 초규는 메이지30년부터 33년에까지 3년여간 일본주의 사상가로 활동했다고 평가된다. 물론 다카야마 초규의 일본주의 사상은 시가 시게타카와 미야케 세쓰레이의 국수보존주의와의 차이성을 알아야 하고, 이를 다카야마 초규의 일본주의의 비교하는 것이 가장 잘 일본주의를 명확하게 알 수 있는 방법이라며, 초규가 국수보존주의를 비판하고 일본주의가 어떠한 것이라는 것을 분명하게 하려고 했다. 대표적으로 「국수보존주의와 일본주의」라는 논고를 가져오며, 다카야마 초규가 주장한 국수보존주의를 일본주의의 선구라고 보면서도 '외물숭배의 반동으로서 외부를 배척하고 자기를 신장하는 것에 급해서 자타내외를 비량하지 못한 점'에 대해 비명확성을 비판했다.[14]

일본주의 발생의 기초가 된 역사적 조건은 메이지 27년·28년에는 정립하지 못했던 '국민의식'을 근저에서 바꾸어 국민적 의식으로 명백하게 각성이 일어났다고 보았다. 이 국민의 명백한 자각심을 대표하는 주의 이것이 일본주의이다. 특히 동양의 주변국들의 전쟁을 통해 국민들 사이에 인식이 되고 세계적 관점에서 보았을 때 일본의 위치는 어떠한가라는 물음을 통해서 일본주의는 답을 구하면서 등장했다고 보았다. 아직 일본의 세계적 위치에 대해 자각이 깊어지지 않았고 불충분했던 시기에 시가 시게다카의 국수주의가 창도되는데, 이 국수주의와 일본주의는 다른 것이었다. 다카야마 초규의 일본주의는 다음과 같은

---

14) 堀真琴(1943)「高山樗牛」, 『日本民族論』, 帝国書院, p.407.

것이었다.

　　일본주의는 단순하게 국가 및 국민이라는 자각의 깊이 점에 있어
　서 뿐만 아니라 말하자면 세계적 안광을 갖는 점에서 국수주의와는
　크게 달랐다. 초규는 일본주의의 최대 사업을 설파, 세계의 사국(事
　局)에 일본국가의 독립진보와 일본국민의 안녕과 행복을 보존하기
　위해 가장 적절한 국민도덕의 실행주의를 세우고 이것으로 국민의
　인심을 통일하는 것에 있다고 했다. 초규는 국민적 의식을 근저에서
　통일하고 그 헌법과 칙어에 적응하는 국민정신을 도야하는 것은
　일본주의의 본령이 아니며 국가의 발달은 민심의 통일을 필수로
　한다. 통일은 주의를 예상하고 주의는 국체와 민성(民性)에 기다린
　다. 국민정신의 통일에 대한 일본주의의 책임도 실로 여기에 있다.
　국민정신의 통일이다.15)

　한 마디로 호리 마코토가 논하고자 하는 다카야마 초규의 일본주의란
윤리주의적 일본주의였다. 국민도덕의 통일과 그것에 의한 인심의 통일
이었다. 호리 마코토가 논하는 메이지기의 다카야마 초규의 일본주의란
'정신주의=형식 타파주의'로 '인간'을 중심에 둔 논리였다. 다카야마
초규가 자신의 이론을 만든 니체주의와 일본의 니치렌(日蓮)주의를 접
속한 절충론이었다. 다카야마 초규는 진리로서의 또는 이상으로서의
국가를 마음에 그리고 국가의 실현을 기대하고 진리의 국가를 추구한
것에 이른다. 호리 마코토의 입장에서는 다카야마 초규가 '순화된 국가
주의자'로서, 국민도덕의 통일과 그것에 의한 인심의 통일을 이루어내
는 이상사회를 이루는 것은 국가가 전제되어야 함을 강조했다.
　개인에게 초점이 맞추어진 것이라기보다는 국가를 전제로 하는 입장

---

15) 堀真琴(1943) 「高山樗牛」, 앞의 책, pp.409-410.

이라는 점에도 동일했다. 이것이 하나의 사상으로 자리를 잡고, 일본사상이라고 명명되면서 그 내용이 정해져 가고 있었다. 즉 1898년 다카야마 초규의 「메이지사상의 변천」과 미야케 세쓰레의 『메이지사상소사』에서 존왕양이, 유신, 정한론, 자유, 평등, 무정부주의, 불교, 진화론, 사회주의 등을 다루는 것이 일본사상으로 여겨지게 되었다. 특히 중국의 유가나 도가와 같은 철학적 학파 사상에 대한 논의를 전개하는 것도 일본사상의 하나였다.16) 물론 이러한 의미에서의 사상이라는 호칭은, 표면적인 사상사의 변천으로 간주할 수 있는데, 이러한 논리를 비판한 것은 쓰다 소키치였다. 쓰다 소키치는 실생활에서 유래된 '생활적인 것'으로부터 출발하는 것에 초점을 두고 일본인의 생활 자체에서 출발하는 것이 아니면, 그것은 관념적 사변의 변화만을 추구하는 피상적인 것이라고 간주하여, 이것으로부터 탈피할 것을 주장했다.17)

이것은 전후 1951년 시점에서 「동양에의 회귀」를 발표한 아카마쓰 가쓰마로(赤松克麿)에 의해 재현된다. 다카야마 초규가 메이지기에 주창했던 사회민주주의를 중시하던 아카마쓰 가쓰마로는 우파적인 국가사회주의로 관심이 이행되는데, 이렇게 놓고 보면 전전의 다카야마 초규의 '입장'과 밀접한 관련성이 추측된다. 아카마쓰 가쓰마로는 사실 일본 국가주의와 관련하여 중추적인 역할을 담당했던 인물인데, 아카마쓰는 패전 후 일본의 젊은이들이 '미국을 동경(憧憬)하는 풍조'를 보

---

16) 家永三郎(1972) 『津田左右吉の思想史的研究』, 岩波書店, pp.91-122.
17) 田村秀夫(1982) 「日本における<社会思想>概念の展開」, 『経済学論纂』, 中央大学経済学研究会, pp.1-33. 有田和夫(2000) 「西欧近代思想概念受容に顕れた中国思想の特性-倫理概念と理性概念」, 『東洋大学中国哲学文学科紀要』, 東洋大学文学部, pp.1-26. 鵜飼哲, 酒井直樹, 鄭暎惠他(1996) 「共同討議ポストコロニアルの思想とは何か」, 『批評空間』2期11, 太田出版, pp.6-36.

고 경각심을 가질 것을 논하며, 일본 국가주의를 설명했다. 우선 미국 문명이 인류의 최고점은 아니지만 일본의 미래를 위해 미국인의 국민성, 미국의 정치, 경제, 문화를 아는 것이 필요하다는 점은 인정했다. 미국을 아는 것을 아카마쓰는 메이지기에 이미 경험했던 '세계적 지식의 접속'으로 메이지유신을 소환했다. 일본이 메이지 유신이라는 위대한 전환점을 만들어 낸 것이 패전 후 일본과 '동일한 것'으로 중첩시켰다. 즉 전후에는 '일본의 민주화'를 맞이했고 전환의 시대라고 보았다. 그런데 이 민주화 즉 '민주 일본 건설'이 하나의 슬로건이 되어 등장하면서 도덕, 정치, 경제, 교육이 민주주의화 해야 한다고 '균질화'되고 이것이 '국가건설'이라고 주장하는 것에 갖는 문제점이 이었다. 주체성의 결여라는 점이다.

> 군국주의 시대에는 군국주의에 열광하고 민주주의 시대에는 민주주의를 예찬한다. 이 국민성은 종순(從順)하여 다루기 쉬운 국민이라고 그들은 생각했을 것이다. (중략) 내가 문제시하는 것은 개개의 민주주의 정책이 아니라 문명의 본질이다. 나는 미국의 문명만을 문제로 하는 것은 아니다. 미국 문명이나 러시아 문명을 포함해서 그리고 이들 양 문명의 원류를 이루는 유럽 문명의 본질을 문제시하는 것이다. 즉 서양문명이 본질적으로 금후 세계를 지도하는데 충분하고 올바른 근거를 갖는가라는 점에 커다란 문제가 있다.[18]

서양문명이란 유럽, 미국, 소련 문명을 모두 포함하는 것이었다. 아카마쓰 가쓰마로 역시 미국문명과 러시아문명 양쪽을 비판한다. 바로 근대문명 자체에 문제가 존재한다는 입장인 것이다. 표면상으로 보기

---

18) 赤松克麿(1951) 「東洋への回帰」, 『日本及日本人』2(11), 日本及日本人社, pp.8-16,

에 이 두 문명은 대차적 대립에 있지만, 그 본질적 혈액이 같은 형제 관계에서 나온 것이라고 논한다. 그리하여 현대인의 인간적 고뇌를 구원할 힘을 갖지 못하는 서양문명으로, 이 둘 중 어느 하나가 승리한다고 해도 희망은 없다고 보았다. 근대 자체가 만든 문화에 문제가 존재한다는 논리인 것이다.

> 현대세계의 불안의 원인은 자유세계와 공산세계의 대립이라고 하는데, 양자는 세계정책을 달리할 뿐만 아니라 각각이 가진 문명의 성격을 달리하고 있다. (중략) 이 두 '주의'는 모두 유럽 정신의 변질에서 나오고 왜곡된 것이다. 유럽 정신 속에 있는 원리의 한쪽만을 극단적으로 발전시킨 것이다. (중략) 유럽의 정신은 인간을 전체적으로 취하고 전체적으로 이해하는 것이다. 유럽정신은 휴머니즘이다. 그러나 미국주의도 소비에트주의도 결코 휴머니즘이 아니다. (중략) 그런데 미국문명도 소비에트 문명도 유럽문명에서 발전해온 것으로, 모체인 유럽문명과는 다소 성격을 달리한 미국적 특색과 러시아적 특색을 갖고 있는 것은 분명하다.19)

즉 미국, 유럽, 러시아의 문명은 서구라는 진보주의적 기술문명으로 혼(魂)을 중시하는 정신문명이 아니기 때문에 한계를 갖는 것으로 이후부터는 동양 사상에서 이 근대의 문제를 해결해야 한다고 논한다. 아카마쓰 가쓰마로는 유럽문명의 몰락을 논한 슈펭글러와 근대문명의 몰락을 선언한 니체를 동원하여 이 논리에 신빙성을 추가한다. 즉 서구인들

---

19) 赤松克麿(1953) 『東洋への郷愁』, 日本経済公論社, pp.1-4. 게오르규(Constantin Virgil Gheorghiu)의 『25시(二十五時)』를 인용하며 서양문명을 비판하는 내용이다. 특히 미국문명과 러시아 문명을 비판했다. 미국문명과 러시아문명은 다른 것처럼 관념화되었지만, 게오르규의 눈에는 양자의 본질은 동일한 것으로 비춰졌다.

이 논하는 서구의 몰락론이며 동양문명의 정신주의 번영을 강조하게 된다. 이것은 메이지시기의 다카야마 초규의 일본주의와 만나게 되고, 전후가 중첩된다. 즉 아카마쓰가 제시한 것은 미국, 소비에트로 대표되는 서양문명이 본질적으로 문제를 갖고 있다는 점이며, 금후의 인류를 이끌어 가는 데는 충분한 근거를 잃었다고 주장하면서, 아시아, 동양, 일본의 '세계주의'를 등장시킨다.

아카마쓰는 그 근거로서 기독교와 민주주의의 논리를 가져왔다. 즉 "세계는 두 개의 위대한 원리가 있다. 하나는 기독교이고 다른 하나는 민주주의다. 기독교는 순결한 생활과 상호우애의 원리이다. 민주주의는 개인의 존엄과 권리의 원리이다. 이 둘의 원리를 달성하기 위해서는 몇 세기에 걸쳐 혁명과 유혈의 투쟁이 일어났다. 일본에는 이 원리가 매우 갑자기 그리고 매우 온화하게 가져왔기 때문에 많은 관찰자들은 미군의 점령 이래 실현된 이 놀랄만한 무혈혁명의 범위를 못 본다. 일본의 곳곳에, 아시아의 곳곳에, 동양의 다음 백 년, 아니 천년의 역사는 일본에서 결정될 것"[20]이라며 일본의 역할을 중시한다. 아카마쓰는, 일본이 패전으로 종전을 맞이하면서 겪은 미국의 민주주의가 문제인 것은 미국 민주주의라는 이름의 '기독교적 정신에 근거한 미국민주주의'로 '자신들이 만족'하는 민주주의를 근거로 '자신들의 일본'을 만들려고 한 것이 문제라고 보았다. 그리고 이것은 끝나지 않은 '백인우월주의의 연장'이며, 서구가 동양을 대하는 의식과 다르지 않은 것이라고 비판한다. 이러한 차별적 세계관을 바탕으로 하기 때문에 서양의 도덕성은 타락하게 되고, 근대 자체에 문제를 내포하고 있다고 논한다. 이를 깨달은 서양인 즉 니체나 니체의 후계자들이 나타났으며, 대표적으로

---

20) 赤松克麿(1953), 앞의 책, pp.6-7.

스피노자는 서양문명의 내면적 붕괴가 온 것을 예견했다며 이들을 소환했다. 그와 동시에 일본은 일본의 문제점도 깨닫게 되었다. 즉 일본은 모든 과거를 군국주의와 연결하여 모든 전통을 부정한 점이다. 따라서 이를 극복하기 위해 아카마쓰 가쓰마로는 "새로운 일본은 자기를 상실한 식민지국가가 될 것이다. 진정으로 민족 독립을 염원한다면 승자가 부여한 문명을 종순(從順)하는 작은 양처럼 액면 그대로 받아들이는 것은 승자에 아부하는 것이다. 그리고 자기의 개성을 상실하는 것이다. 민족적 개성을 상실한 일본은 정치적으로 독립한다고 해도 경제적으로 자립한다고 해도 혼(魂)이 없는 국가가 되는 것"21)이라며, 독립의 의미를 식민지 국가론과 연결하여 해석했다.

아카마쓰 가쓰마로는 서구 근대를 추종하다보니 동양의 내부에 존재하는 종교, 철학, 윤리가 '봉건적'이라고 간주하여 이를 되돌아보지 않는 것을 비판했다. 반대로 만약 승자인 미국에 의해 부여받은 문명을 그대로 추종한다면 그것은 형식상의 독립으로 영혼 없는 식민지 혹은 노예 상태의 지속이라고 경고했다. 그렇지만, 이를 극복하기 위해서 일본적인 것만 주장해서는 안 되었다. 그것은 결국 다시 메이지기에 겪었던 국수주의 혹은 국수보존주의 동형으로 비춰질 수 있었다. 그렇기 때문에 서구적인 것 속에 존재하는 동양적인 것을 재현해 내야했다. 그리하여 주목한 것이 유럽에서 풍미한 사상들이 발생한 기원이 무엇인가를 물으면서 출발한다.

즉 유럽의 모든 사상적 근원은 '자연주의적 유물적 인간관'에서 잉태된 것이라고 보고, 이것이 르네상스 이래 인간해방으로 이어진 프로세스에 초점을 두었다. 물론 르네상스 이후 나타난 인간해방 정신이란

---

21) 赤松克麿(1953), 앞의 책, p.12.

'과학을 통해 종교와 투쟁'하는 과정에서 획득한 것이었고 동시에 과학을 기초에 둔 '유물적 인생관'이 잉태되었다고 보았다. 즉 인간해방 정신을 객관화하기 위해 동원한 과학은 종교에 함몰되지 않은 인간성을 찾아냈지만, 동시에 과학에 근거를 둔 유물적 인간관이 역으로 유물적 인간관인 과학의 강조되어 인생이나 인간의 의미를 간과하는 인간을 만들게 되었다고 본 것이다.[22]

따라서 아카마쓰는 자유의 주체성을 서구식으로 규정해 온 성격을 재고해야 한다고 보았다. 즉 인간을 과학적으로 분석하는 것은 불가능하며, 아무리 인간의 주체성을 추리하고 실험을 한다고 해도 개개의 인간적 자유 의지를 확고하게 분석하는 것은 불가능하다고 보았다. 따라서 기존에 취했던 인간 의지 즉 인간의 내면에 존재하는 자유와 평등의 논리는 '주의'로는 설명할 수 없다는 점을 강조한다. 다시 말해서 마르크스주의 철학의 수용과 동시에 그 마르크스주의 철학의 한계성을 제시한 것이다. 부르주아민주주의 한계점을 극복하기 위해 프롤레타리아민주주의가 등장한 것, 그것 자체는 역사 발전의 의의를 갖고 있지만, 마르크스의 논리 속에는 인간으로서의 자유의지를 그것으로만 결정해버리고 그 이외의 인간의지를 부정했다[23]고 보았기 때문이다. 그리하여 새롭게 등장한 이론은 봉건계급을 악으로 보고 시민계급을 선으로 보는 인식이었는데, 이러한 인식이 출현한 것은 그 근원에 마르크스의 논리 속에 인간이 가진 의지를 부르주아와 프롤레타리아로 나누어서 세상을 그려냈고, 그것을 인식론적 근거로 했기 때문에 다시 시민계급이 선이라는 '사고방식'이 출현한 것이다.

---

22) 赤松克麿(1953), 앞의 책, p.16.
23) 赤松克麿(1953), 앞의 책, pp.39-40.

이러한 시각에서 보면 시민계급의 이성이 절대적이고 만능이라고 보게 된다. 바로 이점을 깨닫지 않으면 시민계급이 최대의 자유를 획득하고 자기가 욕망하는 사회제도를 개혁한다면 이상사회가 생겨날 수 있다고 믿는 믿음에 빠지게 된다. 반복하지만, 마르크스는 부르주아를 악으로 보고 프롤레타리아를 선으로 보았다고 해석한 마르크스주의 이론이 있었기 때문인데, 이는 소련 헌법에 나타났고, 그것에 의하면 프롤레타리아의 지도적 핵심을 이루는 것은 공산당뿐이라고 주장하는 근거가 되었다. 그렇기 때문에 이 공산당이 이상사회 건설의 유일의 담당자가 될 수 있었고, 아니 정당성이 확보되었던 것이다. 그리하여 공산당은 절대적 선이 되었고, 공산당이 최대의 자유를 획득하고 공산당의 생각대로 사회제도를 개혁하면 이상사회가 잉태된다는 논리를 만들어낼 수 있었다. 따라서 이렇게 본다면 공산당이 세계를 지배해야 한다는 논리로 비약되고, 그렇게 된다면 자유와 평화의 이상세계가 출현할 것이라고 선전하게 되었다. 그 모든 근원은 마르크스의 '설정 속'에 존재했다.

> 마르크스는 원시공산 시대에 자유평등의 사회가 실재했다고 믿었다. 인간의 자유를 억압하는 사회제도를 타도하면 이상사회가 잉태된다고 믿었다. 부르주아 민주주의자도 마르크스주의자도 공통의 사상적 기반에 서 있었다.[24]

즉 마르크스는 자유와 평등이 원시공산사회에는 존재했다고 상상했고, 그러한 사회가 실제로 존재했다고 믿는 '설정'에 서 있었다는 점이다. 그리하여 인간의 자유를 억압하는 제도를 없애면 이상적 사회 즉

---

24) 赤松克麿(1953), 앞의 책, p.41.

자유와 평등 사회가 건설된다고 '상상한' 것이라고 아카마쓰 가쓰마로 는 보았다. 즉 자유와 평등의 사회는 부르주아 민주주의자와 마르크스 주의자의 공통적 '상상의 기반'을 지적했다. 중요한 것은 마르스크주의 자들이 논하듯이 자본주의 사회에서 공산주의 사회로 이행하는데 그 과도기에 현재의 권력국가적 형태가 나타난 것으로, 이것을 항구적인 것으로 볼 것인가 과도기적 현상으로 간주해야 하는가의 문제가 발생 했다. 여기서 전자 쪽이 목표로 설정된 공산당이 있다면 그것은 자유의 국가가 아니라 노예의 세계라고 보았다. 그렇기 때문에 이러한 마르크 스주의적 공산당의 논리에 의해 자유와 평등 그리고 민주주의가 설정 되는 것이 한계가 있다고 보았다. 즉 민주주의는 유럽이나 미국의 전유 물이 아니라 이미 고대 동양 철학에 존재했다고 논한다. 자기를 상대화 하고 스스로를 되돌아보는 인간의 자기 수양이나 깨달음을 논하는 것 은 동서 세계의 보편현상이었다고 주장한다. 아카마쓰는 결국 동양에 도 민주주의가 있었고, 그것은 인간성의 근본을 중시한 인간의 고귀성 을 갖고 있다고 논했다.

> 서양 민주주의는 악을 안에서 도출하지 않고 외부에서 도출한다.
> 인간에게는 본래 훌륭한 이성이 갖추어져 있어 자기반성의 필요가
> 없다. 이성의 힘을 기르면, 자유만 준다면 된다고 한다. 그 자유를
> 억압하는 것이 있다. 따라서 악은 자기 속에서 존재하지 않고 외부
> 에 존재한다. 인간은 본래 자유 평등의 생활을 할 수 있음에도 불구
> 하고 현재 불행한 생활을 하고 있는 것은 제도 때문이다.[25)]

아카마스가 주장하는 것은 서구 민주주의가 인간의 내면을 중시하지

---

25) 赤松克麿(1953), 앞의 책, pp.47-48.

않고, 외부적 가르침으로만 해결하려 하는 논리를 비판적으로 논했다. 그리고 그와 반대되는 동양주의에 대해 다시 회고하면서, 봉건적이라고 간주되어 버린 동양의 정신에 대해 재고한다. 그와 동시에 동양 즉 아시아가 미국화 하는 것을 원하지 않고 러시아화 하는 것을 원하지 않듯이, 일본 또한 미국화 하거나 러시화해 해서는 안 되며, 동양으로서의 개성을 지키고, 그 개성을 지키면서 인간 문명의 창조를 일구어내야 한다고 주장하게 된다. 그러기 위해서 다시 소환되는 동양의 정신적 가치란 바로 '정신을 재인식'하는 방법이라고 보았다. 이러한 방법을 통해 동양을 다시 보고, 동양 내부에 존재하는 서구적 르네상스의 보편성을 찾아야 했다.

유럽적 근세사를 논하는 보편성은 르네상스이다. 동양의 근세를 부정하는 자의 근세는 산업혁명 이후의 유럽의 자본주의의 융성을 유럽에만 한정시키는 것에 문제가 있다. 유럽의 근세적인 것은 국민주의가 발흥하고 중앙집권국가가 성립하는 것으로, 이 시기를 유럽에서는 중세가 아니라 근세가 된다. 이 사회상태를 송나라 원나라 명나라 청나라 교체기와 비교하여 모두 근세라고 불러도 비례(比例)가 안 되는 것이 아니다.[26]

다시 말해서 유럽적 근세사의 보편성을 인정하면서도 그 보편성에 비추어보면, 동양의 여러 나라에서도 이보다 더 일찍 근세에 이르렀다고 보았다. 물론 그것이 더 이상 진화하지 못하고 비월(飛越)하지 못했는데, 바로 이점을 전근대라던가 비판적으로만 보는 것에 그쳐서는 안 된다고 보았다. 왜냐하면 근세의 사회경제나 정치를 보면, 특히 동양적 근세에도 이미 국민주의 즉 내셔널리즘이 형성되고 발현되고 있었

---

26) 宮崎市定(1999), 앞의 책, p.24.

기 때문이다. 즉 유럽의 근세사를 증명하는 것 중 하나의 특색으로서 내셔널리즘의 발흥이 있는데 바로 이것이 동양의 근세에도 일어났다는 것이다. 즉 봉건 영주의 압박 속에서 그에 반발하는 전쟁이 반복되었던 것을 통해 알 수 있듯이 영주가 중심이 되는 국가가 아니라 인민이 중심이 되는 정부를 수립해야 한다는 사고가 발생했고, 그것은 인민이 주체가 되어야 한다는 논리들이 출현했다. 그것은 인민이 동일한 역사 와 문화를 기반으로 생활 속에서 공통된 문화를 향유하는 것이 국민이 라는 점이 각성되었고, 동시에 단결성의 필요가 대두되어 하나의 조류 를 형조(形造)했다는 것이다. 이것은 하나의 의지력인데, 다른 말로 표 현하면 내셔널리즘이었다. 이 의지력=내셔널리즘은 국민의 의지로 발 현되는 것으로 이는 의지의 힘이 그 기초라고 보았다.27)

문제는 바로 그러한 의지의 힘이 서양이나 동양이나 동일한 것이었 고, 그것이 역사를 움직여 온 힘이라고 보았다. 그렇기 때문에 서양이나 동양에서 만들려는 근대적 세계는 동일한 '인간의 의지'에서 나온 것으 로 차이가 없었다. 그렇지만 그것 자체를 깨닫지 않으면 서구적 르네상 스가 근대를 만들어 낼 수 있는 것이며 동양적 근세는 봉건적인 것이라 는 인식에 머무르게 되는 것이다. 그와 같은 인식 체제를 재고하는 것 자체가 근대적 국민의 의지력이었다. 그럼에도 불구하고 인간은 생활 속에서 '그 자체의 삶'에 익숙해지기 때문에, 그 자체의 변화를 체감하는 것이 어려웠다. 즉 각성 자체가 쉬운 일은 아니었다. 왜냐하면 "중세사회에 속에서 삶을 생활하는 사람들은 시대가 고대에서 중세로 이행하는 것에 대해 거의 무자각이었다. 그들은 변함없이 고대의 연속 속에서 생존하고 있는 것이라고 생각했다"28)고 논하듯이, 역사적 발전

---

27) 宮崎市定(1999), 앞의 책, pp.100-104.

이 작동하고 있음에도 불구하고 내부에서는 그 변혁 자체를 각성하는데 어려움이 존재한다는 점이다.

그것은 다시 말해서 근세가 근대로 이어질 때 그 내부에서 르네상스적 현상이 생겨나는데, 그것은 그 당대인의 생활 속에서 고대와 다른 중세로만 보다가 르네상스를 보게 되는 순간이 생겨나는데 그것이 바로 자각이었던 것이다. 그것은 '현세의 부정, 고대에의 동경'이 르네상스 운동이 발생하고 동시에 그것을 느끼게 하는 원동력이라고 보았다. 바로 르네상스란 근대의 자각이지만, 현재의 부정과 새로운 중세, 혹은 고대의 인지였다. 근세의 창조로서 새로운 근대를 만드는 논리로 근세적 현재에서 중세가 인지되고, 동시에 고대로 회귀하지 않는 새로운 방향성이었다. 여기서 등장하는 것이 이중적 시선 즉 동양과 서양의 두 개의 세계의 역사발전을 단순하게 병행 현상으로 볼 것인가, 그렇지 않고 두 세계의 발전은 결국 내적으로 관통하는 '발전의 과정'으로서 하나의 동일한 사실로 볼 것인가의 문제가 등장했던 것이다. 물론 일본의 경우는 후자 쪽을 강조하는 방식으로 역사 발전을 '인식론적으로' 논하고 있었다. 다른 의미로 표현한다면 <역사발전> 자체를 대상으로서 '기술'하는 입장이 등장하게 된 것이다.

V. 선고(選考)된 마르크스주의: unlearning의 실패

전전 일본에서는 「강좌(講座)」라는 명칭이 의미라는 것은, 일본자본주의 논쟁의 계기가 된 『일본자본주의 발달사 강좌』(전7권, 1932 - 33

---

28) 宮崎市定(1999), 앞의 책, p.133.

년)이 있고, 인문사회계열의 「강좌」로서는 『세계사조(世界思潮)』(전12권, 1928 - 29년)이 있다. 실은 후자 쪽의 강좌가 먼저 나온 강좌였다. 이들 내용에 대해서 분석한 저서 중 호소카와 가로쿠(細川嘉六)의 『일본 사회주의 문헌 해설』를 거론하는 가운데, 이 저서 자체의 사상적 특색은 다루지 못하고 있지만, 사회운동가나 사상가를 망라하고 있었다는 점에 특징이 있었다. 여기에 대작으로 손꼽아 주는 것이 아카마쓰 가쓰마로의 「일본노동운동발달사」, 하타노 가나에(波多野鼎)의 「사회사상사 발달사」였다.[29] 아카마쓰에 대해서는 앞에서 고찰해 보았는데, 여기서는 하타노 가나에의 특징을 살펴보기로 하자.

히타노 가나에는 전후에 곧바로 『마르크스주의 대요(大要)』를 간행했다. 마르크스주의적 유물사관에 의하면 자본주의적 사회는 봉건적 사회가 붕괴한 것처럼 붕괴할 것이라고 보고 '자본주의적 사회'를 통해 사회주의적 사회의 형상을 찾아내고자 했다. 히타노 가나에는 그 중심적 인식론적 세계 즉 중심 관점에서 작동하는 유물사관의 기본을 생산관계에 두고 그것에 의해 사회가 변한다고 설정하는 점에 있었다. 그것은 이중적 논리 즉 생산력을 획득하면서 동시에 생산방법도 자체에서 변화하는 것으로 이해하고, 사회주의 사회는 자본주의 사회와 다른 별개의 독립적 사회형상이 아니라 자본주의 사회에 내재하는 사회주의 질서를 형상하는 것이라고 보는 시점을 가졌다. 히타노 가나에의 시점은 두 개념이 하나로 동시에 진행된다는 인식에 근거를 두고 있었다. 그렇기 때문에 사회 체제 중 가장 중요한 문제점이었던 계급도, 계급투쟁을 통해 생장하고, 그 투쟁 속에서 역으로 계급을 인지하게 되는

---

29) 大和田寬(2010) 「1920年代におけるマルクス主義の受容と社会科学文献」, 『大原社会問題研究所雑誌』 No.617, 大原社会問題研究所, pp.58-61.

것으로 계급의식이 생겨나면서 다시 공동체가 변환해 가는 것으로 간주했다. 그런데 이것 또한 히타노 가나에가 역사의 변화 동력을 생산력에 두었기 때문에 이러한 사회 변동의 논리가 나타나게 된 것이다.30) 이러한 인식론적 입장을 취하는 하타노 가나에(波多野鼎)는 자유의 의미를 다음과 같이 설명한다.

자유를 해석하여 국가권력으로부터의 자유, 개인적 자유라고 해석한다면 그것은 간과할 수 없는 오해이다. 모든 오해는 부르주아적 자유관념에 갇힌 것에서 나오기 때문이다. (중략) 자유는 환상적으로 자연법칙에서 독립하는 것에 존재하는 것이 아니라 법칙 인식 속에서 그리고 그 인식과 함께 부여되는 자연법칙을 일정의 목적을 위해 합계서적(合計書的)으로 작용시키는 가능 속에 존재한다. (중략) 개인의 판단이 자유이면 일수록 그 판단의 내용은 보다 큰 필연성에 의해 결정된다. (중략) 따라서 그것은 필연적으로 사회적 발전의 하나의 산물이다.31)

하타노 가나에(波多野鼎)가 해석한 자유의 개념이란 모든 세계로부터 자유로운 것 혹은 개인적 자유는 '부르주아적 관념'에서 추출된 자유로서, 그것은 자유가 아니라, 자유란 법칙 인식을 통해 알게 되는 것으로 자연적인 지배 법칙과 목적론적 필연성을 통해 알게 되는 필연성의 세계라고 보았다. 그것은 사회적 산물이라는 인식에 근거를 둔 자유 개념이었다. 그 연장선상에서 하타노 가나에는 '사회민주주의'라는 용어와 내용의 생산과정을 논한다. 즉 이를 이해하기 위해서 우선 고려할 것은 그 '역사적 의의와 발전상의 문제들'이라고 보았기 때문이다. '민주적 사회주의라는 용어가' 채택되어 사용되는데 이 말은 사회민주주

---

30) 波多野鼎(1946) 『マルクス主義大要』, 惇信堂, pp.118-125.
31) 波多野鼎(1946), 앞의 책, pp.146-147.

의라는 것에서 유래한 것으로, 사회민주주의라는 말 자체의 유래는 10세기 중엽독일 및 영국에서 생겨난 하나의 사회운동의 방법을 나타내는 운동이론이었다. 이것은 한쪽에서는 직접행동주의가 나타났는데, 그것은 생디칼리즘(syndicalisme)이라 불리는 운동으로 성행하게 된다. 이러한 직접행동주의에 반대하여 의회를 활용하고 사회주의의 실현을 꾀해야 한다는 주장이 생겨났는데, 그것이 바로 '사회민주주의'였다. 이러한 역사성을 갖고 있기 때문에 '사회민주주의'는 생디칼리즘과 직접행동주의의 내적 의미를 갖게 되었다고 보았다.

물론 그 역사는 다시 사회주의의 탄생으로 거슬러 올라간다. 즉 처음에 사회주의라는 말은 공산주의라는 말과 병렬적으로 또한 동의어로 사용되었다. 그러나 이 사회주의 이론에는 두 흐름으로 갈라진다. 하나는 이상주의적인 사회주의라 칭하는 것으로 주로 영국에서 일어난 이론으로 로버트 오엔(Robert Owen)이 대표적인데, 독일에도 버트런드 러셀(Bertrand Arthur William Russell)을 들 수 있다고 보았다. 이에 반대되는 것이 유물적인 사회주의라는 이론인데, 이것이 바로 마르크스주의라고 보았다. 즉 오엔적인 이상주의와 마르크스주의적인 유물주의, 이 두 개의 세계관에 기초를 둔 두 개의 사회주의 혹은 공산주의 이론이 전개되었던 있었다. 여기서 중요한 것은 이 이론이 가진 두 개의 흐름이 운동방법으로 나타났고, 그것이 생디칼리즘, 그리고 이 생디칼리즘에 대립하는 뜻으로 사회민주주의가 탄생하게 되었다고 보았다.[32]

하타노 가나에의 논리는 '민주적 사회주의'라고 칭해지던 사회민주

---

[32] 波多野鼎(1951) 「マルクス主義への訣別―民主的社会主義について」, 『日本及日本人』2(11), 日本及日本人社, pp.40-49.

주의라고 칭해지던 그것이 어떤 역사 과정에서 탄생한 '이론'인지를 설명하는 방식으로, 그 사상의 원리가 형성된 내적 특성을 분석하는 방식으로, 그 사상을 파악하는 입장이었다. 그리하여 사회민주주의에는 역시 유물적 사회주의 즉 마르크스 정통파적 사상이 혼입된 것을 지적했다. 그렇기 때문에 히타노 가나에가 보기에 마르크스주의를 정산하지 않고서는 사회민주주의 운동은 세력을 이룰 수 없으며 기회주의로 빠지는 것으로 보고, 이 원초적인 입장을 파악하는 것을 중시했다. 그것은 모두 '운동이론'이며, 사회민주주의 운동이 공산주의 운동에 대항하는 본류라는 것을 확인한다. 하타노 가나에의 입장에서는 소련형이나 중국형 사회주의 운동보다는 서구 이론을 기준으로 마르크스주의의 흐름을 파악하는 방식이었다. 또한 공산주의와 아나키즘 운동의 대표로 활동하다가 소련으로 망명했고, 이후 1925년 일본으로 귀국해 공산당을 재건한 사노 마나부(佐野学)의 논고를 살펴볼 필요가 있다. 사노 마나부는 1932년 치안유지법 위반으로 체포되었는데, 전향 성명을 내고, 출옥한 전향자였다. 사노 마나부 역시 소련형 공산주의 운동을 비판하는 입장에 있었다. 사노 마나부는 일본에서는 전후에 민주주의라는 명목 하에 '공산주의자의 폭력' 사건이 증가한 것에 대해 이러한 공산당의 폭력사건을 '기계적인 민주화 공작'에 의해 잉태된 것이라고 보고, 폭력을 사용하는 것은 아나키즘이 '행위'로서 공인되는 것이 갖는 문제점을 지적한다. 사노 마나부는 이것은 아나키스트가 아니라 테러리즘의 형태인 코뮤니스트라고 불렀다. 그런데 이 전후 일본에서 나타나는 공산당의 폭력사건은 패전국 일본만의 특유한 것이 아니라 공산주의자의 파괴 행동이 서독에서도 나타나는 것을 보면서 왜 공산주의와 아나키즘은 '동일시'되었는가에 의문을 갖고 이에 대해 비판한다.[33]

따라서 사노 마나부가 보기에 전후 일본의 공산주의는 '순수한 마르크스주의'의 후계가 아니라 '러시아적 전통이 농후하게 남은 것'으로서 '러시아적 마르크스주의'라고 간주했다. 마르크스적인 것이 아니라 러시아적 마르크스였던 것이다. 문제는 국가 폭력론은 아나키스트의 이론과 본질적으로 통하는 부분 그것에 있었다. 다만, 이 둘의 차이성을 알지 못하면, 마르크스적인 것이 러시아적 마르크스로 변형이 되었는지를 알지 못하게 되고, 그렇기 때문에 전후 일본에서 나타나는 공산주의자의 폭력을 반성할 수 없다고 보았다.[34] 즉 사노 마나부는 러시아에 나타난 레닌의 아나키즘 이론 수용 논리와 그것이 변형되어 가는 스탈린 시대를 설명했다. 그리하여 러시아적인 마르크스주의가 갖는 폭력 혁명을 비판했고, 일본 공산주의자들의 폭력적 행위들은 '소련식 무력 집단'으로 간주했다. 즉 마르크스주의의 흐름에 나타난 소련식 마르크스주의 이론에 기계적으로 추종하는 무주체적 비마르크스주의 논리라고 보았다.

스기모리 고지로(杉森孝次郎)는 이러한 현재 역사를 만들어 온 마르크스주의적 사회주의 사회의 변질 그리고 '자본주의 사회의 변형으로 나타난 민주주의라는 것도 모두 '현대문화'를 보여주는 이론이며, 둘 다 문제가 존재했다. 이제 이러한 두 논리로 세상을 인식하는 것은 '세계사적 임계점'으로 간주했다. 특히 피티림 소로킨(Pitirim Sorokin)이 논의한 세계사적 임계를 빌려온다. 그리하여 스기모리 고지로는 소로킨의 논리를 설명하는데 그 중심 테마는 공산주의도 자본주의도 경제 이외의 일에 대해서는 더 이상 내용이 충분하거나 개안(開眼)적인

---

33) 佐野学(1950) 「共産主義とアナーキズム」, 『日本及日本人』10-11(2), 日本及日本人社, p.11.
34) 佐野学(1950), 앞의 잡지, p.12.

것이 아니기 때문이라는 논리에 있었다. 즉 이 두 세계관은 결국 인간성 파악의 결여에 있었다.[35] 따라서 스기모리 고지로는 많은 사람 혹은 '가장' 많은 사람들이 무자각적으로 이를 따르는 '관념'에 대해서 비판적으로 다룬다. 이를 위해 영국의 정치학자인 라스키(Harold Joseph Laski)를 가져왔다. 영국식 자유주의 이론을 수용하는 방식으로 중심적 소개가 된 것이다. 앞서 언급한 다카시마 젠야가 아담 스미스(Adam Smith)를 전후에도 재소환하면서 자유의 개념을 도덕과 연결시켰듯이 영국적 논리를 주창하게 된다. 라스키가 활약한 시대는 영국을 중심으로 하는 자유주의 국가와 소련을 중심으로 한 사회주의 국가, 나치 독일로 대표되는 파시즘 국가라는 세 파가 투쟁하고 있었던 위기의 시대였다. 라스키는 이 시기를 경험하면서 자유주의/사회주의/파시즘 사상의 대립을 의식하게 되고, 자유주의적 민주주의와 사회주의적 민주주의의 상관성을 보며 근대국가의 사상적 근본문제를 다루게 되었다.[36]

일본에서는 라스키의 이론이 갖는 국가 권력이나 의회정치에 대한 모순을 처음으로 지적한 것은 마루야마 마사오(丸山眞男)였다.[37] 물론 마루야마 뿐만 아니라 전후 일본에서는 라스키를 통해 근대국가 자체의 민주주의와 자본주의와의 조화를 꾀하며 자유, 평등, 평화의 보편적 가치를 실현하는 것을 목표로 삼고, 자유주의적 민주주의와 사회주의적 민주주의의 접합을 시도했다. 그 내용은 주로 라스키의 사상이 유럽적 민주주의로서 '유럽 자유주의의 발달' 과정에서 나타난 것이라고

---

35) 杉森孝次郎(1951)「日本及世界の将来ーイデオロギー問題の国内的及国際的 解決の先務性」, 『日本及日本人』2(11), 日本及日本人社, pp.86-93.
36) 田中浩(2004) 『ヨーロッパ知の巨人たち』, NHK 出版, p.170.
37) 丸山眞男(1964) 「増補版 現代政治の思想と行動』, 未來社, p.535.

간주하여, 이러한 유럽식 자유주의의 논리를 추종하는 것에 내재한 문재 그리고 그것을 기준으로 근대 자유주의가 자본주의의 문제를 갖게 되었음을 비판적으로 소개하는 방식이었다.[38]

　이 유럽식 자유주의를 극복하고, 자유주의 문제를 일본의 평화, 군비, 비군비의 문제로 연결시킨 것이 스기모리였다. 스기모리는 '완전한 자각의 필요'라고 소제목을 달고, 현대의 모든 군비문제, 정전문제 등도 그 범주 내에 엄연히 그 위치를 차지한다고 기술한다. 스기모리 고지로는 소로킨의 용어를 빌려 사회의 문화적 방향성이 하나로 균질화되어 버리는 것을 문자 그대로 문화가 하나의 방향으로만 달려가는 현상이 중첩된 결과라고 평가했다. 소로킨은 현대문화는 감각문화인데, 바로 이 감각문화가 몇백 년을 거쳐 오늘날에 이르게 되었고, 지금은 위기 상황이라고 보았다. 물론 그것이 문화의 수명이 종료되었다거나 소진되었다는 의미가 아니다. 오히려 신문화 발생 및 창조가 필요하다고 논했다. 스기모리 고지로가 사용한 이러한 단어들에 대해 가치를 재고했다.[39]

　스기모리 고지로의 의도는, 감각문화의 그 자체에 존재한다는 점이 아니라 문제는 '인세(人世) 통일'이나 '인생과 세계'의 관계를 어떻게 풀어낼 것인가에서 출발한다. 즉 인생 자체에 포함되어 있는 감각문화라는 것을 반대로 인생으로 통일하는 것을 부정하고자 하는 것으로, 오히려 분열 혹은 분화적 발달로 나아가면서 그것들이 타극(他極)으로 절대적 필요를 구성하는 통일성이 결과적으로 현실을 무력화시킨 것이라고 해석한다. 이를 구체적으로 논하자면, 정전(停戰) 문제도 그 배경

---

38) H.J. ラスキ著, 飯坂良明訳(1974)『近代国家における自由』, 岩波書店, pp.267-282.
39) 杉森孝次郎(1951), 앞의 잡지, pp.86-93.

을 보면 원칙적으로 국민주의, 계급주의, 가치의 논리, 가치관 등 통일이 만들어진다는 것을 어떻게 생각해야 하는가에 있었다. 그리하여 군비, 비군비는 전세계의 각각 자신의 나라가 각각 민족의 본질적인 목적을 위해 재군비 한다던가 군비 확장을 주장하기도 하는 것이며, 반대로 비군비나 군비철폐 근저로 활용하고 있다고 해석했다.

그렇기 때문에 스기모리 고지로는 '비군비가 필요 혹은 바람직한 것'이라는 쪽으로만 해석하거나 선택할 것이 아니라고 주장한다. 즉 일본은 무(無)군비인데 이 입장을 견지해서는 안 된다고 보고, 일본의 재군비는 일본의 안전 보장이라는 점, 더 나아가 세계적 차원의 안전보장과 연결된다고 논한다. 일본이 재군비화 하는 것은 전세계 각 나라와 각 민족들이 평화를 위한 것이며, 그렇기 때문에 일본은 이에 참가하는 것이라고 주장한다. 이것이 일본의 국내 사정이기도 하면서 동시에 세계 평화를 위한 것이라고 주장한다. 평화는 민주주의나 공산주의를 넘고 아니 전자와 후자의 연결성으로서 평화와 군비론을 재고하여 역사상 커다란 세계사상을 구상해야하는 논리로 합리화 해 갔던 것이다.

VI. 공공문화론: '부흥기'의 부흥

이때 제시되는 것이 '문화 이론'이었다. 하타노 가나에(波多野鼎)가 앞서 언급한 것처럼 인간은 "동물세계로부터 분리되어 나온 최초의 인간은 모든 중요한 점에 있어서 동물과 마찬가지로 부자유였다. 그렇지만 문화에 있어서 모든 진보는 자유의 발걸음"[40]이라고 논했듯이,

---

40) 波多野鼎(1946), 앞의 책, p.147.

문화란 '인간성의 실현 혹은 표현'이라고 보았고, 문화에는 경제문화, 권력문화, 인식 및 이론문화 즉 학술문화, 교육문화, 예술문화 등등이 있으며, 이는 세계시민성의 실질로서 인격, 품성 내에 먼저 함양해야 한다. 일본인의 사상이라는 것도 세계문화를 위해 일조하는 것으로 구성되지 않으면 안된다고 보았고, 이것이 국가 진화의 역사[41]로 간주했다. 그런데 스기모리 고지로는 마르크스주의에서 중시했던 민족이론을 다시 문화적 특색과 연결시킨다. 스탈린의 소련적 마르크스주의를 비판적으로 다룬 사노 마나부와 같은 노선에 있었음에도 불구하고, 스탈린의 민족이론을 그대로 추종하고 있었다.

> 민족은 문화적 특색이 존재한다. 언어가 그것이다. 민족이라는
> 것을 분석하여 우리들은 일정의 언어문화, 기타 일정한 전통, 풍속
> 및 습관을 정의 혈연 및 지연을 함께 인정한다. 언어는 하나의 문화
> 이기는 한데, 전통, 풍속 및 습관은 모두 문화에 속한다.[42]

그리하여 스기모리 고지로는 문화 중에서도 '우수한 문화라는 것'이 중요하다는 점을 강조한다. 우수한 문화를 갖고 있어야 신세계질서를 창도할 수 있다고 보았기 때문이다. 그리하여 민족의 문제는 문화의 문제이고 그것은 또한 우수문화의 문제로 연결시켰다. 문화에 대해 다음과 같이 주장한다.

> 문화란 인간의 가치적 성격의 표현이고 민족이 그 성격 그 가치
> 적 힘 그 생활감정을 영속하는 업적에까지 만들어내는 것이다. (중

---

41) 杉森孝次郞(1947) 『人間の自由』, 友愛硏究會, pp.86-97.
42) 杉森孝次郞(1943) 「民族と人間と文化」, 『倫理講演集』第483輯, 大日本出版株式
会社, pp.10-11.

략) 문화는 축적된 생활권 및 문화재로서 역사는 생겨나고 잉태해
가는 내면성의 상징으로서 이해된다.[43]

호아시 리이치로(帆足理一郞) 역시 "문화란 무엇인가? 라틴어의 cultus
(영어 culture, 독일어 kultur)가 보여주듯이 자연적인 것으로 방임하는
것이 아니라 배양하는 것, 즉 자연에 개조를 가하여 인간 의지에 복종시
키는 것이다. 문명의 이기로서 인간 생활의 편리함을 꾀하는 것을 물질
문화, 본능이나 충동을 억제하고 진, 선, 미, 성(聖)과 같은 정신가치의
창조에 도움을 주는 것. 이것이 정신문화"[44]라고 논했다. 정신문화를
강조하면서, 금후의 세계문화에 공헌하는 것은 미국과 러시아와 일본
이라고 했다. 그중에서도 일본은 새로운 질서를 만들어 낼 수 있는데,
그것은 멸사봉공의 정신을 발휘하는 것으로 안정과 번영을 이룰 수
있다고 논한다. 이것은 초근대 민족주의의 문제이며, 이는 일본민족문
화를 중심으로 윤리적인 것을 넓혀가고, 더 나아가 전세계에 이르게
하는 것이었다.[45]

오구시 도요오(大串兎代夫)의 일본적 세계관이나 국민문화 건설은 모
두 이러한 세계문화 건설에 있었다.[46] 이를 더 구체화 한 것은 사이토
쇼(斎藤晌)였다. 사이토 쇼는, 이 정신을 찾는데 중요한 점은 영원한
것을 찾는데 그것은 고정적인 것도 피안적인 것도 아닌 곳을 보아야
한다고 논했다. 즉 그것은 일본정신의 존중이 편협한 특수성의 주장이

---

43) 斎藤晌(1959) 『悪の研究』, 東京元々社, pp.29-31.
44) 帆足理一郞(1943) 「民族文化と世界文化」, 『倫理講演集』第483輯, 大日本出版株
　　式会社, pp.32-23.
45) 杉森孝次郞(1943) 「大東亜共栄圏と民族問題」, 『日本民族論』, 帝国書院, p.169.
46) 大串兎代夫(1942) 『日本的世界観』, 同盟通信社, pp.1-62. 大串兎代夫(1943) 『国
　　民文化の建設』, 文芸春秋社, pp.1-322.

라고 간과하는 사람들의 통념을 타파하는 것이 시도, 일본적 세계관을 설파, 진리의 체계화의 원칙을 보여주고자 한다. 그것은 세계관의 정립인데, 이는 국수주의자도 아니고, 민족국가의 생명적 지속의 비밀에 어디에 존재하는가를 확인하는 것으로 새로운 일본적 세계관을 전개해야 한다고 보았다. 이를 위해서는 이 세계관을 자각해야 하는데, 이것은 여러 가지 의미로 해석되었다. 그러나 사이토 쇼는 '세계관은 인생관과 동일한 것'이라고 보고 다음과 같이 논한다.

> 세계관의 세계는 지구상의 국가들이라는 것의 지리학적 개념도 아니고 (중략) 인생관의 생(生)은 세계관의 내부에 작동하고 있는 것이라고 간주하지 않으면 안된다. (중략) 일본적 세계관의 중핵을 이루는 것은 일본정신이다. 혼연하게 논지의 주관적 기호 선입견을 추종하는 국부적 견지에서 이것을 규정하는 것을 피하기 어렵다. 일본정신이란 야마토혼이다. 메이지초기 이후 극단적 구미숭배에 대항, 정신적 노예화 하지 않으려는 국민의 기백 진기(振起)하기 위해 일본주의가 제창됨, 문화일반의 갖가지 종류의 <수입 이즘>을 국민적 견지에서 재검토해야 한다. 일본정신이라는 표어는 다이쇼기에서 쇼와기에 걸쳐 데모크라시 혹은 사회주의나 공산주의 등 비국체적 사상이나 국제주의가 발호한 것에 대항하여 만세일계 천황을 봉대하는 황국의 국가적 존엄을 선양하려고 제창한 것이다.[47]

사이토 쇼는 '법률이 명령이나 강제로만 존재하는 것'이 아니라 도덕적인 것으로 통용되는 세계를 논했다. 즉 법률이나 명령처럼 도덕이 단순한 타율적 명령이나 강제로 받아들여진다면 그것은 진정한 도덕이 아니라고 보았다. 그런데 이 도덕은 역사적 사회의 전통을 떠나서는

---

47) 斎藤晌(1944)『日本的世界観』, 朝倉書店, pp.7-11.

도덕 생활은 존재할 수 없는 것으로 간주했다. 이는 유럽에서 이미 제시된 것처럼 스피노자가 논하는 악과 선은 '관계적'인 것이라는 개념으로 해석하는 부분을 활용하여, 일본에서 도덕 재구성을 재고한다. 즉 상식화된 도덕관념이 문제라는 부분으로, 역으로 도덕 그 자체가 부도덕이 되는 경우가 존재하는데, 이는 이데올로기적 선전에 의해 나타나는 폭력행위를 간파해야 하는 점과 연결된다.48) 따라서 사이토 쇼는 '생각의 힘'을 도덕 생활의 재건과 연결시킨다. 즉, '사람들은 대부분 관습적으로 타성적으로 사물을 생각하는 부분'을 어떻게 하면 깰 수 있을까를 논했다. 즉 '습관적인 타성적으로 사물을 생각하는 것'과 '일상생활'인데, 이것에만 의존하지 않고 '이성적으로 근원에서부터 재음미하지 않으면 진리를 찾는 것'을 시도해야 한다고 논한다. 즉 습관적 타성적인 것이 아니라 자신의 이성에 의해 진상을 파악하는 내심(內心)을 찾아야 한다고 보았다.49)

이러한 논리들은 모두 우수한 문화론 창도를 통한 세계적 공헌이 실패한 이유에 해당하며, 그 내부에는 '인간 억압'의 장치와 이기심이 동시에 극복되지 못했기 때문이었다. 따라서 인민의 억압 특히 일본의 이기심을 극복하지 못하고 형성한 대동아공영권을 비판적으로 바라보고, 이 이기심을 공중심(公衆心)으로 바꾸는 작업을 진행해야 한다고 논했다. 그것은 곧 국민들이 공공을 위해 희생해야 한다는 '공공심=이기주의의 극복=세계적 공헌의 길'을 걷게 되는 것이라고 주장하게 된다. 이러한 국민의 모습 속에는 이기적 국민이 아니라 '도덕적 문화

---

48) 斎藤晌(1959) 『悪の研究』, 東京元々社, p.94.
49) 斎藤晌(1952) 「道徳低下の現象について」, 『日本及日本人』3(3), 日本及日本人社, pp.18-29.

국민'이 되는 것이었고, 인간 부흥론을 재생하는 논리로 탄생하게 되었다. 그러나 이 논리 또한 개인이 국가와 거리를 두고 국민화되는 것을 재고하는 주체의 기회를 회수해 가게 된다. 역설적으로 전전의 억압, 파시즘과 군국주의로부터의 해방이 자본주의와 민주주의의, 사회주의의 억압으로부터 해방되고 이로부터 거리를 두려는 전후의 '르네상스 부흥론'은 오히려 '일본 국민으로 거듭나기를' 호명하는 기획이었고, 실제로는 국민으로 동화되지 못하는 비국민을 재생산하는 소외를 남기게 되었다.

이것은 앞서 언급한 사회주의 탄생의 논리로서 영국의 로버트 오엔이 '유물적 사회주의=마르크스주의적 유물론'의 반대로서 제시한 이상주의 사회주의 입장을 설명한 것 즉 오엔이 주장한 경쟁과 개인적 이익의 원리를 전환시켜 통일과 상호간의 협동원리를 내세운 것처럼, 인간의 개인적 이해의 문제를 극복하는 것이라고 했다. 이것은 아담 스미스의 영향을 받은 다카시마 젠야가 자본주의와 사회주의를 극복하고자 했듯이, 체제와 민족, 계급을 극복하는 방법이 이기심의 극복과 만나게 된다. 즉, 이기심의 원리가 개인적 이익의 원리로 작동하는데, 이 개인적 이익은 인간을 억압하고 인류의 분열, 계급, 차이, 민족적 적대감 등을 잉태하는 근원이라고 보았고, 공중(公衆) 이익과 대립하는 반사회적 원리로 간주한 아담 스미스의 이론을 활용했다.[50] 즉 일본의 자유주의는 개인적 이익 사회를 넘는 것으로 공공의 이익을 위해 자신을 희생하고 그곳에서 자유를 누리는 공동 사회의 발전이 가능한 전후가 된다고 주창된다. 이 사고방식이 역설적으로 개인의 인격 및 개성을 존중하

---

50) 小松善雄(2006)「ロバート・オウエンと『資本論』―『資本論』の社会主義像(完)」, 『立教経済学研究』60(2), 立教大学, pp.31-36.

는 사회이며 휴머니즘 사상이라고 예견했다. 이것이 서구 근대사회의 기초를 이루었던 것처럼, 이 시민적 세계관이 일본의 전후에 재현된다는 것이었다. 이는 일본에서 메이지기의 흠정(欽定)헌법을 대신하여 전후 신헌법에서 나타났다는 것이다. 그렇지만 아쉽게도 일본에서는 이것이 최대한의 효과를 보지 못하는 '협의의 자유주의' 형태에 그치고 있음을 지적했다.51) 따라서 이러한 '협의의 자유주의=이기심 작동 논리'를 극복하기 위해 '파시즘의 압정=이기적 억압'이었다는 점을 반성하고, '세계적 동향=개인 이익 사회를 넘는 것'을 재구성하여 새로운 역사관을 재생산해야 한다는 논리가 지배적이게 되었다. 즉 전전의 천황제 국가에 강하게 동화되어 이 논리의 노예 하에 있었던 국민이 억압된 것은, 자본주의 혹은 사회주의를 추종하는 것도 이에 종속되는 것이라는 측면에서 동일한 협의의 자유주의였다. 그렇기 때문에 이를 근거로 전후의 미국민주주의나 소련의 공산주의를 상대화하는 계기를 얻게 되었는데, 그렇다고 이것이 완전한 자유=이기심을 넘는 세계사적 해방은 아니었다.

VII. 마르크스주의의 재편과 국민주의

패전 후 일본은 새로운 일본을 모색하기 위해 '전환기'라는 수식어를 사용했다. 하나다 기요테루가 패전 후를 전형기라고 보았고 그것은 르네상스를 레토릭이었는데, 이를 부흥 논리와 연결시켰다. 다만 부흥이란 옛것으로 돌아가는 것이 아니라, '자기모순으로서 공존하지 않을

---

51) 高島善哉(1951), 앞의 잡지, pp.59-71.

수 없는 상황, 대립이 대립하는 채로 통일된 상태'를 유지하는 기간으로 상정했다. 이는 미야자키 이치사다가 동양적 근세에 내재하는 근대적 특징을 도출하는 논점과도 만나게 된다. 이러한 이론은 전후에 등장하는 르네상스로서 근대의 해석과 동양에서의 근세 그리고 근대 해석의 재구성이었다. 이때 강조되는 것이 서구와 동양의 절합과 분리를 통해 서구 중심주의를 넘고 새로운 르네상스로서 인간성과 각성된 정신을 강조하는 문화적 근대국가상을 구축하고자 했다. 그렇지만 그것은 곧 국민의 재창출이었고, 우수문화를 재건하는 작업이었다.

이를 규명하기 위해 첫 번째로는 강좌파 마르크스주의자로 분류되는 다카시마 젠야, 호리 마코토는, 다카야마 이와오를 살펴보았다. 노예라는 논리로서 해석되는 봉건성, 그리고 부여받은 것을 액면그대로 수용하는 자세가 중첩되는 점을 파악했다. 그리하여 새롭게 자유에 대한 개념 정립을 시도하게 된다. 즉 세계사로 등장한 '자본주의 대 사회주의' 혹은 '자유주의 대 공산주의'라는 것도 결국 사회의식의 이 부분이라고 해석하며, 의식형태로 구분한 점에 주목했다. 그렇기 때문에 민주화와 독립이 봉건성을 극복하는 것 즉 노예로부터 벗어나는 것이며, 그것을 위해서는 자본주의와 사회주의를 의식하는 의식형태로서 체제, 계급과 민족이 무엇인가를 해석해야 했다. 이를 극복하는 것이 바로 자유라고 보았다. 이러한 자유 개념은 유럽의 보편성이었던 르네상스 즉 '인간의 입장'을 중시하고, 인간성을 회복하는 방법이야말로 세계사라고 주장하게 된다. 그런데 사실 이 문제는 메이지기에 이미 논쟁으로 등장했던 것으로, 다카야마 초규가 국수주의나 국수보존주의를 비판하며 일본주의를 주창하면서 일본정신을 만들려고 했던 시도의 부활이었다. 이는 전후에 미국민주주의를 어떻게 받아들여야 하는가의 문제로 이어져, 미국 문명 수용의 문제로 치환되었다. 결국 서양문명과 일본문명의 대결이었고, 이는 유럽, 미국, 소련 문명을 모두 상대화 하는 일본 문명의 발견이었다.

그리고 전후에는 인간의 자유를 억압하는 사회제도의 변화라는 것 자체도 이미 사회주의자와 마찬가지로 부르주아 민주주의자도 동일한 오류 속에서 출현한 것이라고 보았다. 따라서 이때 이러한 서구적 마르크스주의의 세계사를 다시 고찰해 보면, 자본주의 사회나 사회주의 사회에서 잃어버린 르네상스는 동양주의에 있었다고 보았고, 그것이 근대를 내장하고 있었던 근세적 특징 속에서 찾아야 한다고 보았다. 그 정신적 유산을 찾아내고 일본은 미국화하거나 소련화하지 않는 길이며 다시 일본의 고대로의 회귀도 아닌 근세에 나타났던 인민의 의지력이 주동체(主動體)가 되어 사회를 변화시키는 '전형기'의 재발견과 그 유지였다.

이를 바탕으로 두 번째는 전후 강좌파의 이론으로서 사회주의 혹은 사회민주주의를 재구성한 하타노 가나에의 논리를 살펴보았다. 즉 자본주의나 사회주의가 마르크스가 설정한 것처럼 발전단계론적 논리가 아니라, 사회주의나 자본주의는 별개의 사회이론이 아니라 자본주의 사회에 이미 내재하는 사회의 질서 형상이라고 보았다. 그 근원에는 마르크스가 제시한 생산력을 기준으로 보았기 때문이라고 논했다. 하타노 가나에는 이러한 논리들은 모두 서구 이론을 기준으로 마르크스주의의 흐름을 파악하는 방식이었고, 소련형이나 중국형 사회주의 운동은 마르크스주의 흐름과 다름을 논했다. 또한 사노 마나부가 논한 전후 일본에 나타난 공산주의자의 폭력에 대한 해석을 분석했다. 민주주의 기계화 즉 기계적 민주화의 의미로 연결시켰고, 이는 마르크스를 잘못 이해한 것이라고 설명했다. 일본에서 전개되는 아나키스트의 폭력 이론은 '기계적 수용'으로서 코뮤니스트의 폭력으로 나타난 것임을 역설했다. 그리하여 세계사의 방향성을 '평화'와 문화국가로 연결하게 된다. 문화란 '인간성의 실현 혹은 표현'이라고 보았고, 일본도 세계문화 구축을 위해 일조해야 하는데, 그것은 기존의 관념 체제에서 잉태된 경제, 권력, 교육, 학술이 아니라 인격, 품성을 중시한 세계적 차원 즉 인류 차원의 르네상스였던 것이다. 그러나 스기모리 고지로는 전전의 오구시 도요오의 우월문화주의가 만들려고 했던 대동아공영권의 건설에서 찾았다. 이를 다시 전후에 발전시킨 것이 사이토 쇼였다.

사이토 쇼는 국수주의자는 비판하지만, 민족국가의 생명의 기원을 찾는다는 방식으로 국내적 세계관을 통한 세계적 세계관의 연결 방법을 제시했다. 그것이 바로 세계적 상을 형태 짓거나 사상 내용을 형태 짓고 있는 계보적 문화양식을 전체적으로 살펴보고 동시에 그것을 일본적 세계관과 맞추어보면서 주관적 해석을 넘고 전체적인 맥락에서 찾는 정신성에 두었다. 그것은 일상생활을 영위하며 변화를 지향하는 주동체로서 국민을 상정한 것이며, 모든 체제나 계급, 민족이론을 인식론적으로 각성하고, 실천 주체로 재탄생하는 국민의 의지라 운동으로 다시 나타나야 하는 논리였다. 이것을 각성하는 것이 일상의 국민이었고, 그 변혁 추동이 내셔널리즘이라고 해석되고 동시에 일상을 사는 국민으로 호명되어 결국 자유적 개체로서 개인은 국민으로 접합되어 체현하면서 자유의지를 발현하는 국민의 부재를 역설적으로 잉태하고 말았다.

김영근(2007), "미일통상마찰의 정치경제학(日米貿易摩擦の政治経済学): GATT/WTO체제하의 대립과 협력의 프로세스," 일본연구논총(日本研究論叢), Vol. 26, 현대일본학회(現代日本学会), 71-111.

_____(2008), 세계무역기구(WTO) 체제하의 일본 통상정책의 변화: 후지-코닥 필름분쟁을 중심으로 『통상법률』 제81호, 170-198쪽.

_____(2012a), "동일본대지진 이후의 일본경제와 통상정책: TPP정책을 중심으로(東日本大震災後の日本経済と通商政策 : TPP政策を中心に)," 일본연구논총 Vol. 35, 현대일본학회, 33-66.

_____(2012b), "3.11 동일본대지진 이후 일본 경제와 동북아 경제협력의 진로: TPP를 중심으로," 3.11 동일본대지진과 일본(저팬리뷰 2012), 도서출판 문, 130 재인용.

_____(2012c), "일본과 미국의 대립적·협조적 통상정책의 기원과 전개: 미국 통상법안(88년 통상법 vs. 94년 UR실시법안) 비준의 프로세스와 메커니즘〈日本とアメリカの対立的·協調的通商政策の起源と展開—米国通商法案(88年通商法 vs. 94年UR実施法案)批准の政治経済学〉," 통상법률(通商法律) 第106号, 109-142.

_____(2013), "대재해 이후 일본 경제정책의 변용: 간토·한신아와지·동일본대지진, 전후의 비교 분석," 김기석 엮음/김영근 외, 동일본대지진과 일본의 진로: 일본 사회의 패러다임 변화, 한울, 90-126〈김영근(2013), "災害後日本経済政策の変容-関東·戦後·阪神淡路·東日本大震災の比較分析-," 일어일문학연구 제84집 2권.

_____(2013), "일본의 대외 영토분쟁 및 정권교체의 정치경제" 서승원·김영

근편저 『저팬리뷰 2013』 고려대학교출판부.

_____ 외 편저(2014), 『일본의 전쟁과 평화』 인터북스.

金暎根(2014), 「日米貿易摩擦の変容―アメリカの通商政策における互恵主
義(レシプロシティー)とGATT・WTOと相互作用」矢嶋道文編(2014) 『互
恵と国際交流：キーワードで読み解く〈社会・経済・文化史〉』 クロスカ
ルチャー出版/김영근(2014) "미일 무역마찰의 변용-미국의 통상 정책에
있어서의 호혜주의와 GATT・WTO와 상호작용" 『호혜와 국제교류(互恵
と国際交流)』 크로스컬처출판.

_____(2016), 「韓国における経済近代化と日本」大内憲昭・渡辺憲正編集
『東アジアの政治と文化――近代化・安全保障・相互交流史』明石書店/
김영근(2016) "한국의 경제근대화와 일본" 『동아시아의 정치와 문화』
아카시쇼텐.

김영근(2016), "글로벌 시대, 미일경제협력의 현황과 전망," 정세와 정책 2016년
11월호, 9-13.

_____(2016), "아시아적 재난과 안전공동체를 생각한다" 『청년, 아시아를
상상하다』 글로벌콘텐츠.

_____(2017), "일본의 재난・안전 문화: 한일 화해를 위한 새로운 아젠다의
모색" 『저팬리뷰 2017 현대 일본의 사회와 문화』 인터북스, pp.188-206

_____ 외(2019), 『일본, 야스쿠니』 진인진.

_____ 외(2019), 『한일관계의 긴장과 화해』 보고사.

_____(2021), "일본 제국의 네트워크 구상과 동아시아 국제관계", 한림대
일본학연구소편 『제국과 국민국가: 사람, 기억, 이동』 학고방, pp.414-441

김재한(2005), 『동북아공동체』 파주: 집문당.

김태경(2012), "橫光利一文芸理論の同時代性-形式主義文学論争と日本資本
主義論争との交錯." 『일본문화연구』 41: 101-121.

다카하시 조센 편저/곽해선 옮김(2002), 일본경제 50년사: 사라진 일본경제의
기적, 다락원.

마쓰오카 슌지(松岡俊二)(2012), フクシマ原発の失敗─事故対応過程の検証とこれからの安全規制(일본 원자력 정책의 실패), 早稲田大学出版部 /김영근 옮김(2013), 고려대학교출판부.

미와 료이치 저/권혁기 옮김(2005), 근대와 현대 일본경제사, 보고사.

박진우(2011), "일본 '전후역사학'의 전개와 변용." 『日本思想』21輯: 3-46.

삼정KPMG경제연구원(2016), 리질리언스 Resilience: 기업의 미래를 결정하는 유전자, 올림.

손병해(2002), 경제통합의 이해, 서울: 법무사.

신현종(2001), "20세기형 세계화와 21세기형 세계화의 비교분석" 사회과학연구, 영남대학교 사회과학연구소, 제20집, 제2권, pp.79-100.

안영섭(2000), 세계정치경제학: 글로벌 질서변화와 사회과학 통합분석, 서울: 법문사.

야마모토 저/김영근 옮김(2014), 국제적 상호의존, 논형.

이영훈(1994), 경제공동체의 형성과 발전: 태평양경제공동체의 구상, 서울: 장백.

이요한(2003), "동아시아 협력 이론의 분석과 적용" 동남아시아연구, 13권 1호.

조관자(2010), "'사회과학, 혁명논쟁'의 네트워크." 『한림일본학』17: 41-61.

최태욱(2003), 세계화시대의 국내정치와 국제정치경제: 일본, 동아시아 지역주의, 그리고 한국, 파주: 한국학술정보.

한국비교경제학회(1996), 지역주의적 경제통합과 한국경제, 서울: 박영사

황해두(2009), 경제통합과 세계화, 서울: 무역경영사.

加藤典洋(1994), 『日本という身体』. 東京: 講談社.

家永三郎(1972), 『津田左右吉の思想史的研究』, 東京: 岩波書店, pp.91-122.

見城悌治(2021), "三宅雪嶺主筆『日本及日本人』誌にみる「明治維新五〇年/大正一〇年」認識." 『日本思想史研究会会報』37: 1-13.

犬丸義一(1967), "羽仁五郎「転形期の歴史学」." 『歴史評論』203: 55-62.

高内俊一(1961),『現代日本資本主義論争』. 東京: 三一書房.

高島善哉(1951),「変貌する戦後日本の社会意識」,『日本及日本人』2(4), 日本新聞社, pp.60-61.

高山岩男(1954),『二つの世界に抗して-文明の破局と人類の対決』, 中央公論社, p.9.

工藤章 編(1995),『20世紀資本主義II—覇権の変容と福祉国家』東京大学出版会.

広川禎秀(2003), "戦後初期における恒藤恭の文化国家・文化都市論."『都市文化研究』2号: 94.

絓秀実(2014),『天皇制の隠語』. 東京: 航思社.

橋川文三(1965〈1958〉), "転形期の自我-文学は「政治」に包囲されている."『日本浪曼派批判序説』. 東京: 未来社.

亀井勝一郎(1951), "歴史の眼."『日本及日本人』1月号: 42.

_____(1973), "文化国家の行方."『亀井勝一郎全集補巻2』. 東京: 講談社.

堀真琴(1943),「高山樗牛」,『日本民族論』, 帝国書院, p.407.

_____(1951),「「二つの世界」の対立について」,『日本及日本人』2(2), 日本新聞社, pp.42-48.

宮崎市定(1950),『東洋的近世』, 中公文庫, p.10. pp.21-23.

金森徳次郎(1951), "人々よ汝は自由人であるか."『日本及日本人』1月号: 8-9.

内山正熊(1969), "日本における中立主義の成長."『法学研究』Vol.42 No.10: 1-25.

_____(1971), "「日本における中立主義の成長」について."『法学研究』Vol.44 No.4: 54-55.

多田真鋤(1992), "「近代の超克」の思想: 高山岩男教授の所説をめぐって."『横浜商大論集』第25巻第1・2合併号: 3-23.

淡徳三郎(1948), "新愛国主義のために."『思索』第11号: 30.

大串兎代夫(1942),『日本的世界観』, 同盟通信社, pp.1-62.

_____(1943),『国民文化の建設』, 文芸春秋社, pp.1-322.

大宅壮一(1981), "『無思想人』宣言."『大宅壮一全集』第6巻, 東京: 蒼洋社.

大門正克(2006), 『昭和史論争を問う』. 東京: 日本経済評論社, 4-5.

大和田寛(2010), 「1920年代におけるマルクス主義の受容と社会科学文献」, 『大原社会問題研究所雑誌』No.617, 大原社会問題研究所, pp.58-61.

藤岡洋保, 朝田十太(1999), "「文化会館」の系譜-文化概念の変容と建築家の姿勢."『日本建築学会計画系論文報告集』第524号: 311-318.

鈴木安蔵(1951), "思想・学術等の自由."『日本及日本人』8-16.

柳田謙十郎(1942), 『日本精神と世界精神』. 東京: 弘文堂書房.

_____(1946), "文化国家への道."『人間』第1巻 第2号: 10.

柳田節子(1995), 「宮崎史学と近世論」, 『宋元社会経済史研究』, 創文社, pp.381-390.

梅原宏司(2012), "日本国家の歴史における「文化」という記号の変容—「文化」が指し示すものはどのように変化したか."『Social design review』4号: 32-46.

木村荘之助(1990), "『封建派』と『労農派』の誤謬について."『天皇制国家の透視』, 東京: 社会評論社.

木村政樹(2018), "一九三五年における中村光夫の文学史観."『昭和文学研究』76: 160.

茂木謙之介(2020), 「鳥羽耕史・山本直樹編『転形期のメディオロジー: 一九五〇年代日本の芸術とメディアの再編成』」, 『日本近代文学』102, 日本近代文学会, p.162.

飯塚浩二(1960), 『アジアのなかの日本』. 東京: 中央公論社.

帆足理一郎(1943), 「民族文化と世界文化」, 『倫理講演集』第483輯, 大日本出版株式会社, pp.32-23.

寺出道雄(2008), 『知の前衛たち―近代日本におけるマルクス主義の衝撃』. 東京: ミネルヴァ書房.

山崎好裕(1997), 「クリントンノミクスの成果と課題」『外交時報』, No.1335, 外交時報.

山本吉宣(1994),「国際経済における対立と協調―理論と政治過程」, 日本国際政治学会『国際政治』, 第106号.

杉森孝次郎(1943),「大東亜共栄圏と民族問題」,『日本民族論』, 帝国書院, p.169.

＿＿＿＿＿＿(1943),「民族と人間と文化」,『倫理講演集』第483輯, 大日本出版株式会社, pp.10-11.

＿＿＿＿＿＿(1947),『人間の自由』, 友愛研究会, pp.86-97.

＿＿＿＿＿＿(1951),「日本及世界の将来―イデオロギー問題の国内的及国際的解決の先務性」,『日本及日本人』2(11), 日本及日本人社, pp.86-93.

杉村隆(2002), "「文化国家」と言う言葉をもう一度呼び戻そう."『東京醫科大學雜誌』60(3): 179-180.

石崎昭彦(1990),『日米経済の逆転』, 東京大学出版会.

成瀬治(1977),『世界史の意識と理論』, 東京: 岩波書店, pp.10-11.

小島清(1981),「現代資本主義と新国際経済秩序」『日本国際経済学会』, 日本国際経済学会.

小松善雄(2006),「ロバート・オウエンと『資本論』―『資本論』の社会主義像(完)」,『立教経済学研究』60(2), 立教大学, pp.31-36.

松尾邦之助(1951), "文化国家論."『政治経済』4(6): 18-19.

松下満雄(1987),「米国通商法301条とガット」『ジュリスト』, pp.42-46.

植村邦彦(2001),『マルクスを読む』東京: 青土社.

安田常雄(2000), "方法についての断章."『戦後歴史学再考』. 東京: 青木書店.

安智史(2020),「鳥羽耕史・山本直樹編転形期のmedeliオロジー: 一九五〇年代日本の芸術とメディアの再編成」,『昭和文学研究』81, 昭和文学会, p.258.

岩沢雄司(1995),「WTOにおける紛争処理」『ジュリスト』第1071号.

五十嵐恵邦(2007),『敗戦の記憶』東京: 中央公論新社.

奥村勇斗(2013), "「統一された世界」における「東洋」の想像."『三田学会雑誌』vol.106, No1: 69-93.

有田和夫(2000),「西欧近代思想概念受容に顕れた中国思想の特性-倫理概念

と理性概念」,『東洋大学中国哲学文学科紀要』, 東洋大学文学部, pp.1- 26.

長田新(1949), "文化国家の理念." 『学校教育』374: 2-15.

_____(1950), "文化国家." 『教育科学』8: 5-26.

斎藤晌(1944), 『日本的世界観』, 朝倉書店, pp.7-11.

_____(1952), 「道徳低下の現象について」, 『日本及日本人』3(3), 日本及日本人社, pp.18-29.

斎藤晌(1953), 『東洋への郷愁』, 日本経済公論社, pp.1-4.

_____(1959), 『悪の研究』, 東京元々社, pp.29-31.

赤木俊一(1935), "『日本資本主義分析』論争の焦点, 意義および発展方向." サラリーマン: 11.

赤松克麿(1951), 「東洋への回帰」, 『日本及日本人』2(11), 日本及日本人社, pp.8-16,

赤松克麿(1952), "東洋の文化国家主義." 『日本及日本人』3(9): 8-18.

田原泰・葛見雅之・飯島隆介(2003), 「アメリカはいかに日本の挑戦に対応したか」伊藤元重・財務省財務総合政策研究所 編 『日中関係の経済分析—空洞化論・中国脅威論の誤解』, 東洋経済新報社.

前田陽一(1949), "文化国家の忘れ物." 『中央公論』64(6): 44-49.

田畑忍(1961), "日本の永世中立について." 『同志社法学』13(2): 2-3.

田中祐二・内山昭編(2012), TPPと日米関係, 晃洋書房.

田中浩(2004), 『ヨーロッパ知の巨人たち』, NHK 出版, p.170.

田村秀夫(1982), 「日本における〈社会思想〉概念の展開」, 『経済学論纂』, 中央大学経済学研究会, pp.1-33.

鵜飼哲・酒井直樹・鄭暎恵他(1996), 「共同討議ポストコロニアルの思想とは何か」, 『批評空間』2期11, 太田出版, pp.6-36.

趙星銀(2020), "戦後日本の世代論: 1950年代を中心に." 『国際学研究』 57: 49-68.

佐藤英夫「日米経済摩擦と政策決定」, 『国際法外交雑誌』, 第84巻 第2호, 1985年.

佐野学(1950),「共産主義とアナーキズム」,『日本及日本人』10-11(2), 日本及日本人社, p.11.

中西寛(2002),「国際システムの変容と日本のバブル」村松岐夫・奥野正寛編, 平成バブルの研究(下) : 崩壊後の不況と不良債権処理, 東洋経済新報社.

中村光夫(1946), "時勢について." 『世界』1月号: 93-95.

_____(1957), "中間小説論." 『文学』vol 25: 1-6.

中村隆英・宮崎正康編(1997),『過渡期としての1950年代』. 東京: 東京大学出版会.

中村美帆(2014), "戦後日本の「文化国家」概念の特徴-歴史的展開をふまえて." 『文化政策研究』7号: 135-156.

倉頭甫明(1971), "国際的中立の一考察." 『研究論集』4: 233-234.

浅羽良昌「アメリカ―パックス・アメリカーナの宿命」浅羽良昌・瀧沢秀樹 編『世界経済の興亡200年』, 東洋経済新報社, 1999年。

村井淳(2005), 現代国際政治と国際関係, 学陽書房

筑瀬重喜(2011), "大正期と現代におけるマスメディア批判の構造的類似性." 『情報化社会・メディア研究』8: 9-19.

土山久平(1950), "文化国家とは." 『弁証法研究』1: 125-127.

通商摩擦問題研究会 編(1989),『米国の88年包括通商・競争力法―その内容と日本企業への影響』ジェトロ(JETRO), pp.5-15.

波多野鼎(1946),『マルクス主義大要』, 惇信堂, pp.118-125.

_____(1951),「マルクス主義への袂別―民主的社会主義について」,『日本及日本人』2(11), 日本及日本人社, pp.40-49.

平野謙(1977),『昭和文学私論』. 東京: 毎日新聞社.

平子友長(2015), "日本におけるマルクス主義受容の特殊性と主体性論争の意義." 『日本の哲学』16: 81-96.

平井規之 訳 (1994),『94年米国経済白書』, エコノミスト, 毎日新聞社.

平井友義(1964), "中立主義の現実と論理:現代国際政治の基本問題." 『国際政治』 25: 43-53.

恒藤恭(1948), 『知性の視野』. 東京: 有恒社.

戸坂潤(1977), 『日本イデオロギー論』. 東京: 岩波文庫.

花田清輝(1946), 『復興期の精神』, 東京: 真善美社, pp.138-154.

丸山眞男(1964), 「増補版 現代政治の思想と行動』, 未來社, p.535.

黒田勝弘他(1986), 『天皇語録』. 東京: 講談社.

H.J.ラスキ著, 飯坂良明訳(1974), 『近代国家における自由』, 岩波書店, pp. 267-282.

テリー・イーグルトン著, 大橋洋一訳(1996), 『イデオロギーとは何か』東京: 平凡社.

ハリー・ハルトゥーニアン(2010), 『日本はどこへ行くのか』東京: 講談社.

マイケル・ボロス、ジョン・ザイスマン(1992), 「産業競争力と米国の国家安全保障」『レヴァイアサン』第11号.

Ahearn, Raymond J., "Political Determinants of U.S. Trade Policy," *Orbis*, 26(2), Foreign Policy Research Institute, Pennsylvania University, Summer 1982. *Australian Journal of International Affairs*, 45(1), 1991.

Bayard Thomas O. and Kimberly Ann Elliot, *Reciprocity and Retaliation in U.S. Trade Policy, Institute of International Economics*, 1994.

Caporaso, James A.(1993), "International Relations Theory and Multilateralism: The Search for Foundations," in John G. Ruggie(ed.), *Multilateralism Matters: The Theory and Praxis of an Institutional Form*, New York: Columbia University Press, 55.

Congress of the United States, Office of Technology Assessment, "Paying The Bill: Manufacturing and America's Trade Deficit," *OTA-ITE-390*,

Washington D.C.: U.S. Government Publications Office, 1988.

Dertouzos, Micael L., Richard K. Lester and Robert M. Solow, *Made in America: Regaining the Productive Edge*, The MIT Press, 1989.

Gilpin, Robert, *War and Change in World Politics*, Cambridge: Cambridge U. P., 1981. [『世界システムの政治経済学』, 東洋経済新報社, 1990年.]

Hackmann, R., *U.S. Trade, Foreign Direct Investments, and Global Competitiveness*, International Business Press, 1997.

IMF, *World Economic Outlook*, 각 년호.

Kindleberger, Charles P., *The World in Depression 1929-1939*, Berkeley: University. of California Press, 1973.[『大不況下の世界 1929 - 1939』石崎昭彦・木村一郎 訳, 東京大学出版会, 1982年.]

Krasner, Stephen D., "American Policy and Global Economic Stability," in William P. Avery and David P. Rapkin, eds., *America in a Changing World Political Economy*, New York: Longman, 1982.

_____., "State Power and the Structure of International Trade," *World Politics*, 28(3), 1976, pp.317-347.

Krauss, Ellis S. and Simon Reich, "Ideology, Interests, and the American Executive: Toward a Theory of Foreign Competition and Manufacturing Trade Policy," *International Organization*, 46(4), 1992.

Modelski, George, "Long Cycle of Global Politics and the Nation-State," *Comparative Studies in Society and History*, 20, 1978, pp.214-235.

_____, *Long Cycles in World Politics*, Seattle: University of Washington Press, 1987. [조지 모델스키] 저 `浦野起夫・信夫隆司 訳『世界システムの動態』, 晃洋書房, 1991年.]

Ruggie, John Geard(1983), "International Regimes, Transactions, and Change: Embedded Liberalism in the Postwar Economic Order," *International Organization*, 379-415.

_____(1993), "Multilateralism: The Anatomy of an Institution," in John G. Ruggie(ed.), *Multilateralism Matters: The Theory and Praxis of an Institutional Form*, New York: Columbia University Press, 6-11.

U.S. Department of Commerce, *Emerging Technologies: A Survey of Technical and Economic Opportunities*, U.S. Department of Commerce, 1990.

U.S. Government Printing Office, *Budget of the United States Government: Browse Fiscal Year 2004*.

http://www.gpoaccess.gov/usbudget/fy04/browse.html

| 저자 소개 |

김영근(KIM, Young Geun)
현재 고려대학교 글로벌일본연구원 교수로 있으며, 사회재난안전연구센터 소장
을 맡고 있다. 도쿄대학 대학원 총합문화연구과에서 박사학위(국제관계학 전공)
를 받았다. 주된 관심 분야는 글로벌 위기관리 및 재해 안전학, 일본의 정치경제,
동아시아 국제관계, 국제기구 등이다. 미국 예일대학 국제지역연구센터(YCIAS)
파견연구원, 일본 아오야마가쿠인대학 국제정치경제학부 협력연구원, 현대경
제연구원 동북아연구센터 연구위원, 무역투자연구원(ITI) 무역정책실 연구실
장, 계명대학교 조교수, 도쿄대학 특임교수, 가쿠슈인(學習院)대학 객원연구원
등을 역임했다. 『일본, 야스쿠니』(공저), 『일본 재해학과 지방부흥』(공편), 『한일
관계사 1965-2015 경제』(공저), 『동일본대지진과 일본의 진로』(공저), 『재해
리질리언스』(공편) 등의 저서와 『일본의 재난·안전과 지방자치론』(공역), 『검증
3.11 동일본대지진』(공역), 『일본 원자력 정책의 실패』 등이 있다.
서문·제1장·제2장·제3장 집필

마크 카프리오(Caprio, Mark E.)
현재 릿쿄대학 명예교수로 있다. 역사학 전공. 하버드대학과 UCLA 연구원.
릿쿄대학(立教大学) 이문화 커뮤니케이션 학부 및 연구과 교수를 역임했다.
주요 저서로는 *Japanese Assimilation Policies in Colonial Korea* (2009), 편저로
『근대 동아시아와 글로벌라이제이션』(2006), 연구 분야는 일본의 식민지 지배
정책, 조선인의 귀환문제, 한국과 북한의 통일문제, 북한의 핵문제와 동북아시
아의 외교문제, 국제 관계 및 평화학 등이다. 현재는 「해방 후 조선반도의 일본
식민지시대 잔재」 원고를 집필 중에 있다.
제4장·제5장 집필

전성곤(JUN, Sung Kon)

현재 한림대학교 일본학연구소 HK교수로 재직 중이다. 일본 오사카대학(大阪大学) 문화형태론(일본학) 전공. 문학박사. 오사카대학 외국인초빙연구원, 고려대학교 일본연구센터(현재 글로벌일본연구원) HK연구교수, 중국 북경외국어대학 일본학연구센터 객원교수, 중국 북화대학 동아역사연구원 외국인 교수 등을 역임했다. 주요 저서로는『내파하는 국민국가, 횡단하는 동아시아』(공저, 2022),『Doing 자이니치』(단독, 2021),『일본 탈국가론』(공저, 2018),『제국에의 길(원리 천황 전쟁)』(공저, 2015),『내적 오리엔탈리즘 그 비판적 검토』(단독, 2012),『국민국가의 지식장과 문화정치학』(공역, 2015) 등이 있다.

제6장 · 제7장 · 제8장 집필

포스트 제국주의

2024. 7. 5. 1판 1쇄 인쇄
2024. 7. 15. 1판 1쇄 발행

저　자 김영근·마크 카프리오·전성곤
발행인 김미화　**발행처** 인터북스
주소 경기도 고양시 덕양구 통일로 140 삼송테크노밸리 A동 B224
전화 02.356.9903　**팩스** 02.6959.8234　**이메일** interbooks@naver.com
홈페이지 hakgobang.co.kr　**출판등록** 제2008-000040호
ISBN 979-11-981749-6-3 93300　**정가** 23,000원